U0125594

中国少数民族特需商品传统生产工艺和技术保护工程第四期工程

少数民族体育用品

中央民族大学体育学院
少数民族体育用品项目课题组 编著

中央民族大学出版社
China Minzu University Press

中国少数民族特需商品传统生产工艺和技术保护工程
第四期工程——少数民族体育用品

指导小组成员

主　任：罗黎明

副主任：乐长虹　张志刚

成　员：张庆安　叶　青

专家评审组成员

胡小明　中国华南师范大学体育学院教授、博士生导师

周小璞　中国国家非物质文化遗产保护工作专家委员会副主任

崔乐泉　中国国务院非物质文化遗产国家名录评审委员会专家、国家体育总局体育文化发展中心研究部主任、博士生导师

吕韶均　中国北京体育大学民族民间体育教研室主任、教授

王宪昭　中国社会科学院民族文学研究所副研究员、博士后

课题组主要成员

主　持：韦晓康　赵昌毅

成　员：张　涛　李廷海　方　征　赵志忠　张延庆　白永生　吴　非　马　强　马　骁　解晓丹　李莉森

陀螺项目组成员

组　长：赵志忠

成　员：韦晓康　李廷海　赵昌毅　方　征　张延庆　杨津津　李俊怡　王晓芳　靳海涛　吴　非　马　强　谭旭虓　刀云彬　薛雨波

绣球项目组成员

组　长：方　征

成　员：曹　丹　吴　非　谭旭虓　傅　莹　罗建达

锡伯族弓箭项目组成员

组　长：张　涛

成　员： 兰保森　陈丽珠　吴　非　张　海　姜　浩　孙　璐　锋　晖　张　力

弩项目组成员

组　长： 赵昌毅

成　员： 寸亚玲　方　征　张延庆　杨津津　王晓芳　吴　非　马　强　谭旭娓

吹枪项目组成员

组　长： 赵志忠

成　员： 宗雪飞　孟光云　庞家佑　赵广银　陈妙芸　吕家兴　石　磊　余秀龙　田　莉　唐慧英　宋　勤　李少春

响箭项目组成员

组　长： 韦晓康

成　员： 于　浩　谷　枫　马　强　丁玲辉　杨建军　马　骁　胡　茅　李泾荷　解晓丹　张　环　张童飞

独木龙舟项目组成员

组　长： 赵昌毅

成　员： 杨世如　韦晓康　陈丽珠　杨津津　董文梅　张凤民　马　强　武　鑫　马　骁　于　倩　刘　俊　郭骏程　吉日格勒　李莉森　解晓丹　葛绍斌

俄尔多项目组成员

组　长： 韦晓康

成　员： 于　浩　谷　枫　李莉森　李泾荷　拉毛才旦　范　宁　唐慧英　郭骏程　胡　晓

搏克服饰项目组成员

组　长： 白永生

成　员： 李廷海　李·巴特尔　方　征　杨志勇　包永全　赵　展　那日苏

高脚马项目组成员

组　长： 张延庆

成　员： 黄彩桂　倪东业　韦晓康　向建忠　张雅茹　马　辉　李艳芳

木球项目组成员

组　长： 张延庆

成　员： 马亚宁　马　辉　张雅茹　程安霞　马应寿　田　莉　龙佩林

前 言

在国家制定的《少数民族特需用品目录》中，包含了民族服饰、工艺美术品、民族药、民族体育用品等具有民族特色的科、教、文、卫、体产品。国务院批准在“十一五”期间继续坚持并进一步完善对民族贸易和民族特需商品保护、发展的优惠政策，在市场经济条件下，采取某些必要的特殊政策对特殊的商品进行必要的扶持，切实保障少数民族群众的政治、经济、文化权益。其中，民族体育用品就是作为少数民族传统体育文化传承的载体。

少数民族传统体育是生活在特殊地域的人群世代相传的、表现本民族文化特色的各种身体活动，它是特定民族文化的储存和再现，是各少数民族文化模式的外在表现和历史文化知识的延续，在某种意义上反映了一个民族的传统习俗和地域风貌，折射出民族历史的光芒，它同各个民族的生产、生活方式密切相关，是各个民族生存的手段，也是各民族体力、心理锻炼的特殊方式。作为开展文化活动最基本物质条件的少数民族体育用品，展现了丰富的时代特征和我国各民族优秀的传统文化。但是，随着时代的发展，这些记录着我国优秀传统文化的历史见证面临消失，体现中国少数民族体育发展水平和各族人民创造才能的制作工艺及技术面临失传，各民族传统体育文化特质存续的完整性将得不到保护。为了加强非物质文化遗产保护建设，弘扬少数民族优秀传统体育文化，促进民族团结，满足少数民族群众日益增长的健身需要，推动民族地区经济发展，在国务院有关民贸保护、发展优惠政策的指导下，不仅要对一些与民族生活息息相关且濒临失传的传统工艺和技术进行抢救，运用现代技术手段予以保存和展示其传统生产工艺和技术，还要不断增强民族传统体育用品市场的竞争力，推进民族地区和谐社会的发展。

在国家重视的大环境下，中央民族大学体育学院一直致力于中华民族传统体育文化的研究与传承，多年的研究成果获得了国家民委的肯定，于“十一五”最后一年承接了财政部、国家民委立项的“中国少数民族特需商品传统生产工艺和技术保护工程（第四期——少数民族体育用品）”项目。

从立项开始，国家民委经济发展司民族贸易处和中央民族大学领导和专家的指导与支持下，首先将中国少数民族体育用品定义为中国各少数民族在长期的生产、生活过程中，自主创造、就地取材，用于军事战争、宗教仪式、娱乐健身和体育竞技等形式的本民族体育工具、服装、场地设施等。然后根据调查对象确定了传统型、竞技性、典型性、规模型、工艺性、民族性等原则。由于完成项目限于一年时间，课题组选择了具备已经成为全国或省市民族体育运动会竞赛项目的、当地流传甚广、有健身娱乐性、经济价值、与百姓生活息息相关、代表一个民族或几个民族等条件，并且有完整的原始制作工艺过程的 11 个项目作为调查对象，即陀螺、吹枪、弩、独木龙舟、投绣球、俄尔多、响箭、锡伯族弓箭、搏克服饰、木球、高脚马，涉及蒙古族、壮族、藏族、苗族、彝族、傣族、傈僳族、锡伯族、土家族、回族等多个民族。我们走访了包括我国五大自治区在内的西北、西南、东北和中南等地区的 10 个省区。跋山涉水，克服炎热天气、水土不服、高原反应、蚊虫叮咬等不利因素，行程 7 万多公里，参与项目近万人次，在工作量大、工作环境艰苦等情况下完成了田野调查，拍摄电视片总长度 13280 分钟，文字资料近 60 万字，照片 2 万多张。最后形成 200 分钟的电视片，20 多万字、200 多幅照片的发展报告。

在项目实施过程中，除了得到各地方民委、民族宗教局、体育局、民族体育协会、兄弟院校的大力支持外，还得到了专家们的大力支持，他们是：胡小明（华南师范大学）、班班多杰（中央民族大学）、扎洛（中央民族大学）、王建民（中央民族大学）、赵丽芳（中央民族大学）、梁庭望（中央民族大学）、张丽君（中央民族大学）、杨思远（中央民族大学）、丁玲辉（西藏大学）、龙佩林（吉首大学）、岗·坚赞才让（西北民族大学）、杨世如（贵州民族学院）、刘诗龙（贵州施洞独木龙舟协会）、吕韶钧（北京体育大学）、寸亚玲（云南民族大学）、饶远（云南师范大学）、倪东业（湖北民族学院）等，还邀请了地方民委、民族宗教局、体育局、高等院校等对调研项目有所了解和研究的领导、专家、学者与我们一道深入民族地区进行调研，他们既是专家，又是向导、翻译，省去了许多不必要的麻烦，在此一并深表谢意。

本课题研究成果的形成非常不容易，因为国内对少数民族体育用品传统制作工艺方面的研究和收集还处于空白，没有资料可以借鉴，只有靠课题组成员一点一滴地实地记录民族体育用品传统制作工艺过程，终于完成了影像作品及著作，并通过终审。由于时间有限，选择的项目也不是很全面，在研究过程中难免存在许多不足，希望得到专家、学者和研究体育用品以及体育人类学同行们的指正。不过，我们深知，这些研究仅仅是开始，这是一个非常有价值的研究领域。在今后的研究过程中，我们愿意和国内外的专家、学者共同不断地向前开拓，充分挖掘我国各民族优秀传统体育用品中所蕴藏的独特而丰富的文化资源。

中央民族大学体育学院

少数民族体育用品项目课题组

韦晓康

2011 年 5 月 20 日

目　录

第一部分

少数民族体育用品概述

少数民族传统体育用品作为一种物质形态，存在于各民族传统体育现象之中，伴随着各民族传统体育产生和发展。少数民族传统体育用品是各民族传统体育历史发展中能够被直接见证的载体，客观地反映了民族体育发展的特点，已出土的体育用品同样是呈现人类体育历史的考古资料之一。在我国，土生土长的民族体育用品对各民族而言，其使用和消费虽不及现代竞技体育用品普及，但也展现了丰富的时代特征和各民族优秀的传统文化。研究我国民族传统体育用品的发展变迁，一方面可以保护民族传统体育文化的发展，另外也可以发现体育用品同社会经济、政治、文化以及人的个性发展之间的普遍联系，促进现代民族传统体育用品的研发和生产。

一、少数民族传统体育及少数民族体育用品定义

（一）少数民族传统体育定义

中国55个少数民族，不仅能歌善舞，而且都有富有浓郁民族风格和独特地方色彩的传统体育。中国少数民族传统体育内容丰富、历史悠久，长期为各族人民喜闻乐见，有着广泛的群众基础，但是，关于“少数民族传统体育”这个词，目前国内体育界和民族学界还没有完全统一的概念定义。《中国大百科全书》的体育卷和民族卷，都没有“少数民族传统体育”的辞目。1986年9月在新疆乌鲁木齐市举行的第三届少数民族传统运动会期间，由国家体委、国家民委联合主持，举办了首届少数民族传统体育学术研讨会，会上首次对“少数民族传统体育”的概念进行了研讨。二十多年来，许多专家、学者都对少数民族传统体育的概念进行了不同程度的阐述，基本上认为，少数民族传统体育是长期流传在各民族民间的、以锻炼身心和娱乐为目的的各种活动。多年研究发现，少数民族传统体育与各少数民族的历史发展分不开，与各少数民族传统体育的性质分不开，所形成的传统文化是各民族的“固有文化”、“传承文化”，也是在每一个民族中由历史上流传下来的文化，是民族传统文化的一部分。少数民族传统体育产生之初并不是以锻炼身心和娱乐为目的的，简单地说只是为了生存，在此之后才逐渐发展为更高层次的锻炼和娱乐，并以体育活动方式延续和保存。因此，少数民族传统体育可以定义为“是一种民族文化现象，是中国各少数民族以民族或一定地域为单位，长期开展并因此而具有一定的历史传统和民族、地方特色的各种体育活动”[①]，多在民族经济活动、宗教活动、民俗活动中开展，与生产、生活密切相关，既包括竞技性较强的体育项目，也包括富有健身性、娱乐性的其他体育形式。现今满族的珍珠球、回族的木球、侗族的抢花炮、壮族的抛绣球、朝鲜族的秋千、哈萨克族的叼羊等都属于少数民族传统体育。

（二）少数民族体育用品定义

长期以来，由于历史、社会和自然环境等客观因素的影响，少数民族形成了各自不同的历史文化传统、风俗习惯、不同的生产生活方式。这种差异性体现在日常生产生活中，必然表现为对某些具有特定的用途、规格和款式并浓缩了本民族历史文化传统特色的用品，有着特殊的需求和偏好。这些产品，就是少数民族特需用品。它是反映目前少数民族群众生产生活特殊需要

① 韦晓康等:《少数民族传统体育可持续发展研究》，北京:中央民族大学出版社，2006年。

图 1：中期汇报会

的、具有一定历史文化传统特色的用品，是少数民族日常生产生活中不可缺少的组成部分，具有不可替代性。

少数民族特需用品具有鲜明的时代特征，根据不同时期的特点，各地政府都制订过少数民族特需用品的目录，并据以确定享受有关优惠政策的民族用品定点生产企业。目前我国少数民族特需用品的产品目录，是严格按照"少数民族特需用品"概念的定义，以"八五"以来各地实际执行的目录为基础，经有关专家组确认并征求各方面的意见而形成的，并在 1997 年国家民委发出的《关于印发 1997 年少数民族特需用品目录（修订）的通知》中加以确定。现行少数民族特需用品目录，共有 10 个大类，500 余个品种，基本涵盖了各少数民族群众生产生活中特殊需要的用品，其中的文体用品类就包括少数民族传统体育用品。

由此，我们将中国少数民族体育用品定义为：指中国各少数民族在长期的生产、生活过程中，自主创造、就地取材，用于军事战争、宗教仪式、娱乐健身和体育竞技等形式的本民族体育工具、服装、场地设施等。

二、少数民族体育用品源流

少数民族体育用品是少数民族体育文化传承的载体，其衍生发展直接反映着我国博大精深民族文化的发展变迁。少数民族传统体育文化是某一特定的民族在长期生产劳动中创造出来的，它在一定程度上从不同角度、不同方面反映了某一特定时期的某一特定民族的历史、政治、经济、文化、生活、宗教、风俗习惯、心理状态等多方面的内容。流传至今，被越来越多的人认识、接受，是创造现代新兴体育项目和形式的源泉，成为中国灿烂文化的非物质文化遗产。

（一）源于生活、生产劳动

各民族无一不是从原始社会发展而来的，众所周知，在原始社会里，由于生产力水平低下，居住在山区、丛林的每个氏族部落都是靠狩猎、捕鱼、采集等生产活动来维系自己的生存和繁衍，于是掌握了各种生产技能。部分少数民族传统体育活动就是在一定的自然环境和社会背景下逐渐萌芽的，它们既是生产技能的锻炼，又是人与人之间变相的生存竞争的形式之一。

1. 少数民族体育用品是狩猎的直接工具

吹枪是苗族民间一项古老的体育运动，广泛流行于地处中越边境的云南省文山州麻栗坡县白苗支系聚居区，特别是董干镇的马林一带。吹枪在苗语中叫“盏炮”，是当地农民为了驱赶鸟兽、保护庄稼而发明的一种射击类器械，距今已有300多年的历史了。吹枪运动的起源、传承和发展都与苗族地区的自然环境、历史文化环境息息相关。

锡伯族弓箭的摇篮是早期东北地区大小兴安岭。该地区环境呈周期性变化，使锡伯族的先民们得以往来于草原、山林之间，过着狩猎、游牧生活，形成了与这种地域环境相适应的狩猎、游牧的生活方式和文化形式。在这种自然环境和经济生活条件下，为了获取猎物、实现自我和群体的生存必须的一种生产工具——弓箭便应运而生。

2. 少数民族体育用品是日常生活的伴侣

高脚马，是流传于我国湘鄂西一带的少数民族体育运动。该地区位于武陵山区，地貌以丘陵、河谷为主，气候温和湿润，常年多雨，盛产楠竹与棕树。当地人为了出行方便，以竹制的高脚马为代步工具，经常踩着它行走在泥泞的山路和溪流间，历久成习，逐渐衍变为一项深受人们喜爱的体育运动。

3. 少数民族体育用品是牧民放牧的生产劳动工具

俄尔多是牧民们为了适应高原草场辽阔、地势起伏的特点而发明的。当牦牛、羊群在草原上恣意行走时，由于畜群奔跑速度快、数量庞大且分散，难以管理，于是他们为了能远距离驱赶牛羊，将皮鞭和抛石结合起来，发明

图2：过河

了早期的俄尔多。牧民在皮鞭木把一端加一皮环，环的大小可以套在中指上；木把的另一端和鞭梢中间加一块皮革，形状为椭圆形，大小正好可以放一块小石头。利用鞭子高速旋转时的离心力将石头抛出，击打牛羊的犄角，以控制整个畜群的方向；也可以利用鞭子抛石或空甩鞭梢发出的清脆响声来约束畜群，这便是俄尔多的雏形。后来，为了便于使用，携带方便，牧民逐渐将木把改造成编绳。他们就地取材，用牦牛毛和羊毛来编制俄尔多。[①] 俄尔多的出现，提高了生产效率，使得放牧更加便利，所以俄尔多很快就成为牧民必不可少的生产劳动工具。当牧民放牧时若遇到有猛兽侵犯畜群时，还可以用俄尔多驱赶。从牧区中流传的一段歌谣中，可知俄尔多的效力和牧民对它深厚的感情：

“太阳从东方冉冉升起，牧羊姑娘和棒小伙子们手持用黑、白两色牛毛和羊毛精心编制成九眼石形状的牧羊鞭吆喝着牛、羊、马群出牧了。啪！一声巨响，从鞭囊中飞出的石头不偏不倚地正好打在乱蹦乱跳的牦牛身上，牛群又乖乖地行进了。你听！繁花似锦的草坡上传来了羊羔的惊叫声，啊！原来是一只凶狠的饿狼正追逐着羊群，主人手举牧羊鞭——俄尔多，一发发有力

① 刘生文:《藏族体育》，兰州：甘肃民族出版社出版，1994年。

图3：牧民在打俄尔多

① 来自甘孜体育局俄尔多资料。

的石弹向恶狼打去，饿狼被赶走了。”①

其实与俄尔多类似的抛石工具在其他民族，尤其是游牧民族中也有使用，甚至出现得更早。考古学家已经证明，从史前时期开始，人类就会用兽皮制成投石器来投掷小而光滑的石块，这要比单纯用手臂投掷力量更大，距离更远，所以用它来狩猎，不仅成功率更高，而且也更为安全。最初的投石器是用短竹、木棒，一端劈开裂缝，夹住石块，猛力甩出，击中目标，投掷距离可达五六十米。木棒投石器进一步发展，成为飘石投掷器，即在棍棒的一端系有带皮兜的长绳，绳的一头系木棒头上，另一头结一环扣在棒头。将石球放在皮兜内，摇动棍棒旋转皮兜，使绳扣脱开，利用离心力原理，将石球抛出。这个飘石投石器不仅与藏族的俄尔多相似，也与罗马军队中曾使用的投石器异常相似。只不过罗马辅助兵的投石器一般有2个甚至3个投石索，最短的用于近距离快速投掷，最长的用于远距离投掷。

从上述几个例子可以看出民族传统体育的起源，最先是生存和生产的需要。生产劳动是人类为了生存的第一活动，与身体活动有着密切联系，它要求人们直接参与运动。而在制作和使用生产工具的过程中，以及在提高身体素质以利于生产劳动的过程中，许多民族传统体育活动就应运而生了。

（二）源于军事战争

在早期人类历史发展过程中，为了民族生存和民族利益与异族的争端时有发生，再加上人口的增多需要愈来愈多的生产资料，一些民族便愈来愈广泛地利用战争来满足这种需要。把产生于劳动中的一些技能运用到战争中去，他们为了自身生存和发展的需要，自远古以来便展开了一连串的诸如血亲仇杀、部落械斗、反抗剥削和民族压迫及抵御外来入侵等军事战争，军事需要促进了军事体育的产生。射箭、摔跤等技能在军事活动中的运用极为广泛，是诸多民族必须具备的军事技能。

1. 搏克服承载着军事搏击历史文化

搏克是蒙古族传统体育项目，是蒙古族长期与大自然搏斗的产物，并对蒙古民族的发展和壮大起了重要的作用。“搏克”系蒙古语，是“摔跤”的译音，包含结实、刚强、攻不破、摔不烂之意。蒙古国扎达木丁所著的《蒙古搏克》和内蒙古体委编著、人民体育出版社出版的《搏克》都认为：蒙古族搏克的起源发展是人与自然斗争的产物，因为谋求生存与野兽搏斗，为了保存自己，提高狩猎技能而不断训练提高自己的搏击技能。随着社会的发展，搏克也成为军事征战不可缺少的技能之一。尽管草原的历史舞台上不断更换主角，但搏克却在人们的生产、生活中不断发展完善。并成为保存自己、克敌

图 4：搏克服

图 5：搏克比赛

制胜、丰富生活、强身健体的有效手段之一，同时也逐渐形成了本民族自己特有的技法与服饰。对搏克的记载始于 11 世纪，12 世纪逐渐普及，13 世纪发展到一个高峰。也有不少研究者通过考证 1955 年山西省出土的战国时期匈奴人角抵铜饰牌和“阴山岩画”认为，“搏克”源于“匈奴跤”，认为匈奴帝国衰败后被后来的契丹、女真继承，后又被蒙古帝国继承和推行。蒙古民族素有“马背民族”之称，崇尚力量。摔跤、赛马、射箭这 3 种技艺水平的高低，在一定程度上显示一个部落的强弱和盛衰。因而“蔑儿干”（善射者）、“孛阔”（力士）也就成为蒙古族尊崇、追求和学习的对象。公元 1206 年，成吉思汗统一了蒙古各部落，在斡难河畔举行了“忽里台”（大会），为庆贺铁木真成为蒙古大汗，举行了大型“那达慕”，有 1024 名搏克手参加比赛。以后每逢制定法规、大汗登基、庆祝胜利等都要举行有摔跤、赛马、射箭等内容的那达慕大会。蒙古族经过长期的内外征战，在亚洲和欧洲建立了以元朝为中心的四大汗国。经历了半个多世纪连年征战生活的蒙古族方得安宁。稳定的社会与和平的环境，为蒙古民族发展自己的文化体育提供了条件。元朝皇帝王公贵族以他们尚武的民族习俗，把搏克列为宫廷娱乐主要活动内容之一，每

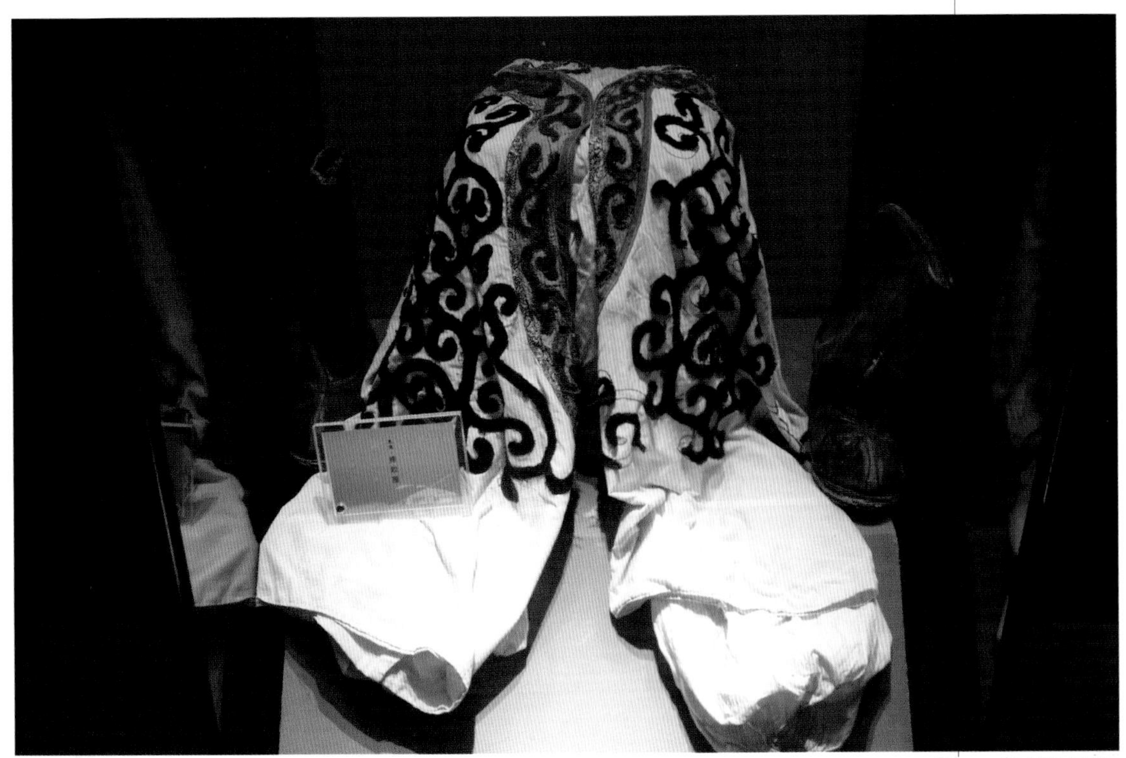
图 6：跤裤与跤靴

次娱乐、喜庆和宴会时都要观看搏克比赛。搏克发展到元代，有三个特点：一是搏克在宫廷娱乐表演的成分越来越大了；二是比赛规则也发生了变化，出现了一跤定胜负的规则；三是有了专用的摔跤服饰，用以展示搏克手的风采。元延佑六年（1319 年），元仁宗爱育黎拨力八达专门设立搏克领导管理机构（衙门），管理全国的摔跤活动，安排大汗观看比赛等事宜。规范了搏克比赛规则和搏克手比赛的服饰，并由摔跤界中有名望者充当裁判，搏克规则也定型为一跤定胜负。到了清代，蒙古草原的生产、生活方式变化不大，搏克依然是广大牧民喜爱的传统体育运动。加之清朝历代皇帝也大力提倡摔跤运动，如清代称摔跤手为“布库”，与“搏克”发音非常接近。因而“搏克”依然活跃在北方草原上，最著名的典故是“十数小布库力擒鳌拜”。由于康熙皇帝亲自提倡和喜爱摔跤，这项运动在清朝也盛极一时。凡遇宫廷宴乐、礼宾集会、时令假节，总要进行摔跤表演。现存北京故宫博物院的清朝《塞宴四事图》，真实地描绘了摔跤的场景。

新中国成立后，随着内蒙古地区的政治、经济、文化体育事业的迅速发展，蒙古族传统的体育竞技活动——搏克，迅速发展起来，成为增进草原人

图7：汉代铜弩机——军事博物馆文物

民身体健康、加强民族团结、满足草原人民物质、文化精神需求的主要措施之一。从20世纪80年代起，改革后的搏克运动逐步进入新的发展阶段，广大牧民热爱搏克的激情，在党的民族政策和人民政府的大力倡导与重视下被激发出来，千百年的搏克文化正在被人们重新审视。搏克运动开始成为全国少数民族传统体育运动会、全国农民运动会和全国体育大会的比赛项目，走出了草原，受到世人关注。

2. 少数民族体育用品——军事射击武器

弩是中国古代的一种武器，在战争及狩猎活动的射击中有着不可替代的作用。弩的起源仅从考古实物证明，其历史至少在2300年以上。1952年在长沙南郊的战国楚墓中发掘出来的弩是至今发现年代最早的弩，该弩不但制造精巧，而且机件是由青铜铸造，由此推测在战国以前我国就有了弩。秦汉时期青铜弩机的使用更为广泛，在秦始皇兵马俑坑里发掘出很多弩，如一号坑内，总体是1600多人的方阵，四周是面向外的弩手或弓箭手保卫着战车和持长兵器的步兵，说明在秦代已非常重视弩的使用。作为冷兵器时代战争的重要武器，汉代以后有所发展，如三国时期诸葛亮改进的“连弩”，“使之一弩十矢俱发”。1973年在楚国都城遗址出土的三国时期吴国“黄武元年弩”也证明中国弩的悠久历史。弩在用于战争武器的同时，也是古代山地民众生活的重要武器之一，为了生活与自卫，在狩猎、抵御毒蛇猛兽的原始生产中，发明并完善使用弩射杀的技能。据《华阳国志》记载山地居民“善用竹，入林射飞无不中”;《新唐书》卷二百二十二下《南蛮》载:“用木弓短箭、簇傅毒药，中者立死”，这里所说的“木弓”与“竹弓”实际都是指弩。关于弩的叙述，在历史文献中多有记载，《云南志略》提及蒲蛮“善用枪弩”。蒲蛮即指今天佤族的一个支系佤崩语支的先民。除蒲蛮外，其他古代少数民族也使用弩。元代王恽《秋涧先生大全文集》卷八一《中堂纪事》记载:“百夷兵械有刀、手弩，而弓矢甲胄”。明代李思聪、钱古训的《百夷传》也云：“百夷……用长镖、手弩，不日弓矢。”

弩与弓箭相比，击发时无声，射程远，精度高，一人可拉动的弩，最大射程可达200米左右。而且它比弓箭使用更省力，制作材料是就地取材，在冷兵器时代是一重要武器，《武备志》中有这样的记载:“中国之利器曰弓与

弩，以弩之用为最。”地处中国西南多个省份的少数民族，如佤族、傈僳族、拉祜族、瑶族、独龙族、苗族、黎族等，迄今仍有按自己的传统习俗，使用自制的、形态各异的弩和弩箭，用于猎杀小动物。随着生产、生活水平的提高和保护动物、禁猎政策的实施，原有的生活、战争工具已成为各民族在闲暇、节庆活动中的一个重要娱乐内容。起到娱乐健身的作用，民间有射远和射准两种比赛形式，以射准为多见。

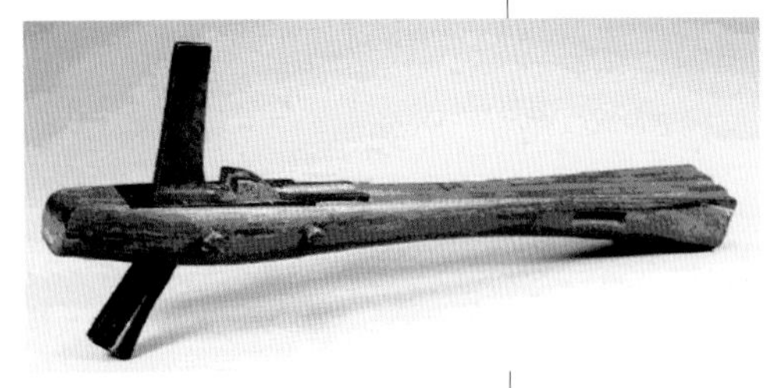

图 8：黄武元年弩

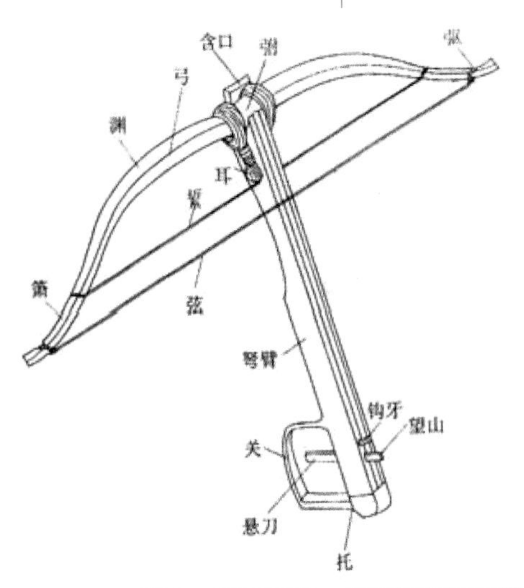

图 9：秦始皇陵一号车铜弩复原图

壮族的绣球活动同样来源于古代的狩猎和战争，这一观点已经被多位专家和学者论述了。“壮族先民早已有用弹丸、淘球作为一种原始的狩猎工具的先例了，是不是可以在这个基础上，发展到绣球的前身——‘飞砣’的一些蛛丝马迹呢？我想答案是肯定的。”[1]“抛绣球是壮族人民喜闻乐见的传统项目，它的历史可以追溯到 2000 多年前，当时用以甩投的是青铜铸造的古乐器——‘飞砣’，并且多在作战和狩猎中运用。”[2]“投绣球的雏形是壮族古代的‘飞砣’，最早出现在大约 2000 多年前，绘制在广西壮族自治区宁明县（左江）的花山壁画上的‘飞砣’，这种‘飞砣’就是现在绣球的雏形。”[3]纵观我国各民族的传统体育活动，大多是来源于生产劳动、军事斗争、宗教活动及民俗生活等，绣球作为壮族的文化象征符号，必定与壮族的传统文化有着深厚的渊源。我们认为“飞砣”起源说具有一定的道理，一些古代文献中也有抛绣球为“飞砣”的记载，但绣球文化经历了怎样的发展和演变，需要从语言学、考古学、民俗学、民族学等多种学科进行进一步的研究。

3. 少数民族体育用品——军事号令

藏族的响箭在历史文献中有较多的记载。例如《齐天乐·昭君墓》：“登高便觉金风劲，方信塞垣秋早。衰草横坡，乱碑斜矗，寒云刷空如扫。鸣镝声杳，传宁胡阏氏琵琶斜抱，马上离情，冰弦拨尽怨中调……”鸣镝即响箭。《马射行并序》：“彩云坠天珠走盘，老蛟赴海驱狂澜。年年此日城南端，长安壮儿颜渥丹。春服粲粲绮与纨，雕弧肖月金梁鞍。春骊飒沓骄鸣鸾，髇无虚发骇众观……”髇即响箭。在《清会典·兵部十·武库清吏司》详细地介绍了各

① 韦晓康、李霞：《论壮族绣球运动的文化渊源》，《体育文化导刊》，2003 年第 8 期。
② 陆华、陆荣现：《话说广西绣球》，《中共南宁市委党校学报》，2003 年第 2 期。
③ 何卫东、伍广津：《广西壮族投绣球体育文化发展研究》，《北京体育大学学报》，2005 年第 2 期。

种响箭的尺寸及形制。

而西藏工布地区响箭的来源主要是和工布王阿吉杰布有关。公元7世纪，吐蕃时期，因林芝在这年的藏历九月份受到北方霍尔人的侵犯，工布王阿吉杰布忙于率领工布的男人出征，就决定把正常年份的藏历新年提前到这年的十月一日，过完年后即配上弓箭，率领部下出发了，最终取得了胜利。阿吉杰布当时佩戴的箭有两种，一是铁镞竹箭，专做打仗用；另一种箭就是现在的响箭，做冲锋的信号。这位首领射出的第一支箭即为响箭，从此以后，每逢藏历十月初一过工布年时，人们总是要佩戴响箭，比试射艺，以示纪念，流传至今。[①]

从中可以看出在古代的冷兵器时代，响箭的用途主要有两方面，一种是作为重要的信号工具，在狩猎或者打仗的时候向同伴传递信息；另一种是作为具有杀伤力的攻击武器。随着社会的发展，响箭慢慢从战争武器和生产工具演变为人们休闲娱乐的体育运动项目，为了安全考虑，响箭箭簇的形制也就发生了改变，从具有攻击性的铁质尖头变成对人们伤害较小的圆头或者平头的木质箭镞。在吐蕃王朝时期，响箭只是上层僧侣、官员和贵族专利。因为以前制作一套响箭的工具必须得拿一头骡子或一匹马才能换取，普通人和广大农奴没有经济实力；另外，以前农民的生活负担重，没有闲暇时间玩响箭。在西藏和平解放以后，广大民众才有能力和时间参加这项娱乐活动。

① 丁玲辉:《西藏的民族传统体育》，西藏人民出版社，2006年。

以上几个例子说明，战争的出现促成了武器和战斗技能的演进，以及对战斗人员进行身体和军事技能的训练。古代战争不仅是人类智慧的较量，也同样是人类体能和技能的拼搏。可以说，古代部族战争在提高部族战斗力的同时，又推动了民族传统体育技能的提升和发展，是民族传统体育形成、发展、提升的一个重要渠道，为今天民族传统体育的传承、发展产生了不可磨灭的重要作用。

(三)源于民俗及风俗活动

一个民族文化的产生，与这个民族的民俗文化密不可分。民族风俗是一种不可侵犯的文化，除环境和文明之外，不屈服于其他任何压力，它与少数民族传统体育融合，在漫长的人类社会发展长河中，具有顽强的传承力，是历史的佐证。

1. 少数民族体育用品是民间竞技游戏的器具

木球是回族传统体育项目。宁夏民间“打木球”由来已久，在清初就流行于民间，至今已有三四百年的历史了。打木球，是在“赶毛球”、“打铆球”或“打篮子”的基础上发展起来的。相传，康熙微服私访时曾扮作乞丐来到宁

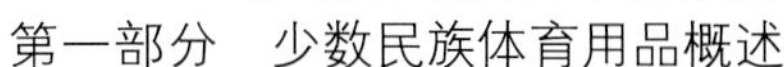

夏巡访。一天看到几个牧羊的尕娃们在草滩上追着一个毛球十分热闹，引起了康熙的注意和兴趣，康熙就走上前从尕娃手中要过鞭杆模仿着打了几下。回到京城后康熙念念不忘“打毛球”，就命人制作了鞭杆和木球，闲暇常“打毛球”自娱，还组织宫人进行过比赛，从此“打毛球”便流行于世。另一个版本是关于“打篮子”的：清朝初期，康熙皇帝为解决葛尔丹的分裂活动，亲统大军来到宁夏，传说途中休息时，看到一群放羊娃在地上“打篮子”，输的一方背着胜的一方人喊：“喝嗦儿”，认为很有意思，便要过鞭杆和铆球，模仿牧童的动作打了几下。康熙皇帝回京后，就命人仿制宁夏所看到的鞭杆和铆球，在宫里组织人进行游戏。久而久之，这就形成了今天的回族传统体育项目“木球”。

云南景谷县是有名的陀螺之乡，在景谷，各种陀螺场地和数十名群众打陀螺的场景随处可见。陀螺在我国有着悠久的历史，据考证，陀螺在中国起源于约公元前5000年的河姆渡文化时期。1962年在山西夏县西阴村土岭发现的距今4000多年的文物，其中就有陶制的陀螺。在宋代，陀螺曾被称“千千年”，且十分流行。另据有关典籍文字记载，明崇祯八年（1635年）的《帝京景物略》中就提到了京师儿童玩“陀螺”的情景，其中提到：“陀螺者，木制，如下空钟，中实而无柄。绕以鞭之绳，卓于地，争制其鞭……”清代的《帝

图10：打木球

图 11：景谷县打陀螺场景

京岁时纪胜》和清末民初《燕京杂记》、《旧京琐记》等，都有有关陀螺活动的记载。陀螺活动所用的陀螺有木、石、陶、竹以及现代电子发光材料等多种质地，其玩法依不同民族、不同地区也多种多样。在称谓上也有差异，如称“抽陀螺”、“打陀螺”、“打地螺”、“抽地牛”、“赶老牛”、“打猴儿”、“打格螺”、“拉拉牛”、“抽冰嘎”等等。通过对云南景谷县“打”陀螺游戏方法（类似现今全国少数民族传统体育运动会打陀螺竞赛规则）进行考察，我们认为景谷地区独特的打陀螺形式与当地民族文化密不可分。其传统制作工艺极具特色，尤其是保留至今的传统校陀工艺是全国独有的工艺技术。由于几百年来一直沿用传统制作工艺，使得制陀的传统材料日渐稀少，加之国家有关林木保护政策的出台，以及现代生产工艺生产效率极高、加工精度准确、制成品美观等优点，现代制作陀螺的工艺手段逐渐被广泛使用，除校陀工艺仍沿用到现代制陀工艺当中外，传统制陀工艺的大部分手法及其所携带的文化符号将无法传承。因此，对制作陀螺的传统工艺进行记录与保护具有十分重要的历史意义和现实意义。

2. 少数民族体育用品是悦情的媒介

绣球可说是壮族青年定情的信物，上面绣的是壮族姑娘的美好愿望，绣球上的每一个花瓣都绣着鲜花，一年四季 12 个月份的鲜花均有，12 个花瓣合成了一个绣球。[1] 关于抛绣球活动有着大量的文献记载，“唐朝著名诗人柳宗元被贬至柳州时，看到当地壮族青年男女互相投掷‘布刺’时，曾用诗句‘男女分行戏打球’来描述这一场景”[2]，自宋代以来，关于抛绣球的记载更多。宋周去非《岭外代答》云：“上巳日男女聚会，各为行列，以五色结为球，歌而抛之，谓之飞砣。男女目成，则女受，而男婚已定。”明朱辅《溪蛮丛笑·诸蛮》载：“土俗节数日，野外男女分两朋，各以五色彩囊粟，往来抛接。”从古代的文献记载中我们可以看到，抛绣球活动在宋代已经非常流行，主要是在歌圩活动中男女青年恋爱的一种游戏活动。

在近代，抛绣球活动在壮族民间广泛开展，依然是壮族青年择偶和娱乐的重要活动。新中国成立前夕，还出现了一种将绣球从竹竿上编制的竹圈中抛过的游戏。新中国成立后，电影《刘三姐》将绣球文化展现给了全国观众。“文化大革命”后，随着《刘三姐》的重新上演，刘三姐与阿牛哥以绣球为媒的爱情故事感动了亿万观众，也使得绣球文化活动又恢复生机，绣球成为壮族文化的代言。近年来许多湮灭多年的民族文化活动迅速恢复和崛起，宝贵的文化财富得到保护和挖掘，同时也使得壮族传统文化得到了大力的推广和弘扬。

3. 少数民族体育用品是节庆的承载物

苗族的独木龙舟竞渡和他们的独木龙舟节有着密切的联系。关于独木龙舟节最早的文字记录见于清朝。清乾隆年间《镇远府志》(成书于乾隆五十四年，即公元 1789 年)曾载：“清江苗人于五月二十五日作龙舟戏，形制诡异，以大树挖槽为舟，两树合并而成。舟极长，约四五丈，可载三四十人，皆站立划桨，险极，是日，男女极其粉饰。”清朝同治年间的学者徐家干的《苗疆见闻录》中有“好斗龙舟，岁以五月二十日为端节，竞渡于清水江宽深之处，其舟以大整木刳成，长至五六丈，前接龙头，后置凤尾，中能容二三十人，短桡激水，行走如飞”的记录。由此可见，苗族的独木龙舟竞渡活动在清代已形成一定的规模，且已相沿成俗。

众所周知，苗族是个迁徙民族。澳大利亚人类学家格迪斯(W.R.Geddes)就将苗族称为“山地的迁徙者”。苗族先民居住在长江中下游和黄河下游一带，为躲避战乱和追求幸福生活，苗族先民经历了从北向南、由东向西的数

① 韦晓康:《壮民族传统体育文化研究》，中央民族大学出版社，2005 年。
② 何卫东、伍广津:《广西壮族投绣球体育文化发展研究》，《北京体育大学学报》，2005 年第 2 期。

次迁徙，形成了今天的世界性民族。在迁徙的过程中，黔东南苗族先民们为渡过江河或顺江河前行，建造了类似于独木舟的运输工具。生活稳定后，为了纪念那段艰辛的迁徙历程，苗族先民们便以造独木舟，定期举行划龙舟的方式予以纪念，增强寨子间的团结。清水江苗族的独木龙舟活动带有浓厚的宗教色彩。在苗家人眼里，一条龙舟就是一个氏族或一个寨子不可侵犯的神圣物。从砍树、运树、凿舟到下水比赛，都要遵循相应的仪轨和禁忌，要祭拜祖先、山神、树神和龙神（水神），体现了苗家人的万物有灵观念。清水江苗族从事山地稻作生产，对风调雨顺的渴望使得划龙舟活动带有强烈的祈雨目的。以前，苗家人划龙舟时头戴斗笠、身披蓑衣，反映了苗家人的祈雨心理。此外，独木龙舟为牛角龙，龙头上那对弯弯的大水牛角反映了苗家人祈求丰收的愿望。节令性是民族传统体育文化的重要属性之一。节令活动为民族传统体育提供了一个表演的机会与舞台，民族传统体育在节日中传承、发展，并与节日文化相互交融和相互影响。

民族传统体育是一种文化现象，而民族节日和日常的民俗生活也是一种文化现象。从节庆和民族日常生活习俗中可以透视到古老而丰富的民族传统

图 12：贵州独木龙舟

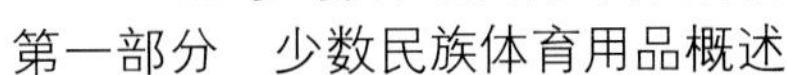

文化，反映出不同民族社会历史和文化变迁的轨迹，民族传统体育活动在节日习俗和日常习俗中也得到了传承和发展。

三、少数民族体育用品的分类与分布

（一）少数民族传统体育项目的分类与分布

中国是由56个民族组成的多民族国家。除汉族是主体民族外，还有55个少数民族。我国各民族都有自己悠久的历史，其中作为我国主体民族的汉族，其聚集中原、散布四方的分布格局，包容同化、纷繁复杂的形成过程，源远流长、光辉灿烂的历史文化，久已闻名世界。然而，她的形成与发展，却与我国少数民族有千丝万缕的联系。历史的发展，使他们之间形成了一种你中有我、我中有你的不可分割的亲缘关系，正是这种关系，才使得中华民族形成了今天这样一种引以为自豪的多元一体格局。

民族传统体育文化是中国各民族历史文化的有机组成部分，它能充分地反映出一个民族的文化、民族精神、民族感情及民族意识，是祖国文化宝库中一串璀璨夺目的珍珠。

纵观民族传统体育项目，据统计已达977种（汉族301种项目，其他各民族676种项目），其中如赛龙舟、响箭、摔跤、木球、高脚马、投绣球、射弩、打陀螺等少数民族传统体育项目，无不显示其民族性、娱乐性、竞技性等民族文化特性，受到各民族的喜爱，丰富了各民族人民的文化生活。民族传统体育文化生态资源丰富，鉴于现今的少数民族传统体育大多划分为竞赛类和非竞赛类，限于篇幅，仅按传统体育项目分类，举例予以简述。

第一种为跑、跳、投类：包括高脚竞速、板鞋竞速、双飞燕跑、顶罐走、跳马、跳板、顶瓜竞走、撑杆跳、跳骆驼、跑火把、雪地走、投火把、投绣球、抛花包、丢花包、抛沙袋、皮风子、赛跑、赛跑跳、跳山羊、跳羊、跳小单门、跳大单门、穿针赛跑、跑人、俄尔多、扔石赛等。

第二种为体操类：主要有秋千、二人翻跟头、爬杆、爬花杆、爬滑杆、爬天竺、登独木天梯、绳梯、独木桥、溜索等。

第三种为球类：有马球、踢石球、打牛毛球、珍珠球、打毛球、木球、墙球、布球、弹球、击球、皮球得来火、丢球、牛尿泡球、拍球、打篾鸡蛋、打鸡毛球、板羽球、丽江球、怒球等。

第四种为水上类：有桦皮船、潜水赛、游泳、放木筏、羊皮筏竞渡、划龙舟、潜水游戏、漂滩、龙舟竞渡、划牛皮船、划竹排比赛、赛独木舟等。

第五种为射击类：包括弹弓、泥弹弓、打粑粑、射面兽、步射、追射、射柳条、射香火、射兔、木枪射击赛、射弩、射箭、毕秀、打筒炮枪等。

第六种为骑术类：包括赛马、马术、赛骆驼、叼羊、姑娘追、赛走马、乘马摔跤、骑马射箭、赛牦牛等。

第七种为武艺类：有铁连枷、打棍、夺腰刀、拔地功、倒挂金钩、舞吉保、芦笙拳舞、芦笙刀、象脚鼓对踢等。

第八种为角力类：包括摔跤（搏克、朝鲜族摔跤等）、乘马摔跤、拔河、藤条拔河、顶杠、抱小腰、拔腰、斗鸡、斗力、对手拉、顶扁担、抱石头、拉绳、四方拔河、拔腰力、顶竹杠、扳手腕、虎熊抱石头、踢脚等。

第九种为舞蹈类：主要有打扁担、舞龙、舞狮、跳灯、跳桌、跳红灯、摇旱船、接龙舞、弄狮、弄龙、跳火绳、跳竹竿、猴儿鼓、东巴跳、跳木鼓、耍白象、跳大鼓等。

第十种为游戏及其他类：有抢花炮、打秋千、打磨秋、踢毽、踢毛毽、皮条、中幡、举石担、石锁、打石头、打冰嘎、插鸡尾翎、拉地弓、滑冰、打枕头、扔包、玩篝火、斗鸡赛、抢花帽、打缸、打蚂蚱、打拐、滚环、地龙、爬滑木、打野战、跳火把、赶牛、骑木马、鸭子赛跑、跳牛、飞石锁、飞石索、抱蛋、丢窝窝、拉拉、拉姆、网石、滑草等。

少数民族体育项目的分类还体现了不同的地域特点，表现了各民族不同的特征。这些项目作为原生形态的民族体育，构成了民族体育在其原始发展阶段的主体。在民族共同体的形成中扮演了不可或缺的角色，并逐渐内化为一种民族性格的象征，不同民族地区的民族体育有着自己独特的特色。中国传统体育项目按地区大致可分为西南地区、西北地区、中南地区、东北地区四部分。

西南地区在其特殊的地域环境、生活方式和宗教信仰中，造就了剽悍、勇敢、尚武的民风，并形成丰富多彩的民族传统体育项目及比赛，呈现出多姿多彩的形态与类型。比如射箭、毕秀、竹竿比赛、射弩、高跷、溜索、跳竹、滑草、绳梯、角力、抱石、斗鸡、爬杆、布球、跳高、打马桩、跳小单门、跳大单门、陀螺、投绣球、抢花炮、踩风车、扒龙船、丢花包、学斗牛等。

西北地区民族传统体育项目主要有：木球、弓箭、踢毽、墙球、打抛、酒蛋蛋、赛马、射箭、赛骆驼、打石头、切里西、叼羊、射骑、抢花帽、打嘎儿、一马三箭等。

中南地区民族传统体育项目主要有：高脚马、芦笙刀、踢枕头、苗拳、金钱棍、蚩尤拳、扁担劲、抢磨盘、撒尔荷、地龙、跳马儿、打飞棒、踢毽子、秋千等。

东北地区民族传统体育项目主要有：摔跤（搏克）、中幡、夏巴、射击、皮毛球、拉杆、叉草人、射箭、打爬犁、木枪射击赛、快马子赛、斗熊、滑雪、桦皮船等。

中国各少数民族在他们与自然界的长期相处中创造出与其生活环境、生产生活方式密切关联的传统体育活动。另外，由于各民族的生存环境与生产、生活方式各不相同，就使得各民族传统体育活动的运动形态呈现出千姿百态、异彩纷呈的景象。

（二）少数民族体育用品的分类

体育用品大致按专业体育器材、康体器材、休闲娱乐器材、户外运动器材等进行分类，少数民族体育用品呢？查阅大量文献资料，还未发现国内有对少数民族体育用品进行分类的记载，并且，少数民族体育用品分类还不能按照现代体育用品分类进行。因为，许多少数民族体育用品是就地取材或使用劳动工具等。据《中华民族传统体育志》统计的676种少数民族传统体育项目中，除了2项赛会和2个传承人外，无体育用品的少数民族传统体育项目有130项，例如贵由赤、摔跤、拔腰、掼牛、跸跤、抱小腰、跳格、斗鸡赛、弹腿、回民七势、回回十八肘、护身拳、通背拳、白猿通背拳、八极拳、查拳、游泳、踢角架、蚩尤拳、互布吉则、跳牛、跳小单门、跳大单门、吉菠基伸、设渡比拉、顶头、对手拉、辣地、阿克登登土、跳斑鸠、翡翠舞、扳腰、翻歪涧、虎抱羊、搭人山等；有体育用品的少数民族传统体育项目有542项，例如赛马、马术、射箭、打布鲁、套马、击石球、布木格、打唠唠球、踢牛嘎拉哈、沙塔拉、鲍格棋、打铆球、木球、打抛俩、打梭儿、打抛、打嘚椦、墙球、顶蛋蛋、打石头、踢毛毽、踢毽、拔河、打杈杨、对棍、花式跳绳、顺风扯旗、掷子、中幡、赛马、擢杆、方棋、跳皮筋、扔包、赶老牛、滑冰车、打砖、阴把枪、跑马打枪、骑马点火枪、射箭、射击、藏棋、尼格尔、吉布杰曾、和尚棋、“略之把”棋、大象拔河、朵加、举皮袋、赶喽喽、吉轫、娃郎得、击球、俄尔多、打牛角、套圈、跳绳、蹬棍、风筝、射毕秀等。我们拟从以下几个方面对少数民族体育用品进行分类。

1. 就地取材类

在542种少数民族体育用品中，通过就地取材进行体育活动的有109

种，例如布木格（牛或羊膀胱）、踢牛嘎拉哈（牛骨）、打石头、对棍、顺风扯旗、赶老牛、朵加、打牛角、套圈、奥都卡尔、掷鸡毛、踢毛菌、打泥脚、打“草蛇”、织麻赛跑、跳火绳、小包团、皮球窝、撒实威威、青木咱拉、字过、阿勤难、跳大海、老虎抢蛋、日尔嘎、杠术、望骂掷、芭芒燕、射柳条、举重石、踢石球、赶石弹、击石球、桦皮篓、插鸡尾翎、打牛毛球、玩嘎拉哈、掷子等。

2. 劳动工具、生活用品类

运用劳动工具、生活用品、动物、乐器等进行体育活动的有144种，例如赛马、套马、打杈杨、擢杆、跳皮筋、打砖、举皮袋、萨哈尔地、叼羊、顶瓜竞走、抢花帽、上刀梯、跳鼓、猴儿鼓舞、拉鼓、接龙舞、打禾鸡、穿针赛跑、穿花衣穿花裙赛跑、磨秋、跳板凳、板凳龙、扭扁担和顶扁担、尔满古、抽、绵羊拉绳、抢花炮、特朗、舂榔争蛙、跳花灯、赶猪进城、踩风车、射柳、烟筒花、拾天灯、跳桌等。

3. 民族体育工具类

直接制作体育用品进行体育活动的有290种，例如射弩、射箭、陀螺、耍狮子、高脚马、投绣球、扒龙船、冰嬉、溜冰车、溜冰、射柳条、射香火、射鹄子、射米团、射簇、射兔、立射、摔跤（服饰）、放风筝、舞龙头、木头球、耍火龙、八人秋、爬坡杆、爬花杆、手毽、布球、打花棍、金钱棍、棕球、打拐、丢花包、花棍舞、跳板、双飞舞、赛威呼、满族秋千、中幡、霸王鞭、打飞棒、踢毽子、抢贡鸡、抵杠、秋千、打磨秋、滚环、阴把枪、跑马打枪、射击、芦笙刀、蚂拐刀、蚂拐棍、铁连枷、方棋、藏棋、尼格尔、吉布杰曾、和尚棋、“略之把”棋、吉韧、十六赶将军、月亮棋、高丽象棋、投骰、三三棋、五码棋等。

（三）本次调研项目内容的选择

1. 项目意图与目标

（1）项目意图

少数民族体育用品的生产与社会经济的发展紧密相关，竞技体育的发展要求用品符合发展的要求，而原生态的制作工艺就面临失传的可能，如流行于贵州地区的独木龙舟，因其用料巨大，砍伐制作已不现实；有上百年历史的龙舟至今仍用于少数民族的节庆活动中。一些传统项目的用品，随着现代材料的取代而变化（如云南地区流行的陀螺和吹枪等）。为将少数民族传统体育文化的传承有所保留，作为历史，有必要以一定方式给予记录，而影像的

收集是最为有效的方法。不过，记录这些制作工艺也有一定的问题，有些项目的原始制作工艺正在失传，可能见到的只是实物，例如广西的打榔，在马山县文体局只拍摄到清朝时期传统体育用具——舂榔，现代的打榔已被扁担和板凳、打鼓用具所替代。对中国传统文化的收集，一些方面我们尚落后于国外，如前所提及的独木龙舟，20 世纪 80 年代年代日本曾有专业团队仅以几万元的投入即将贵州独木龙舟从采伐到制作摄制影像并独家垄断。因此，保护和记录少数民族传统体育用品传统制作工艺迫在眉睫。

（2）项目目标

①保护不同少数民族传统体育用品的传统生产工艺和技术，满足民族地区少数民族传统体育用品的需要，推动少数民族传统体育用品产业化发展，拓宽少数民族传统体育用品市场开发。

②系统收集和整理少数民族传统体育用品资料，针对不同项目，选择其中有代表性的少数民族体育工具、服装等少数民族传统体育用品，运用现代技术手段予以保存和展示其传统生产工艺和技术；对一些与民族生活息息相关且濒临失传的传统工艺和技术进行抢救。

③发现少数民族传统体育用品传统生产工艺和技术传承保护以及使用中存在的问题，提出对策建议，供决策部门参考。实现少数民族传统体育用品在保护中发展，在发展中保护。

2. 项目内容

民族体育用品的衍生发展直接反映着我国博大精深的民族文化发展变迁，其制作工艺过程、表现形式都体现了民族传统体育文化特质存续的完整性，为防止其工艺形式的消失，对中国各少数民族传统体育用品的制造工艺、表现艺术形式进行搜集、整理、记录具有重要的意义。经统计，少数民族体育用品有 542 种，如何选择调研对象非常关键，选择的调研对象，要确实能够反映少数民族体育用品传统工艺的特点。

（1）调查对象确定的原则

①传统性。必须尊重少数民族传统体育的历史传承和表现的风俗习惯，体现少数民族体育用品的工艺技术特点。

②竞技性。列入调查范围的少数民族体育用品的项目应具有一定的竞技性。

③典型性。列入调查范围的少数民族体育用品应反映本民族体育用品类型的典型特征，具有代表性。

④规模性。列入调查范围的少数民族体育用品必须是传统工匠或小作坊以上生产的，具有一定的生产规模。

⑤工艺性。列入调查范围的少数民族体育用品的制作过程应具有一定技术含量和技术水平。

⑥民族性。列入调查范围的少数民族体育用品须代表一个民族或多个民族的特性。

（2）调查对象选择

虽然，各少数民族体育用品有542种，鉴于许多项目的用品是就地取材或使用劳动工具等，根据调查对象确定的传统性、竞技性、典型性、规模性、工艺性等原则，本次调研主要选取一些能够体现独特体育竞技，即已经成为全国或省市民族体育运动会或当地流传甚广的竞赛项目，具有健身娱乐性、经济价值、与百姓生活息息相关，代表一个民族或几个民族，且有完整的原始制作工艺过程。首先排除就地取材类109种用品和劳动工具、生活用品类144种用品；其次排除棋类用品25种和武术器材类用品、枪支类用品40种；第三，基于一年时间、经费预算和季节原因，排除竿球等台湾项目7种和冰嬉、溜冰车、滑雪、打爬犁等冰雪类用品7种；第四，排除制作工艺简单用品96种，如打布鲁、击石球、打唠唠球、打抛俩、打梭儿、打抛、打嗬棒、顶蛋蛋、踢毛毽、掷子、中幡、扔包、大象拔河、赶喽喽、娃郎得、打嘎儿、八人秋、爬坡杆、爬花杆、手毽、布球、打花棍、金钱棍、棕球、爬油杆、打手毽、打拐、丢花包、花棍舞、跳板、双飞舞、赛威呼、满族秋千、中幡等；第五，排除传统工艺与现代工艺相结合的用品如跳绳、藤球、达瓦孜、拔河、珍珠球等23种。

排除以上各类后，剩下有完整制作工艺的项目91种，涉及42个少数民族（见表1）。再排除那些民族性不强、在汉族民间开展较多的龙、狮、风筝、龙舟等17个项目，余下的74个项目，可根据少数民族体育表现形式分类如下：射击类有射箭、射毕秀、骑射、射弩、吹枪、射柳条、射香火、射鹄子、射米团、射簇、射兔、立射等36个项目；角力类项目有蒙古族摔跤服、满族摔跤服、羌族跳盔甲（战争服饰）3个；球类有回族木球、维吾尔族帕卜孜、柯尔克孜族包考（赶牛毛球）、达斡尔族波依阔等9个项目；水上类有苗族独木龙舟、怒族划猪槽船2个项目；投类有藏族俄尔多、彝族皮风子、壮族投绣球、傣族打陀螺、布依族打格螺、纳西族飞石锁等17个项目；跑类项目土家族高脚马、彝族跳高脚马、佤族重章撒、拉祜族戛水戛都、京族踩高

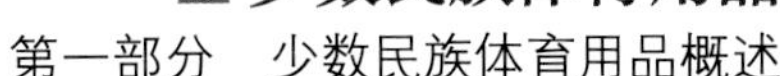

跷等 7 个项目。从以上项目我们不难看出，许多项目是非常相似的，只是民族不同称呼不同。为了更好地从少数民族体育用品的运用去反映少数民族传统体育运动的独特魅力，我们从分类中进行归类选择，以体现少数民族体育用品传统工艺的特点：射击类选择在苗族、彝族、佤族等民众中开展的弩，选择锡伯族弓箭代表在藏族、彝族、满族等民众中开展的弓箭项目，选择在藏族、珞巴族开展的射毕秀，选择在苗族开展的吹枪；角力类选择非常有代表性的蒙古族搏克服；球类选择已经列入全国少数民族传统体育运动会项目的回族木球；水上类选择苗族独特的独木龙舟；投类选择藏族的俄尔多、壮族的投绣球、在众多民族开展且已列入全国少数民族传统体育运动会的打陀螺；跑类选择在众多民族开展且已列入全国少数民族传统体育运动会的高脚马；一共选择了 11 个少数民族传统体育项目用品，涉及蒙古族、回族、藏族、壮族、苗族等 40 个少数民族，遍布于包括我国五大自治区在内的西南、西北、中南和东北等地区。

表 1　各民族完整制作工艺项目表

序号	民族	项目	统计
1	蒙古族	摔跤服	1
2	回族	木球	1
3	藏族	射箭、俄尔多、风筝、射毕秀	4
4	维吾尔族	骑射、帕卜孜（木球）	2
5	苗族	划独木龙舟、舞狮、跳狮子、射弩、吹枪	5
6	彝族	射弩射箭、皮风子（抛石器）、陀螺、耍狮子、跳高脚马	5
7	壮族	投绣球、打陀螺、舞狮、扒龙船	4
8	布依族	打格螺、耍狮	2
9	满族	射箭、射柳条、射香火、射鹄子、射米团、射簇、射兔、立射、摔跤（服饰）、放风筝	10
10	侗族	骑木马、舞龙头	2
11	瑶族	木头球、打陀螺	2
12	白族	赛龙船、耍火龙、打陀螺、洱海龙舟赛	4
13	土家族	高脚马	1
14	哈尼族	打陀螺	1
15	傣族	赛龙舟、打陀螺、赛舟	3
16	黎族	射箭	1
17	傈僳族	弩弓射击、投掷（投石器）	2

续表 1

序号	民族	项目	统计
18	佤族	射弩、陀螺、重章撒（高脚）	3
19	拉祜族	射弩、卡扒（陀螺）、戛水戛都（高脚）	3
20	水族	狮子登高	1
21	东乡族	一马三箭	1
22	纳西族	飞石锁、内窝扑（射箭）	2
23	柯尔克孜族	包考（赶牛毛球）	1
24	达斡尔族	波依阔、射箭	2
25	羌族	跳盔甲（战争服饰）	1
26	布朗族	射箭跑马	1
27	撒拉族	打蚂蚱（木球）	1
28	仡佬族	高台舞狮	1
29	锡伯族	射箭、打瓦、打螃蟹（木球）	3
30	阿昌族	要象龙、射弩	2
31	普米族	射箭、射弩	2
32	怒族	划猪槽船（独木舟）	1
33	俄罗斯族	嘎里特克（击木球）	1
34	德昂族	射弩	1
35	保安族	甩抛尕	1
36	裕固族	射箭、浩尔畏（抛石器）	2
37	京族	踩高跷	1
38	独龙族	射弩、网石（投石器）	2
39	鄂伦春族	夏巴（射箭）	1
40	赫哲族	射箭、击木轮赛（木球）、木枪射击赛	3
41	珞巴族	射箭、毕秀	2
42	基诺族	高跷（高脚）、射弩射箭	2
总计			91

在射击类项目中，弩由弩身和弓片两部分组成。弩身均为木制，弓片由木或竹制成。作为民族体育比赛所用的弩具，其生产地，目前主要是云南省的孟连和怒江等地区。射弩运动可以强健体魄，提高呼吸系统和神经系统机能水平，培育良好的心理素质。

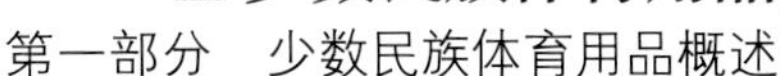

锡伯族弓箭属于复合双曲弓类，八旗长梢弓型，弓的内胎为竹或木、外贴牛角、内贴牛筋，两端安装木质弓梢，以牛角、竹木、动物胶（鱼胶）、牛筋、皮革、桦树皮或蛇皮等多种材料制成。新疆锡伯族弓箭使用有着较为规整的要求，讲究正心、虚射、实射 3 个阶段和弓、箭、手三者的配合，全身各部位和谐一致，并且气度自然。锡伯族人视弓箭为身体的一部分，将弓、箭、手三者合一对待，因此无论立射、跑射、跪射还是骑射均能随心所欲、出神入化。

苗族传统吹枪是在苗族先人在抵御自然侵害、保护庄稼的过程中逐渐发明创造的，主要由枪管和枪托两部分组成。为苗族地区的人民所广泛利用，又在其他各民族中不同程度地有所传播。吹枪的形式独特，具有很强的趣味性，今天，它逐渐从原来单纯的防御工具变成了娱乐竞技运动。此外，长期从事吹枪运动，可以提高人体呼吸系统的机能，形成稳定的心理素质，获得良好的肢体平衡能力。吹枪从防御器械到娱乐工具，再成为今天的竞技比赛、健身器械，已经历了 300 多年的历史，正是由于吹枪广泛的群众基础和生动活泼的形式，它才在这漫长的时间中得以传承、发展。

响箭运动主要在西藏林芝工布地区和加查一带的藏族中普遍开展，其中最有特色的是工布地区（即现在林芝地区的林芝县、米林县和工布江达县）的响箭，它是工布地区非常普及的一项传统体育活动，在庆祝丰收、迎接新年等重要节庆活动中是必不可少的竞技娱乐活动，集体育、音乐、舞蹈和娱乐为一体，在工布人心中有十分重要的地位。由于响箭的特殊结构和功能，给人新奇的刺激感，至今还十分流行，影响深广，国家已把它列为少数民族体育项目之一。

摔跤是角力类项目。在蒙古族聚居的内蒙古和东北等地区，搏克作为蒙古族体育竞技运动，其粗犷的形态和华丽的跤服成为蒙古族独特的文化符号和象征。搏克服包括跤衣、跤裤、围裙和跤靴等。如今随着旅游业的开发，搏克运动和搏克服被越来越多人所认识，不仅向世人宣扬了其勇敢无畏的草原文化精神，还为当地的经济发展作出了突出贡献。

在西北的宁夏回族自治区，回族民众代代相传的一项传统体育活动——打木球，俗称“打篮子”、“打锁儿”或“赶毛球”。打木球所需器具简单，打法灵活简便，不受场地限制，容易掌握，竞争性、趣味性都很强，便于普及推广，其他回族聚居地区也广泛流行。1991 年已列入全国少数民族体育比赛项目。

抛绣球、陀螺和俄尔多是以抛投方式所表现的准确性项目。绣球是中国壮族传统文化的重要象征，主要流传在广西、广东、云南、贵州、湖南等壮族分布地区，现在不仅民间有以绣球为媒的传统，而且在社区、景点和学校，抛绣球活动已成为人们娱乐、游戏和健身的重要手段。同时，作为文化商品的绣球也给当地群众带来了财富和经济的发展。

陀螺运动在我国西南少数民族中流传已久且开展非常普遍，云南的陀螺主要包括陀螺、鞭杆、鞭绳。打陀螺可以丰富业余生活，增进社会交往。现在陀螺运动不仅是当地各民族间文化交流的平台，还能为推动当地的经济建设带来实质性的功效，景谷县有三四家陀螺生产店，每年在陀螺制品的销售和维修上都有近十万元的利润。

藏族的俄尔多属非竞赛类，既是以抛投方式所表现的准确性项目，又是表现力量性的项目。初期只是牧民们的放牧工具，在放牧的闲暇时光，牧民们会三五成群地聚在一起，展示使用俄尔多的技能，逐渐形成伴有掷准和掷远的竞技游戏。俄尔多现今主要流行于甘肃的甘南藏族自治州、四川的甘孜藏族自治州及西藏的拉萨、那曲、阿里、山南等高山牧区。在甘南的牧区或半农半牧区，随时都能看到牧民使用俄尔多管理牦牛、羊群。如今在旅游景区内已有俄尔多的售卖，表明俄尔多已从简单实际的生活用品发展演变成为具有艺术价值和文化价值的商业消费品。

图 13：景谷县陀螺王组合

黔东南苗族的独木龙舟是水上类项目，属非竞赛类。在一年一度的独木龙舟节中，举行划龙舟的比赛能增强寨子间的交流与团结。独木龙舟模型和反映龙舟节内容的银饰品和苗绣等都是很有意义和价值的旅游纪念品，大有开发前景。为促进当地经济的发展，起到较好的推动作用。

图 14：独木龙舟模型

在中南地区的湘鄂西一带，流传着适应多山的地形和多雨的气候的高脚马，当地人为了出行方便，用以竹制作的高脚马为代步工具，经常踩着它行走在泥泞的山路和溪流间，历久成习，逐渐衍变为一项深受人们喜爱的跑类体育运动。

少数民族传统体育是各少数民族文化模式的外在表现和历史文化知识的延续。与之相关的少数民族体育用品的发展直接反映了我国博大精深的民族文化的发展变迁。研究我国民族传统体育用品的发展变迁，既可以保护民族传统体育文化的发展，也可以促进民族传统体育用品的研发和生产。我们要抓好少数民族体育特需商品的生产，最大限度地满足人民群众对少数民族体育商品的需求。认真落实少数民族体育特需商品的优惠政策，大力支持少数民族地区体育和经济、文化事业的发展。

四、少数民族体育用品与少数民族人们生活的关系

少数民族体育用品作为少数民族传统体育文化传承的载体，不仅反映了我国民族器物文化发展的规律特征，而且体现了中华民族文化的发展变迁，其从生产劳动和生活方式中来，与当地人民群众生产生活息息相关，是当地群众特需和承载文化传承的体育用品。

（一）少数民族传统体育与少数民族人们生活的关系

一种物质产品的产生，与其生存环境有很大的关系。对于少数民族体育用品来说，不仅和民族的生产、生活习惯有关，也和当地的物质基础有关。这在我们调研的几个项目中都有所体现。

1. 生产生活的适用工具

苗族传统的吹枪和当地的生活生产活动有密切联系，是苗族先人抵御自然侵害、保护庄稼的适用工具。他们充分了解、利用了云南山区当地的原材料来驱赶鸟兽，并在应用的过程中不断地对原始吹枪的枪管、子弹做了改进，使得吹枪的功能得到了更大的发挥。在把吹枪作为驱害工具后，天性活泼好动的苗族人并没有把它束之高阁，而是在日常生活中将它作为一项娱乐活动进行竞技比赛，渐渐将吹枪项目不断传播开来。从另一方面看，苗族人还是一个乐于接受新事物的民族。早期的吹枪由于其良好的驱害功效，被中越边境一带的苗族人广泛应用。现在不仅仅是在文山州，乃至云南东南部的大部分苗族聚居区都沿袭着吹枪运动。在采访中我们了解到，传统吹枪的制作工艺发展至今鲜有改变，究其根源，与苗族人的巫官文化与祖先崇拜分不开。巫官文化是苗族典型的文化形式，在这种文化中，天地万物都是神灵。因此，苗族人敬畏自然，懂得人与自然和谐相处的生存法则。就以获得制作吹枪的原材料之一——恩桃树皮来说，传承人在取树皮时充分考虑了恩桃树的生长需要，围绕树干割 2 厘米宽的树皮一周，在割取另一条树皮时，也承接了上一条树皮的开口，而且入刀深度不伤及树的内皮。在此过程中，传承人力求对树的伤害最小。他说，要把树皮一条一条地割下来，不能大面积地撕，否则新树皮就无法再生，最后树会死亡。目前，虽然文山州的自然条件优越，但是生活在山里的苗族人并没有因此轻视对自然环境的保护。从“万物有灵”发展出苗族人的鬼神崇拜，进而发展出了祖先崇拜，它在原始宗教中占有重要地位。由于苗族人长期与恶劣环境做斗争，在精神上极需寻求慰藉，他们寄希望于祖先的庇佑，因此产生了祖先崇拜。这在苗族人生活中的各个方面都有体现，例如婚丧嫁娶、风俗礼仪、族源迁徙、竞技娱乐等等。苗族传统吹枪制作工艺的流传就是很好的证明，据传承人介绍，吹枪的制作原料一直是竹管木托，纯手工的制作工艺代代相传，现在和过去相比几乎没有改变。苗族人也乐于继承祖先流传下来的传统工艺，他们认为，这是苗族先祖对后代的恩泽，是苗族人智慧的代表。

土家族的高脚马来源于生活习惯。湘鄂山区雨后泥烂、路滑，行走时泥浆沾鞋、湿脚，在雪天，厚雪铺地，行走时踩雪怕冷脚，人们总是从路边踩在远离泥浆和积雪高处的石头或树枝、竹椏上过路。以此，启发人们做一副木杈高脚或竹筒高脚踩着行走，避免湿脚和冷脚。同时，踩高脚感到有趣，不是雨、雪天也踩着玩玩，久之成习，成为一种体育项目，从踩“高脚马”

图 15：高脚马对抗

逐步发展到“高脚戏”、“高脚灯”。高脚马产生的物质基础是当地的楠竹、棕树等植物。当地人利用这些自然的赠与，创造出可以被自己所用的工具，发展到现在，高脚马逐渐成了湘鄂西一带独特的地域文化的标志，成为土家族、苗族等西南少数民族共有的文化财富。另外，高脚马在现实生活中非常实用，历史上，作为代步的交通工具，高脚就代替“水鞋”走村访友，风雨无阻。另外高脚马的表演和各种动作的展示有很好的健身作用，对中枢神经系统的增强，人体基本活动能力的培养，身体素质的提高，勇敢、顽强、坚忍不拔意志和良好体育道德品质的培养等方面都有积极的作用。而在高脚的竞技中，则表现出力量与速度的美。

2. 促进友谊、交流感情的有效方式

打陀螺则和当地人的生活紧密相连，是彝族、壮族、佤族、瑶族等少数民族喜爱的传统体育运动，在云南、贵州、湖南、广西等地区开展较为广泛。云南景谷地区的少数民族都是以打陀螺作为促进友谊、交流感情的一种有效方式。一般都是在一些民族传统节日，男女老少常常聚集在一起，以打陀螺的方式互相庆贺节日，他们以村寨为单位进行对抗，胜方举行盛大的庆祝活动，青年男女还借此机会进行感情交流，结识朋友。陀螺运动已成为当地各族群众所认同的传统体育项目，并形成了当地独特文化场域和传统惯习的文化传统模式。

西藏的响箭，藏语称“毕秀”，是弓箭的一种，是西藏地区传统体育项目之一，其产生缘由不仅和当地生产林木有关，更和当地人的生产活动密切联系着。

射箭，对原始人类的生存起着非常重要的作用。随着社会的发展，射箭不仅仅是作为一种生产工具，还演变为一种娱乐活动。响箭便是在这种浓厚的射箭文化背景中诞生的。人们把箭镞加以改造，使其发出清脆的响声。作为攻击性的武器，可以鼓舞作战士气，又能传递作战信号；作为狩猎工具，可以呼应同伙，也可以吓退侵袭的猛兽；同时作为娱乐活动，它又具备一般射箭没有的活跃气氛、调动情绪的特殊作用。现在，工布响箭作为集体性的娱乐项目，通常是很多男性聚集在一起比赛，而女性跳工布箭舞、唱工布箭歌渲染气氛。这种集体性的娱乐比赛可以促进民族团结，增强民族的自信心

图 16：响箭

图 17：赶球入坑

和自豪感。最近几年，随着工布地区旅游业的发展，工布响箭已经成为向游客展示民族文化的重头戏，是民族兴旺、繁荣和幸福的标志。

宁夏木球与当地物质基础有关，它的最初形式是用羊毛、牛毛制作的“毛旦球”。“毛旦球”称作“打毛旦”和“拍毛旦”。宁夏《盐池县志》记载：“打毛旦在宁夏历史悠久，代代相传。”是宁夏民间流传的一项十分古老的体育游戏活动。宁夏民间“毛旦球”的制作是以羊毛或棉花做芯，再用自纺的羊毛毛线缠绕如成人拳头大小的毛旦，然后把毛旦放入一个用棉线编织的网兜里扎紧即为“毛旦球”。“打毛旦”可拍球记数，也可以拍球时加上绕腿、转身、磕、踢、拐、碰等花样。“打毛旦”内容丰富，生动有趣，是一项独具特色、男女少儿十分喜爱的体育娱乐活动。后来，放羊娃们在荒滩野地上开展游戏娱乐活动。他们改变了原先“打毛旦”的方法，不用手拍脚踢而是相互追逐，用手中的鞭杆木棒争相击打“毛旦球”，随后即称为“打毛球”。在春季牛脱毛之际，放羊娃们用小石块沾水在牛身上滚动（似给牛挠痒）随滚随沾水，待滚至拳头大小，即成一个圆形牛毛球，用以游戏。“打毛球”一开始就是一种充满“野性气味”的娱乐活动，在身体的相互冲撞、手挥木棒的抢夺搏击中取乐，借此消耗剩余的体力和精力，排遣放牧生活中的枯寂和无聊。不过时间一久，“毛球”在棍棒的重击下容易松散破损又不易制作，有人用镰刀顺手砍下一节木棒，以木代球，既坚固耐打又方便可行，于是，就产生了宁夏民间“打木球”的雏形。“打木球”早期称为“赶牧球”或“赶木球”，表明这一游戏活动的不断发展和改进。“打”和“赶”其意义不同，“打”带有一定的盲目性，而“赶”却有方向性和目的性，说明“赶”时已有了“坑”的存在，“赶球入坑”已成为这一民间木球游戏活动的主要形式。

3. 迁徙生存求发展的精神支柱

新疆锡伯族的弓箭和当地人的联系可以追溯到清朝。清初，锡伯族迁入盛京（今沈阳），其经济生活方式由狩猎、游牧转为农耕，由射猎、游牧民族转变为农业民族，但这一转变和“八旗军民”身份的确立非但没有使弓箭文化衰落，反而使其发展得更为繁荣，也正是在清代，锡伯族的弓箭文化达到了顶峰阶段，作为锡伯八旗军民的弓箭文化与清朝“八旗”的军政制度紧密结合。清政府将锡伯族所居住的村落以“牛录”命名，意为“强箭”，这既是一个生产单位、行政单位，又是一个作战单位，带有鲜明的军事色彩和战争职能，这种地名称呼在新疆锡伯族中一直沿用至今。在清朝中期由于新疆兵力空虚，又地处中国西北边陲，沙俄侵扰不断，对西北地区造成了很大的威胁。1764年，乾隆皇帝从锡伯族中选拔身强力壮、马背技艺谙练的精兵千余人，加上家属共计4030人由盛京西迁戍边屯垦。克服重重困难，历经千山万水于次年到达伊犁，将1082张弓和23770支箭也随身带去，用于保卫边疆的事业。他们在伊犁宁西（今察布查尔县）修筑8座城堡（八个牛录），驻守18个卡伦（哨所），承担南疆喀什噶尔至北疆塔尔巴哈台之间2000多里长的边防的换防任务，由于弓箭在清朝军事和国防中的重要地位，清政府曾多次为新疆的边防驻军补充弓箭兵器，仅在乾隆三十四年（1769年）就一次性从西安赶制战箭32万9千2百支补充于伊犁驻军中，其中大部分装备于锡伯八旗营中。纵观锡伯族历史的这一转变，究其原因，相当一部分是锡伯族的弓箭文化和骑射技艺所促成的，引起了民族发展的巨大转变。清政府利用锡伯族这股强有力的“骑射力量”出征云南，驱逐缅甸入侵之敌；出征西北，平息准噶尔部的叛乱；出征四川，征服了大小金川的土司叛乱。19世纪，又相继歼灭新疆张格尔叛匪收复南疆四城、粉碎伊犁苏丹汗、抵抗沙俄入侵收复伊犁等。在这些战斗中，这股“骑射力量”在实现清政府对于各地的驻防统治等方面起到了极为重要的作用，锡伯族军民以顽强无畏的精神和精湛的骑射技艺维护了祖国的尊严和领土的完整。相对于我国的其他民族来讲，锡伯族的弓箭文

化保存得最为完整，内容最为丰富，对民族的影响力也较大。20 世纪 20—30 年代，在新疆锡伯族社会群体中还保持着射箭习武、竞技比赛的传统，而在其他地区，早在清朝中晚期这种文化形式便已停滞、消失。究其原因，首先是清朝实行的八旗制度使骑射文化得以传承，骑射是清朝八旗引以为豪的根本，清朝各代的统治者反复强调骑射为“立国之本”，大力推崇“国语骑射”，崇尚射箭。满族在入关后汉化程度加速，在传统技艺大量丢失的情况下，清政府更加强了对于锡伯族等八旗军民的管理，对于枪支火器等现代兵器严格禁用或限用；为保持旗人的正统文化，实行严格的旗民分离制度，制定十八条旗营房制度对全体军民实行准军事化管理，在经济、涉外活动、婚姻等方面进行限制，使得锡伯八旗无论内外都保持了统一性。锡伯族强烈的民族意识是弓箭文化保存的一个重要原因。对于一个只有 4000 余人的民族来讲，远离故土千万里，在一个与故乡文化迥异、风云迭起的中国最西部边关驻扎守卫，在本民族站稳脚跟、力求生存求发展的同时完成国家所赋予的屯垦戍边的任务是不易的，这需要一种精神力量来支持，而这种精神力量就来源于祖辈世代相传的文化，这种朴素的民族情感使锡伯族人在历史的风风雨雨中一面努力学习外界的文化，一面坚守着自己民族世代传承的精神世界，弓箭文化成为这一民族在艰难岁月中能够顽强地生存下来的精神支柱之一，其形式以官方的军事训练和民间的射箭风俗广泛传播延续。今天弓箭的生产和军事性职能消失了，但弓箭作为一种民俗性文化却依旧在延续。[①]

图 18：锡伯族传统射箭[②]

4. 农耕生活的狩猎工具

射弩作为一项少数民族传统体育比赛项目，在不同民族的生活中显现着不同的民族特色，作为民族文化的载体，体现着对先祖的崇拜、丰收的喜悦和节日的欢庆，把能歌善舞的少数民族所具有的乐观、勤奋、勇敢、不畏艰难的民族精神表现得淋漓尽致。在节日里通过射弩活动愉悦身心、调节心理活动、宣泄情感、增进民族相互交流和理解。

生活在中国西南最大的峡谷——怒江大峡谷两岸的傈僳族人被人们称为“高山峡谷的主人”。明景泰《云南图经书志》就有记载：傈僳人“居山林……

① 锋晖：《中华弓箭文化》，新疆人民出版社，2006 年。
② 图片取自新疆锡伯语言学会网站锡伯族论文库资料目录。

图 19：傈傈族弩

常带药弩，猎取禽兽，其归人则了草木之根以给日食”。弩与箭是他们日常生活的重要工具，外出时都肩挎弩弓，腰挂箭包，用弩猎取禽兽，或比试射弩技艺。傈傈族人从孩童时就开始练习射弩，并随父辈上山狩猎，当地有一段谚语：“拉不开弓的人就不算男人。”傈傈族男子在狩猎生活中练就了高超的射弩技艺，在每年“阔时节”、“刀杆节”等节庆活动中，射弩比赛是不可缺少的。

独龙族是云南人口最少的民族。独龙族特别善于用弩狩猎，和其他民族不同的是，独龙族射手们在狩猎活动中，每个人的箭头都要做上自己的标记，如将箭头制成扁头或圆头等不同的形状，目的是在猎获猎物后一看便知猎物是谁射中的，这样在分配猎物时就将兽头和兽皮分给击中的猎手，并以此表示鼓励。独龙族入山行猎时，要祭山神“仁木大”。以酒和面兽若干作祭品，祭毕后，将面兽抛在山坡上，众人用弩射击，预卜未来收获。而射手也常把自己曾获得过的野兽头骨挂在自己家门前，让人知道自己是一名技艺高超的射手。

佤族多居住林茂的山区，喜欢用弩射杀飞禽走兽。射弩比赛一般在农闲和节日里举行，老中青男子都踊跃参加。比赛时有两种姿势，一种是立射，一种是跪射。在高大的树杈上插 3 支箭，射手们要在 50 米处瞄准目标，连发 3 箭，要把树上插的箭统统击落。凡是在射弩比赛中获得第一名者被称作“神射手”，受到人们的尊敬和赞扬。

少数民族传统体育及用品与人们的生产、生活密切相关，其本身产生于民间，流传于民间，经过长期不断地交流融合，在不同民族的风俗习惯中表现出来，加之其显著的娱乐健身功效被越来越多的民众所认知和接受，并广

泛而长久地传承，具有了相当稳定的群众基础。

（二）少数民族体育用品的经济价值

体育经济已经成为现代社会国民经济发展的新增长点，是国民经济发展的重要推动力。民族传统体育经济刚刚起步，发展程度较低，但这却为我国民族传统体育提供了广阔的发展空间。

图20：佤族射弩[①]

1. 少数民族体育用品注册了商标、进入流通市场

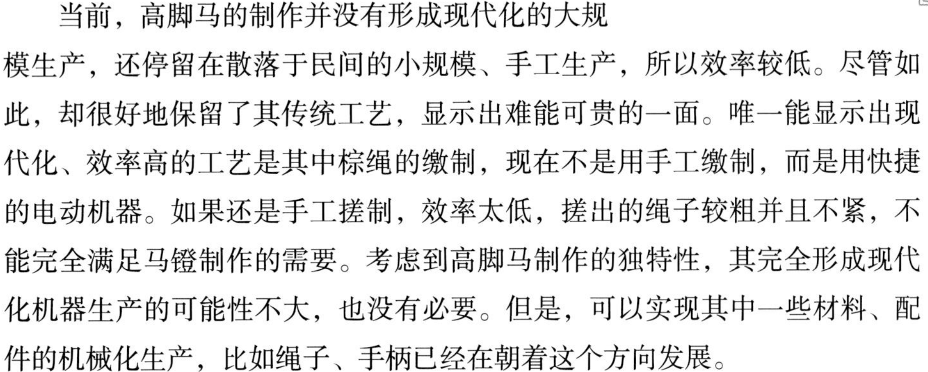

当前，高脚马的制作并没有形成现代化的大规模生产，还停留在散落于民间的小规模、手工生产，所以效率较低。尽管如此，却很好地保留了其传统工艺，显示出难能可贵的一面。唯一能显示出现代化、效率高的工艺是其中棕绳的缴制，现在不是用手工缴制，而是用快捷的电动机器。如果还是手工搓制，效率太低，搓出的绳子较粗并且不紧，不能完全满足马镫制作的需要。考虑到高脚马制作的独特性，其完全形成现代化机器生产的可能性不大，也没有必要。但是，可以实现其中一些材料、配件的机械化生产，比如绳子、手柄已经在朝着这个方向发展。

如今高脚马在恩施地区已经成为一个产品的货源地，以芭蕉乡初级中学为依托，这个学校已经成为湖北省高脚马训练基地，高脚马传人段远明长期在此编制高脚马，并且通过学校和恩施市民族宗教事务局接受外地市场和学校的订单，按期完成一定的量。为规范高脚马制作，学校在市民族宗教局支持下成立了公司，注册了商标“竞竹牌”，形成了一个“公司 + 农户 + 民族宗教局把关”的模式，规范器材市场。高脚马现在正处于一个发展的阶段，不是完全传统意义上的在家里的生产，也不是完全现代化的生产，但正在从传统走向现代、从乡村走向大市场。

一个高脚马的生产成本逐渐提高，一根两年生的楠竹，只截取顶端 3 米长，下端的主体部分可以卖 10 元，一对高脚马所用的绳子为 9 元，缠绕手柄的带子为 12 元，一桶清漆近 50 元，但可以刷很多副。据师傅自己讲述，他们一个人一天只能完成两副高脚马，完成从砍伐竹子、裁剪、编制脚镫、打磨包扎等工序。就当地的生活水平和用工水平而言，现在一天可以算上 100 元的工钱，所以一副高脚马的成本可以算到 140 元，外卖则可以卖到 180—200 元，现在市场价格还在逐渐提高。

就整体销售情况而言，多为批量定做，有需求才制作，主要是外面特定

① 图片由孟连县体育局提供。

图 21：一副高脚马

单位订购，零售购买的并不多。高脚马最终能否进入市场流通，这对高脚马的生存空间和前景是一个巨大的考验。如果能保留其工艺，有足够多的传承人，实现较大规模的生产，并进入市场流通，这将是高脚马实现市场化、提高其经济效益的重要突破。

新疆锡伯族弓箭的流通已进入市场化，主要从以下几点体现出来：

（1）锡伯族“锡力旦”弓箭已注册商标，商标注册号：第 ZC3654853SL 号，中华人民共和国工商行政管理总局商标局。

（2）弓与弓壶组合件设计外观设计专利号：ZL03 3 55094.8，证书号：第 378241 号，中华人民共和国国家知识产权局。

（3）2003 年 7 月创办“锡力旦”弓箭制作社。

（4）2004 年 6 月“锡力旦”传统弓箭获得新疆第二届旅游纪念品设计制作大赛银奖。

（5）2005 年 7 月“锡力旦”传统弓箭荣获新疆国际旅游节旅游纪念品设计展销会银奖。

（6）2006 年 8 月“锡力旦”传统弓箭荣获新疆第三届旅游纪念品设计制作大赛金奖。

（7）2007 年 1 月建立我国第一个弓箭文化研究网站“锡力旦中华传统弓箭文化研究网”（网址：www.ccaba.cn）。

（8）2007 年 2 月锋晖同志在新疆师范大学组建的中华传统射艺研究所拥有相关参考资料文本 865 册，电子文档材料 8600 万字，图片资料 9100 幅，个人电脑一台，个人相机、扫描仪、电子录音笔各一部。

2. 传统工艺体育用品在当地竞赛、娱乐活动中仍有市场

云南的弩为民族地区百姓所喜爱，在一些村寨，几乎所有家庭都有

弩，除参加集体活动，平日还在自家的屋前进行练习，弩多为自己制作，大多数人没有将所做的弩作为商品出卖。为参加全国民族体育比赛活动，一些省区会联系购买一批弩，但数量有限，目前每把弩价格在600—2000元之间，弩箭价格每支箭在10—30元之间。除此之外，为参加省级以上的比赛，弩所用的弦多由进口材料替代传统弦，由此使得一把弩的实际价格会更高。少数民族体育运动会上的民族传统弩与民族标准弩相比的最大优势在于传统弩的材料简陋，多是就地取材，产品成本低，在经济欠发达地区，特别是西南地区受到少数民族群众的欢迎。而标准弩属规模化生产，价格随市场的行情而定。在政策的制约下，其生产与销路受到限制，销售价格自然会偏高，与民族传统弩相比，质量的稳定与耐用是它重要的优势。

西藏林芝工布地区的响箭大都是家庭经营模式。仅仅是当地人在农闲之余的一项副业，并没有形成规模化的经营模式。毕秀制作艺人一个月可以做50对左右，毕秀的成本为30—40元（主要为木材的花费）。一对毕秀价格从50—150元不等，花纹好的在100—150元左右，花纹不太好的在50—90元左右。米林县的售卖土特产品的店铺中会替制作人代销毕秀，一对卖90元，一个月能卖10多对。买家主要是工布地区热爱响箭运动的人。箭靶（包括靶心和靶围）和毕秀一样，也以家庭为单位进行制作，销售规模不大，多是以客户预定的方式来制作。根据材质质量的高低和制作工艺的精细程度，一个靶围一般可以卖到5000—6000元。目前市场上并没有专门的箭靶营销，而是采用向艺人订购的形式。如今传统的竹制弓箭已经被高质量的现代弓箭所取代，经过几年的时间，现代弓箭的销售已发展为成熟的商业运营模式。现代的弓和箭杆大都从日本、韩国进口，有的则直接从上海购买。价格根据质量从2000—10000元不等，一般可用5—6年。

3. 传统工艺体育用品作为旅游产品受到人们的喜欢

随着旅游业的发展，俄尔多变为旅游产品，在旅游业发达的拉萨市，都有俄尔多的手工艺品出售。例如日喀则扎基寺、拉萨市大昭寺、八角街周围的店铺摊位上，就有30多个俄尔多售卖点，价格在60—70元左右，有的摊位一个月能卖200—300条，有的只能卖30—70条。有的是用黑白两色牦牛毛编织的，既具有实用价值也具有观赏价值，向游客展示着藏族地区独特的生活文化。还有一种是用彩色毛线编织的小型俄尔多，作为佩饰或者钥匙链使用。其色彩丰富、精致灵巧，又具有辟邪护身的作用，很受游客的喜爱。俄尔多从简单实际的生活用品发展演变成为基于艺术价值和文化价值的商业

图 22：绣球工艺制作者

消费品，是经历了漫长发展而迈出的重要一步。这表明俄尔多在当地人们心目中的地位和价值都得到了提升，它不再是传统意义上的放牧工具，而是承载着藏族牧区人们的历史、宗教、生活、经济等多方面的内容，是藏族牧区一个独特的文化标志。

广西的绣球在工艺制作及产业化发展进程中，以黄肖琴、朱祖线为代表的工艺精英起到了非常重要的作用。黄肖琴不仅以自己精湛的刺绣工艺赢得了众多的荣誉，而且还广收门徒，培养了一大批绣球工艺制作者，为绣球的产业化发展打下了基础。

黄肖琴带领大家制作的绣球远销世界各地，“现在她的绣球已拥有了来自英国、美国、加拿大、日本、泰国、越南，香港等国家和地区的固定客户。”① 黄肖琴还开通了她的官方博客和网上订购绣球热线，让绣球成为热销海内外的文化旅游商品。现在旧州的绣球除了来旅游的中外游客购买外，国内各省市的旅游景点、旅游公司、文化商品店都是长期的客户。被誉为“绣球王”的朱祖线，最早在旧州成立刺绣协会，开设“农家学堂”，带动村里的妇女制作绣球，并进行技术指导，将自己的技术无条件地传授给大家。从 20 世纪 80 年代开始，她就负责接订单，并根据市场的需求对传统的图案进行了更新，使图案的寓意更加丰富，以开拓更大的市场。正是由于这些绣球工艺精英的出现，使原来的学艺方式由家族传承式逐渐过渡到参加协会、培训班或向师傅学艺的方式中。也使得原本零散的零售销售方式过渡到向销售商批量生产供货的销售方式，形成了产、购、销一体化的产业化发展模式。这些绣球精英们掌握着丰富的地方性知识，在村落中传承着地方民俗文化，他们作为绣球工艺传承的生力军，为延展壮族绣球文化做出了积极贡献。

① 孟萍：《从“中华巧女”到民间文化杰出传承人——记广西靖西旧州绣球民间艺人黄肖琴》，《中国旅游报》，2008 年。

表 2　各种规格绣球利润情况表

规格（厘米）	20	15	10	8	6	4	2.5
材料费（元）	30	5-6	2	1	0.8	0.5	0.4
收购价（元）	140-150	40-50	9-13	7	5	4.5	4
批发价（元）	160	48-72	16	8-9	6	5	4.5
零售价（元）	180	80	20	9-10	7	6	5
耗 时（天 / 每个）	8	4	1	0.5	1/3	1/3	1/4
利润（元 / 每天）	16	10	10	12	14	12	12

贵州的独木龙舟制作如今受资金的制约，一些在“文化大革命”时期被毁龙舟的村寨已无力重造龙舟。随着外出打工人员的增多，龙舟节的气氛也日渐减弱。为了大力支持传统龙舟活动的开展，推动地方旅游事业，近年来台江县旅游局等政府机构每年都会提供龙舟协会 2—3 万元资助搞活动，下水的每条龙舟给 1—2 千元的鼓励，获奖的则另有奖励。每年整个活动大约花费近 20 万元。而独木龙舟节依托旅游业的发展和当地的银饰产品结合起来，制作出工艺精良的独木龙舟银饰和龙头样式的簪子，大中小不一，价格在 200—400 元之间，供人收藏留念。精巧的独木龙舟模型也成为当地传统木匠致富的手段。

4. 传统工艺体育用品逐渐被现代工艺体育用品替代

吹枪运动经过 300 多年的传承，尽管制作技术得到了较大的发展，但现已被现代吹箭运动所替代。就传统吹枪而言，并没有过多地步入市场化，它依旧以非物质文化遗产的形式保留在少数传承者的手中，并且，这样的传承链正在慢慢断裂。由于携带轻便、购买便利、着靶清晰等诸多优势，现代竞技比赛中所使用的大多数是现代吹箭，卫生、好看、标准，依靠良好的企业运作是现代吹箭顺利进入市场的重要前提和不断发展的保障。

第二部分

少数民族体育用品制作工艺案例实地调查

中国少数民族体育用品的制作工艺保护是针对中国少数民族体育用品制造工艺技术传承保护的需要，其制作工艺过程、表现形式都体现了民族传统体育文化特质存续的完整性，为防止其工艺形式的消失，保护民族传统体育文化特质存续的完整性，而对中国各少数民族体育用品的制造工艺、表现艺术形式进行搜集、整理记录的一项系统工作。虽然各少数民族传统体育有676项，但它分为使用器械和不使用器械，且许多使用器械的项目，其用品是就地取材或使用劳动工具等，为了进行抢救和保护少数民族传统体育，根据调查对象确定的传统性、竞技性、标志性、规模性、工艺性等原则，本次调研主要选取一些能够体现独特体育竞技、健身娱乐、与百姓生活息息相关，且有一个用品完整制作工艺的陀螺、投绣球、弓箭、弩、吹枪、响箭、独木龙舟、俄尔多、搏克服、高脚马、木球等11个项目，涉及蒙古族、回族、藏族、壮族、苗族等民族，遍布于包括我国五大自治区的西南、西北、中南和东北等地区。

一、陀螺的制作工艺

"陀螺是一种用鞭子连续抽击一圆锥形物体，使之在地面旋转的游戏"[1]，在我国有着悠久的历史，据考证，陀螺在中国起源于约公元前5000年的河姆渡文化时期。1962年在山西夏县西阴村土岭发现的距今4000多年的文物，其中就有陶制的陀螺，在宋代，陀螺曾被称"千千年"，且十分流行。另据有关典籍文字记载，明崇祯八年（1635年）的《帝京景物略》中就提到了京师儿童玩"陀螺"的情景，其中提到："陀螺者，木制，如下空钟，中实而无柄。绕以鞭之绳，卓于地，争制其鞭……"清代的《帝京岁时纪胜》和清末民初《燕京杂记》、《旧京琐记》等，都有有关陀螺活动的记载。陀螺活动所用的陀螺有木、石、陶、竹以及现代电子发光材料等多种质地，其玩法依不同民族不同地区也多种多样。在称谓上也有差异，如称"抽陀螺"、"打陀螺""、打地螺"、"抽地牛"、"赶老牛"、"打猴儿"、"打格螺"、"拉拉牛"、"抽冰嘎"等等。

① 刘星亮：《民族传统体育概论》，湖北科学技术出版社，2003年。

云南少数民族中开展的陀螺项目大体有3种类型：一是以彝族为代表的用带棍的鞭索不停地抽打陀螺，彝族称之为"抽油"，也称之为"打得乐"。此类陀螺又分为平头，尖头，圆头和响翁4种，小的直径5厘米，大的直径可达20厘米。进行比赛时以旋转时间长者为胜，撞击后先停止旋转者为输家。二是以佤族为代表的鸡枞陀螺，用硬木制成，直径达6厘米，高约10厘米，头大身细形似野生鸡纵。比赛时，以鞭索缠绕陀螺，抽旋使之旋转于地，然后将旋转的陀螺用鞭索拉抛在空中后，再用鞭索套成小圈从身后或胯下接住下落的陀螺，接住者可作为进攻的一方，接不住则为守方。守方将陀螺抽旋于地作为靶螺，攻方在十几步外将陀螺抽旋抛击靶螺，击中后比谁的陀螺转得时间长。每人轮流一次后重新抛接陀螺，以决定下局的比赛的攻守方。三是以独龙族、布依族、傣族等民族为代表的打陀螺比赛，比赛的陀螺用硬木制成，上平下尖，直径为10厘米左右，高度为10至12厘米。

据调研地景谷县的县体育局副局长徐进介绍，2006年景谷制作了一组陀螺组合，可能是世界上最大的，3个陀螺里最高的达93厘米，其他两只分别高91厘米和85厘米；最重的达220公斤，其他两个也有210公斤重；3个陀螺的直径分别是67厘米、65厘米、56厘米。这3个陀螺是用上百年的芒果树制造的，从寻找木材、切割、砍制、打磨、上蜡到陀螺成形，大约花费了一百多天的时间、耗费了100多人工制成，制作过程十分精细。按照景谷的古老传说，陀螺是有生命的，它们也有性别之分，“陀螺王”组合中就有雄有雌。不管是技艺高超的陀螺制造师傅，还是打陀螺的高手，他们和陀螺之间都会有一种情感交流，只有这样才能做好陀螺、打好陀螺。

图23：陀螺取材

（一）陀螺的制作

1. 选材

制作传统木质陀螺的材料一般选择上百年的紫柚木，这种树大多生长在岩石上，生长周期长、成材缓慢，木质非常坚硬，密度大，不易变形。

（1）取材

取材时不要采伐生长在沙土河滩上的树，那里的树木生长快，木质松，硬度不够。要选择生长在岩石上的树，这样，做出来的陀螺才耐击打。尽量选择树的根部，生长的时间越长、越大越好。制作陀螺时，用树径的外1/2或1/4，这部分木材，木质紧密，制作出的陀螺耐击打，不容易破裂。由于紫柚木的日渐稀少，黄梨木、玉兰木也渐渐成为制陀螺的材料（出于环境保护的目的，现在的陀螺是用化工合成材料制作）。

（2）采伐时间

一般在秋季的9、10月份左右砍伐树木，这个季节树木含水量小、易干燥。另外此时采伐完正好进入秋冬季，气候相对干燥，雨水少，木材易风干。

（3）干燥

树砍下后，要沿树的中心劈开，把树的中心去掉，放在阴凉的地方自然风干一年以上，树木经过秋冬季的干燥，到春夏季的回潮，再到干燥，经过这样一个收缩、膨胀、再收缩的过程，树木纤维的“性”就会被去掉，这个过程反复次数越多去“性”越彻底，这样干燥的木材不易开裂，易于材料的充分利用。

2. 制作陀螺的工具

随着时代的变迁，制陀工具也发生了变化：

（1）砍砸类：锤子、钳子、锯、锥子、改锥、砍刀、钻。主要用于砍削、打孔、修制陀钉。

（2）标记画线类：钉子、棉线、圆规、铅笔、木炭、胶泥，用于做砍削标记及调试陀螺。

（3）抛光类：剪刀、木锉、刮刀、砂纸、手刨、小刀。

（4）保护类：油脂、蜂蜡、动物脂肪等抹在陀螺外面，起保护陀螺的作用。

3. 陀螺的制作过程

（1）备料

首先，用锯把选好的木料按陀螺的高度，沿树木生长纵纹的横向截取一段，用砍刀将木料沿纵纹粗略地砍出一个大概的圆柱形状。

（2）定陀螺柱体

图 24：定陀螺柱体

①在备好木料一端的圆柱体横截面上以目测确定一个圆心，钉上钉子，把棉线绑在钉子上，然后以钉子为圆心，用木炭或铅笔按所做陀螺的半径画一圆圈（可用圆规），画完后，用砍刀将圆圈外围木质逐层砍掉。越接近圆圈，砍的动作越小，砍掉的木屑要越薄，这样木材不会劈裂，也不会在陀螺圆柱侧面形成凹槽。

②定陀螺柱体与锥体的分界线

砍成圆柱形后，再以钉子为定点拉线在圆柱侧面划出一条线，或用直尺抵住柱料上平面并垂直于此平面，按陀螺柱体高度在柱料圆柱侧面画线，此线即为陀螺柱体与锥体的分界线。

图 25：陀螺柱体与锥体的分界线

（3）定锥尖（陀螺脚）

①沿陀螺柱体与锥体的分界线往下，大至砍出陀螺锥体部分，初步形

成锥尖。

②在陀螺上平面圆心重新钉上小钉（标示圆心），将悬垂吊线吊起，保持上平面圆心、锥尖的连线与悬垂吊线重合，看陀螺柱体边缘是否与悬垂吊线平行。沿陀螺纵轴转动陀螺，再次确认陀螺柱体边缘是否与悬垂吊线平行。如果两次确认都平行，则可以确定锥尖在陀螺圆心上。

③如果不平行，说明锥尖不在陀螺圆心。将上平面圆心投影在悬垂吊线上，调整陀螺柱体边缘与悬垂吊线平行，在陀螺锥尖部标出悬垂吊线的投影线，沿陀螺纵轴转动陀螺，再次在陀螺锥尖部标出悬垂吊线的投影线，两投影线的交点即是锥尖位置。

图 26：定锥尖

④先用砍刀将锥尖削出，再将陀螺柱体与锥体交接线至锥尖的圆锥面砍削标准。

砍陀人基本是根据自己的经验，凭借目测法就能正确砍出陀的锥尖，并且基本保证锥尖在圆的中心。一般整个陀螺越矮重心就越稳。

（4）陀螺的粗调制

陀螺基本成形后，旋放陀螺，观察陀螺的旋转状况，看陀螺的重心是否落在锥尖上，会有 3 种情况：

①重心严重偏离锥尖时，陀螺会跳离地面。

②略有偏离时，陀螺会在地面游走。

③重心落在锥尖时陀螺会在原地旋转。

图 27：陀螺的粗调制

如果重心不正就旋转陀螺，用木炭贴于陀身，这样陀螺不圆的地方就会粘上炭黑，将砍刀刀刃贴于粘炭黑多的部分随陀螺一起向下振削；或以细微的砍削动作薄薄地削去陀身粘炭的部分，再用瓷碗的碎片或用刀刮削，使陀身变圆滑。反复旋放、调整、砍削，直到陀螺旋转相对稳定为止。

（5）装陀钉

①确定锥尖中心

重心调好后，将陀螺锥尖朝上至于地面，在粗调制时磨出的锥尖小平面上用刀划出两相互垂直的直线，其交点即是锥尖孔中心。

图28：栽陀钉

②制陀钉

将直径4—8毫米的金属棒或钉子钳成2—3厘米长的小段，将钉尖去掉，即制成陀钉。

③钻陀钉孔

以上一步骤确定的锥尖孔中心为圆心并垂直于陀螺上平面，用锥子或钻钻出一个比金属钉直径略小的孔，孔的深度要比陀钉长短4—5毫米。

④栽陀钉

将制好的陀钉轻轻钉入陀钉孔，边钉边转动陀螺，以免陀钉钉歪。陀钉钉好后，用磨石将钉尖磨圆。

（6）修整

陀螺成型后，将陀螺的上沿用砍刀砍掉毛刺，以免伤人，用砍刀、刮刀、剪子、瓷片等砍削或用磨石、砂纸等将陀螺周身打磨平整。

（7）进行陀螺的精细调制

①把胶泥粘在陀螺的上平面边缘上，旋放陀螺，将陀螺托到手掌心旋转，感觉陀螺的摆动大小，移动胶泥位置陀螺转动时摆动的大小会有变化。通过反复调整胶泥的位置找到胶泥配重时陀螺摆动最小的一点，在胶泥所在位置的锥体部分进行刮削。

图 29：精细调制

图 30：精细调制

②减轻配重的胶泥重量，再次旋放陀螺，将陀螺托到手掌心旋转，感觉陀螺的摆动大小，不断的重复上述调制过程，使陀螺旋转时重心落在陀尖上，陀螺旋转时无摆动，并且稳定、持久。如果重心偏离太多，还可以在陀螺上面粘胶泥的部位钉钉子加重，直到将陀螺调整到旋转平衡为止，此时陀螺在手心旋转时会有上升的感觉，陀螺钉不钻手。

（8）养护

将经过精细调整后的陀螺用动物或植物油脂、蜂蜡等防水物质将整个陀螺涂抹一遍，起到防水、防裂、保护的作用。

图 31：养护

（二）鞭杆的制作

1. 选材

制作鞭杆的材料选材范围很广，适宜就地取材，木、竹均可。粗细、轻重根据个人的喜好，手掌大的选粗一点的竹或树枝。力量大的可选用实心的皇竹和硬杂木，由于糖梨木枝条笔直，周身带刺，除去刺的木结正好可以防滑，因此选取糖梨木做鞭杆的较多。

2. 校直

截取约 60 厘米长、直径 2.5—3 厘米的树枝砍掉树杈和刺，趁清湿去除树皮，在火上熏烤弯的部位，然后把弯外侧突起的地方垫起，反复轻压弯的两端将木杆校直。

3. 干燥

校直后的鞭杆用绳子绑住一端垂直吊起，另一端系一重物。或水平放在平整地面上自然阴干，不能日晒，遇潮雨季节应以炭火烘烤，烘烤时要经常

图 32：校直

翻动，否则还会弯曲，干燥好的木杆不易变形。

4. 削制

鞭杆前端的树结要用刀削掉并打磨光滑，在顶端打个穿绳孔，鞭杆的后端保留有许多树节，在握鞭杆时起到防滑的作用，使用时不易脱手。为防止鞭杆两端磨损，选取内径与鞭杆直径大小相近的金属箍，套于鞭杆两端，分别将鞭杆两端金属箍内的木头中间劈出缝隙，钉入木楔，将杆头与金属箍涨紧。

图 33：削鞭杆

（三）鞭绳的制作

1. 鞭绳的中间部

传统制作鞭绳的材料以棉线为宜，搓绳时将两股线分别拴在两个固定物上，正向搓线将两根线绳搓紧，然后将两根搓紧的线头压于手心，两根绳头相距约 1 厘米，正向搓紧接着反向合股，反复操作将两股线搓在一起。

2. 鞭绳的鞭梢部

搓到距固定物 30 厘米左右，将原两根单股线的其中之一拆减一部分，继续反复前面合股的过程，距固定物 15 厘米左右时，再将原两根单股线的另一根拆减一部分，这样搓出来的新线，绳头鞭梢部分就会变细，便于打陀时使用。为防止鞭梢散开及鞭绳打结，在鞭梢部分栓一鸡毛或布条。

3. 鞭绳的根基部

由于鞭绳与鞭杆连接部分约 70 厘米长的一段鞭绳在打陀的过程中受力是最大的，所以要将这一部分的鞭绳加粗。将合成的新绳从绳头较粗一端距绳头 80 厘米处，将合成的新线重新拆成两股，再加入 1 根新线，将 3 股线重复前面的搓绳操作，将 3 股线搓在一起。并逐渐加入 3–4 根新线，使搓出来的

图 34：鞭绳的鞭梢部

新鞭绳根基部逐渐变粗，最后在绳头处打一结，可以防止线散开和鞭绳从鞭杆孔中滑出。为防止鞭绳被鞭杆磨断，将鞭绳较粗一端绳头约 10 厘米长的部分用胶布缠裹。将鞭梢从鞭杆孔中穿过，并拉至缠胶布的一端。

（四）陀螺的现代制作工艺

1. 加工陀螺柱体

截取一段直径略大于所做陀螺直径的圆柱形尼龙棒、胶木、塑料或木材，柱体高度略大于陀螺高度，将柱体一端固定于车床卡头，将卡头旋紧，转动卡头调整圆柱体，使柱料的轴心与卡盘中心重合，开动车床车柱料，将柱料车成与陀螺直径大小一致，将柱料一端圆柱的沿车成半径约为 2 毫米的弧。

2. 加工陀螺锥体

将倒好角的柱体一端重新固定于卡盘上，校正柱体使柱料的轴心与卡盘中心重合，开动车床将柱料一端车成锥体，用刮刀将锥体部分刮削平整、抛光，锥尖部分留一小平面，平面圆的直径与陀钉相同。

图 35：现代陀螺

图 36：加工陀螺锥体

3. 装钉

在锥尖小平面部位打孔，孔深短于陀钉约 2 毫米，将陀钉孔口略扩大，便于陀钉压入，然后用千斤顶将陀钉压入孔中。

4. 调制

（1）把胶泥粘在陀螺的上平面边缘上，旋放陀螺，将陀螺托到手掌心旋转，感觉陀螺的摆动大小，移动胶泥位置陀螺转动时摆动的大小会有变化。通过反复调整胶泥的位置找到胶泥配重时陀螺摆动最小的一点，在胶泥所在位置的锥体部分用刮刀进行刮削。

（2）减轻配重的胶泥重量，再次旋放陀螺，将陀螺托到手掌心旋转，感觉陀螺的摆动大小，不断的重复上述调制过程，使陀螺旋转时重心落在陀尖上，陀螺旋转时无摆动，陀螺旋转稳定、持久。如果重心偏离太多，还可以在陀螺上面粘胶泥的部位打孔灌入金属铅并打磨光滑。反复调制，直到将陀螺调整到旋转平衡为止，此时陀螺在手心旋转时会有变轻上升的感觉，陀螺钉不钻手，螺旋转持久、稳定。

5. 保养

用布或丝绵蘸上少量极稀的清漆擦涂陀螺表面，主要起美观的作用。

二、弩的制作工艺

射弩是利用助弩的弹力将箭射出，在一定的距离内比赛准确性的传统体育运动项目，多在苗族、怒族、傈僳族、彝族、佤族、拉祜族等南方少数民族中开展。

传统弩主要由弩、箭两部分组成。弩有大小弩之分，大弩弩身长 75—100 厘米，小弩弩身长 50—70 厘米。目前全国民族体育比赛仅对弩弦的长度有所限制，对弩身大小无具体规定，一般长为 80—85 厘米。箭由箭杆、箭头和箭翼组成。

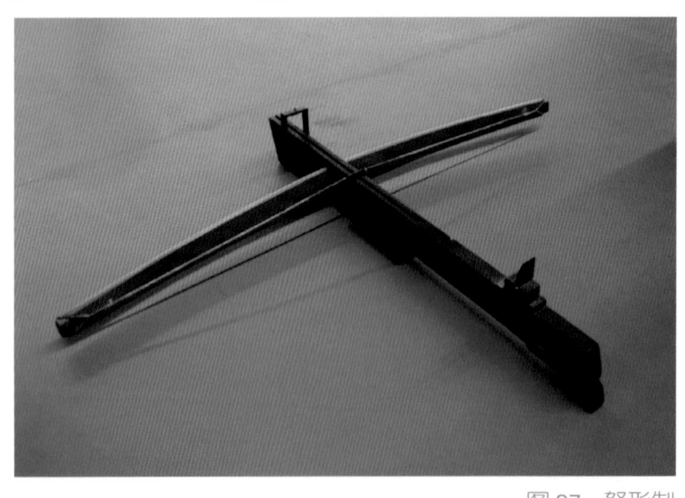
图 37：弩形制

弩的制作主要分为四个部分：弩的制作、弩箭的制作、安装与调试、弩具的养护。我们以云南省孟连傣族拉祜族佤族自治县弩制作传承人佤族岩木元老人制作工艺为本次田野调查对象。

（一）弩的制作

弩是由弓片、弩身、箭槽、嵌口、弩机、扳机、弩弦等组成。

其制弩工序主要由以下几道工序组成：

弩弦改为选材—弓片的制作—弩身的选材与制作—开弓片口—箭槽—嵌口—弩机的制作—扳机口—扳机—弩弦。

做弩的主要工具有砍刀、短刀、木锉、铁刮刨、凿子（直型、弧型）、锯子、斧子、麻绳、台钳、电钻、尺子、辅助木料及工作台等。这里面除传统的工具外，也使用一些较现代的工具以加快工作效率，如台钳、电钻等。

1. 弓片的选材与制作

（1）弓片的选材

弓片也称弩批，由弹性和韧性好的竹材制成，呈月牙形。

云南孟连当地制作弓片所用的竹材选用生长 7—8 年的黄竹，此种竹节间

图38：弓片的选材

短，韧性好。主要取用从根部向上1.3米段，该段壁厚。一般在每年8—9月间采伐，此时竹的水分少，不易变形，且没有蛀虫，干了不易开裂。

（2）弓片的制作

截取足够的长度（实物长92厘米），把基本去除水分的竹子纵向劈为两半，将竹子砍成中间宽（4厘米）两边窄（2.7—3厘米），中间厚（2厘米）两边薄（1厘米）的形状，然后将弓片的两端绑在一长的条木上，竹面向外，竹与木中间用一木块支起，把它固定成弓的月牙形状，放在火塘上熏烤，要经常翻动。一般烤制2—3年后再用最好。即使急用也要烤3个月以上，半年为好。

弓片的大小是根据弩的大小而决定的，大弩的弓片可长1.5米，小弩的弓片长1米左右。大弩的拉力可达80—100公斤，射程近200米；小弩的拉力达50—70公斤，射程达100米。在国家没有出台禁止打猎的条例之前，村民曾经用自制的麻药抹在箭头上，打过老虎。目前民族体育比赛用弩因射程近，弓片的拉力仅25公斤左右即可。

2. 弩身的选材与制作

（1）弩身的选材

孟连当地所做的弩是由木和竹制成，弩身为木，弓片为竹。弩身的材质是当地盛产的西南桦或桂花树。此类树木多在 8 至 9 月采伐，最长期限为立秋之后、立春之前砍伐，此时采伐的木材无虫蛀，经阴干后不易干裂和变形，从而延长弩的使用寿命。采伐后自然阴干约一年再使用为最佳，如急于制作，则要利用烟火进行熏烤烘干。因当地佤族百姓生活中常以木材作为燃料，在炉灶上方支上架子，放上所要烘烤的木料，利用炭火完成烘干过程，至少要烤制 15 天才可用于弩的制作。现今做弩身所用的木材都由木材加工厂切割成板材，从而缩短了弩的制作工期。

（2）弩身的制作

经烘烤去除水分的木料，根据所需大小（实物长 82 厘米，宽 7 厘米，厚 2 厘米）进行锯割刨平后用尺笔画出弩身的外形，砍削成形并刮削平滑。砍出的形状似鸟的身形。

（3）弓片口的制作

在弩身的前端，确定弓片口的位置，用凿开口，弓片中部呈半圆形，根据弓片中部的厚度及大小进行调修。弓片口的上缘距弩身上平面要有一定的距离，岩师傅提及这个距离要留得适当，距离过大，会使弩弦压弩身过紧，

图 39：弩弓片口的制作

发射时弦与弩身的摩擦增大，既削弱了弩箭的力量，又易磨损弩弦。若距离过小则发射时弩弦易跃起而击不正箭尾。根据弓片的大小，凭制作师傅经验决定此距离大小。经实物丈量，几把弩的该段距离多在 0.5—1 厘米之间。

在开好口后，用短刀和木锉打磨口内壁，用弓片逐步试着穿过弩身直至弓片中间部位。

（4）箭槽的制作

在完成弓片口的制作后，将弓片与弩身分离。弩身固定在台钳上，用尺子比对在弩身前端上平面沿中心线画出箭槽的位置（实物长 27 厘米），用尖刀沿标线刻出一条浅而直的沟槽，此为用于放置箭并作为射出的轨道。箭槽的深浅以置放箭稳定为准。但应小于箭的半径，否则会增加箭杆运动时箭翼与弩身的摩擦力，从而影响出箭的速度。箭槽的长度是有限制的，箭槽的前端直接延伸到弩身的前端，箭槽的后端至弦槽，要留有一定的距离。此段的距离长短直接影响射箭的准确性和发射效果，通常预留 5—7 厘米的距离，这样可使弦更有力地击打在箭尾上，如果箭尾距扳机过近，在发射时，弦可能

图 40：弩身的制作

图 41：弩弦槽的制作

会跳压在箭杆上而发不出箭，若此段距离过大，则会减弱发射的力量，弓片长，该距离也长。在岩木元师傅制作的几把弩上，此段距离范围在 5—7 厘米之间。

（5）嵌口的制作

嵌口是置放弩机的位置，在确定箭槽长度后，就可确定嵌口的位置。用锯子和凿子在箭槽后 2.5 厘米距离开出斜口前端，上沿长 4 厘米，下沿长 4.5 厘米，以木锉锉平整。

3. 弩机的选材与制作

弩机用牛、羊角制成，也可用硬木等材料。以耐磨为基本要求。用脱去水分的牛角上部宽厚处制作弩机，一只成年的牛角最厚部位可达 1 厘米，约能备做 20 个弩机的坯料。薄的部位可用于制作扳机坯料。

将弩机坯子嵌入嵌口并刮削平整后，在弩机上开割出弦槽和扳机口（坯子长 4.3 厘米，宽 2 厘米，厚 0.8 厘米）。

弦槽是关键部位，槽深以恰好容下弩弦为准，不可开得过浅而挂不住弩

图 42：嵌口的制作

弦，或过深而使扣动扳机时过于用力，造成弩身振动，影响发射的准确性。

在弩身的嵌口下部上制作扳机孔，与弩机相对贯通，内装扳机。通孔的下部须有足够的空间，以便灵活地扳动扳机。

弦槽到弓片口的距离约是弓片总长的 1/4。这个距离可使弓片发挥出最大的力量，且不至于断裂。每个部位的距离都是岩师傅多年积累的经验所得。这与我们在国内一些相关文献中关于弦槽的叙述是相符的。

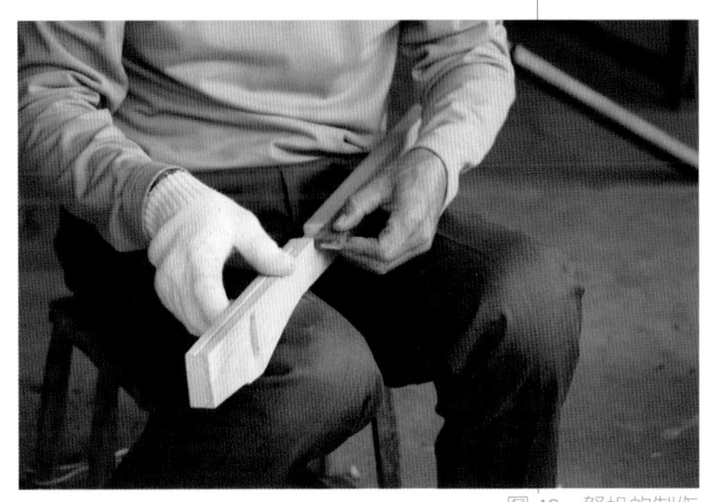

图 43：弩机的制作

4. 扳机的制作

选用牛角骨或其他材料制作。劈出厚薄适宜的坯子，根据扳机孔的形状和大小比试削制，扳机应与弩机上平面吻合，顶弦

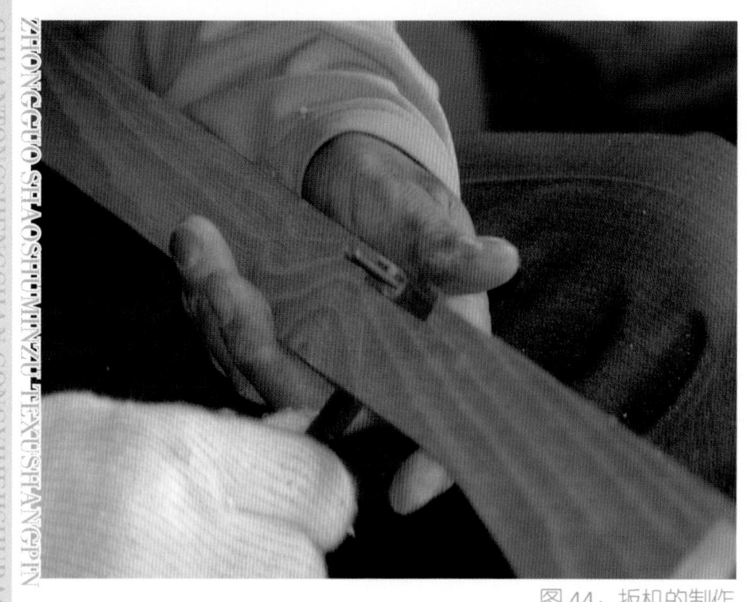
图 44：扳机的制作

位置要高于弦槽，在手指触及扳机的部位削出一弧度，以便于手指扣动。最后在弩机与扳机上的结合部钻孔置入一穿钉（竹制），既作为轴，也防止扳机从弩身脱落。

5. 弩弦的制作

弩弦用麻线、牛筋或弹性大、收缩性小的其他材料搓制而成。

先以弓片的两头挂弦点为距离确定弩弦的长度，用钉子固定两端，将麻线在两固定点间缠绕，以藤竹皮在弩弦的中部纵向缠绕，此处为触箭部位，以此增加耐磨程度。将两头编缠成套环（实物长 88 厘米）。

（二）箭的制造工艺

1. 箭的选材

箭用材料为竹，以甜竹最佳，也可用苦竹，这些竹种质硬，纤维粗，竹节间长。制成的箭杆直，不易弯曲。

2. 箭的制作

将砍伐的竹子砍截成做箭的长短，纵向劈为 4 瓣，在以木材烧水的柴火堆上面的支架上熏烤，至少要烤 3 个月以上，熏烤时将竹心朝下，一片竹子大约能做 8 支箭。制作时把竹片分砍成细竹条，削制成直径 5 毫米的圆柱形（比赛规则限定为 8 毫米以下），最后将有竹节的一端削掉。

将一条 1 厘米宽的竹子用刀剖成薄片，然后将薄片折叠成一个五边形的箭翼，将箭杆从顶端用刀剖一 3 厘米长的口，把做好的箭翼插入，用苦楝藤内皮撕削成的细藤线将箭的末端缠绕固定，然后在火堆上熏烤，将弯曲的部分校直，竹节一端砍掉后用刀把箭头削成锥形。箭的大小与弩的大小成正比，弩越大箭越长（实物长 51 厘米—55.5 厘米）。

因箭用途不同，分竹头箭、铁头箭和毒箭。铁头箭和毒箭过去多用于战争和射杀野兽，竹头箭用于射杀小动物。

（三）弩具的安装与调试

1. 弩具的安装

（1）根据弓片中部的形状大小用刀和木锉对弓片口细加工。弓片应与弓片口完全吻合，如有松动，可用竹楔嵌入调整，使弓片与弩身成垂直角度。在弓片两头用刀削出一对斜槽，为搭弩弦所用。弓片两侧用藤面缠裹，作为装饰，一般为5—7个，必须为单数（传统习俗中单为阳，偶为阴，弩是西南山区少数民族男子的重要随身物品，除自己使用外，也是青年男子定情的信物）。

图45：弩具的安装

（2）装弦：先将弦一端挂入弦槽，再以脚镫住弓片一边，将弓压弯，将弦挂入另一端弦槽。

弩箭上弦的方法：用腹部顶住弩身的后端，双手同时均匀用力，将弩弦拉至弩机的槽里。也可以用双脚镫住弓片的中部，双手用力拉弦到弩机的槽里。

2. 校弩

在上好弩弦后，如果弩弦的中间部位有偏移，则说明弓片的两端力量不一致，向哪边移，哪边的力量就大，在松下弦后将力量过大的一边用脚踩压弯曲。这样可使弓片内纤维因有所断裂而减力，也可对力量大的一边进行刮削。

另一种方法是以发射弩箭的方式校弩，校弩时如果射出的箭水平偏向一边，说明弓片张力不对称。偏向哪一边，就说明其对边的弓片过硬，用脚踩压弯曲或用刀削薄一些，通过多次试射调整弓片，直到满意为止。

在弩机的后部可安装瞄准具，用牛、羊角骨或硬木制作，此可为使用者更快地掌握射弩技术，每位使用者对自己的弩会有自己的瞄准习惯。通常弩是不能与人共用的。

3. 校箭

（1）用竹制成的箭因人为的因素会有一定的不同，一个人使用的箭的规格要基本一致，调箭在生产过程中是不可缺少的，如果射出的箭偏下，说明箭重量较大，把箭削细一些，箭头削短一些，但长短不能超过 0.5 厘米，通过多次试射进行调整，直到满意为止。

（2）射弩运动员在挑选箭支时，应选择重量、粗细、重心基本一致的，如每支箭质量不一致，则会在击发时出现偏差。

（四）弩具的保管

制好的弩不用时应放在通风的地方，将其挂在墙上或搭在偏僻处，把弦的一端松开套在弓片上，这样可防止拉力减弱。制作好的箭可放在由动物皮或竹筒等制成的箭包里。

三、吹枪的制作工艺

吹枪是苗族传统体育项目，在苗语中叫“盏炮”，是当地农民为了驱赶鸟兽、保护庄稼而发明的一种射击类器械，距今已有 300 多年的历史。现今的比赛方式是利用吹气将泥丸或箭射出，在一定的距离内比赛准确性的传统体育运动项目。吹枪运动的起源、传承和发展都与云南苗族地区的自然环境、生产生活方式息息相关。

云南文山州的吹枪主要经过原始吹枪、传统吹枪两个阶段的演变。原始吹枪的制作原材料是当地的通花杆。通花杆学名中华旌节花。通花杆外壳比较坚硬，茎内充满了海绵质的纤维管柱。截取长短适宜的通花杆，用铁丝或细木条能将纤维管柱捅出，得到中空的通花杆。这样，原始吹枪就制成了。原始吹枪没有枪托，也叫做“吹管”。使用起来只要将通花杆的一头放入植物种子当做弹丸，用口包住管口，用力吹气，弹丸就可发出。但在使用过程

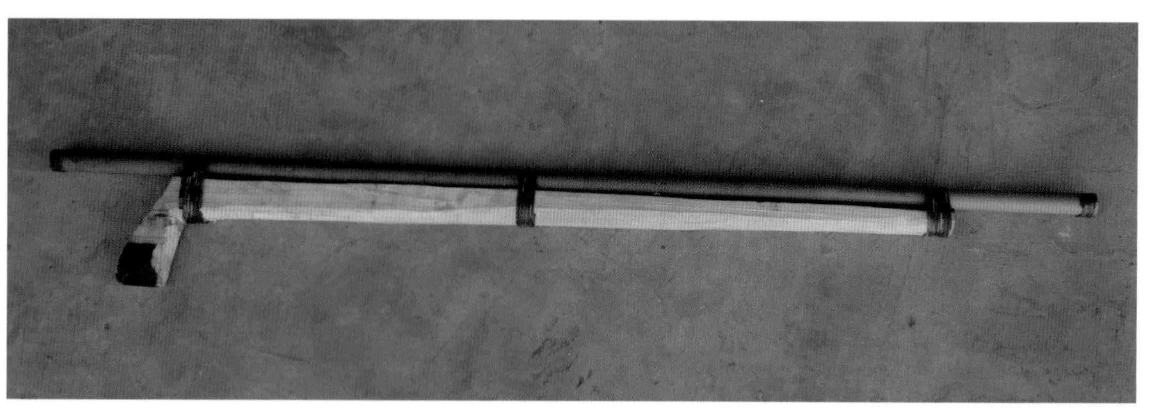

图 46：吹枪

中，由于通花杆内不光滑，各种植物的种子大小不一，对付鸟类的效果不佳。以后，人们便在生产生活中逐渐摸索出用泥丸代替植物种子，用薄竹节代替通花杆，于是产生了传统吹枪。

（一）选材

传统吹枪主要由枪管和枪托两部分组成。枪管一般用越南产薄竹制作，越南薄竹竹竿直径较小，在2厘米以下，竹节比中国的薄竹竹节长，一般都可以长到每节1米以上，在制作竹枪管时，可以免去疏通竹节的复杂工艺。越南薄竹的这些特点令它成为制作吹枪枪管的首选。枪托则用不易变形的硬杂木制成。此外，连接枪管和枪托的枪管套需使用韧性好的红恩桃树皮或褐果树皮制作。

（二）制作枪管

吹枪的枪管俗称“吹管”。使用吹枪时，使用者用口抵住枪管的一端，在另一端放入泥丸，吹发泥丸。因此，枪管是吹枪最重要的组成部分。首先，截取长度小于1.2米、内径为1厘米左右、粗细均匀的一段薄竹竹节。

1. 去竹节

用镰刀在竹节周围用力刻一圈，掰下松动的竹节。用这种方法，分别去

图47：制作枪管

图 48：锯形

图 49：削形

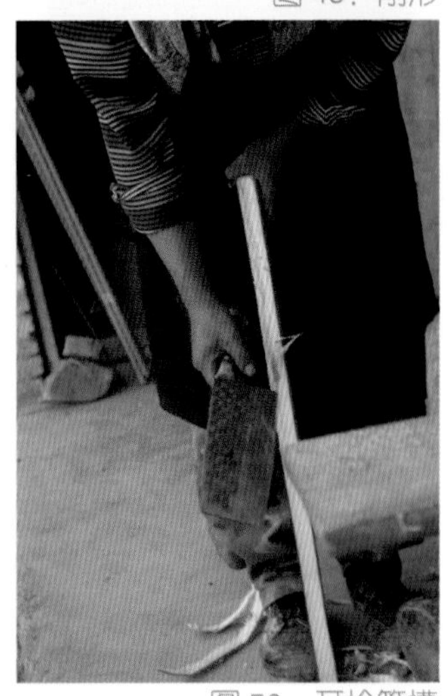
图 50：开枪管槽

掉首尾两端的竹节，同时，将去竹节后的竹管两端削平。

2. 打通

越南薄竹内部中空，打通枪管时，先将一根一端呈勾型的长铁丝插入枪管内，并来回抽动，使杆中的竹衣脱落、内壁平滑。

3. 打磨

用砂纸将枪管通体打磨光滑。

（三）制作枪托

1. 净面

选用厚度略大于所选枪管外径的长方形板材，木板的长度根据枪管的长度而定，一般短于枪管 30 厘米。用推刨将长方形板材 4 面刨光滑。

2. 锯形

枪托前端比后端略窄，将墨斗中的线分别固定在木材两端，在刨净外皮的木板表面弹出一条斜线；在后端用薄竹片蘸墨画出枪柄形状，沿墨线锯出枪托的雏形。

3. 削形

将枪托下端棱角去掉，使枪身横截面呈 U 型并刮削平整。再将枪柄的棱角削去，使抓握时手感舒适。

4. 开枪管槽

首先，用刀在枪托顶部剜出一条宽度适合枪管外径的 V 型长凹槽。接着，用木锉将 V 型槽锉成半圆槽，以能放入吹枪枪管圆截面的一半为宜。最后，用砂纸将枪管槽打磨光滑。

（四）制作枪管套

当地的吹枪制作人选用红恩桃树或褐果树树皮，来制作套连枪管和枪托的枪管套和枪管口套。由于其干燥后收缩可将枪管和枪托套连得更牢固，一代代的制作人一直沿用着这种原材料。

1. 取树皮

首先，选择恩桃树树皮比较平整的地方，用小刀纵向划一切口，再横向划出相隔约为 2 厘米的两条平行线，与纵向切口两端相交，入刀深度 1—2 毫米，形成一个长方形带状区域。从树皮纵向切口处挑开厚约 2 毫米的一条，再轻轻将其剥离树干，最后，将整条树皮慢慢剥下。围绕树干取树皮，制作一把吹枪要取 3 条到 4 条树皮备用。由于同一区域的外表皮被割取后无法再生，所以只可割取一次。用这种方法采集树皮，可以不伤害为树木提供养分的内表皮，使树木的生长不受影响。

2. 削树皮

刚采集到的树皮表面较为粗糙，需经过加工才能用来制作枪管套。将刀口垂直压住树皮条反复刮削，直到树皮外表面光亮平整即可。

3. 做枪管套

把枪管放到枪管槽上，在相应位置用削好的树皮条缠绕枪托和枪管，以确定所需树皮条的长度，注意要留出卡头和卡孔的长度。枪管套的宽度一般为 1 厘米左右。平放树皮条，用小刀在一端镂刻出一个三角形卡孔，在另一端刻出一个卡头，卡头大小以刚好插入卡孔为宜。卡头颈部的宽度应与卡孔三角形底边的宽度一致。为了美观，将树皮光亮的一面朝外，从外向里将卡头插入卡孔内扣合。这样，做 4 个到 5 个大小有别的枪管套。以同样的方法，制作两个枪管口套，以防止枪管口炸裂。

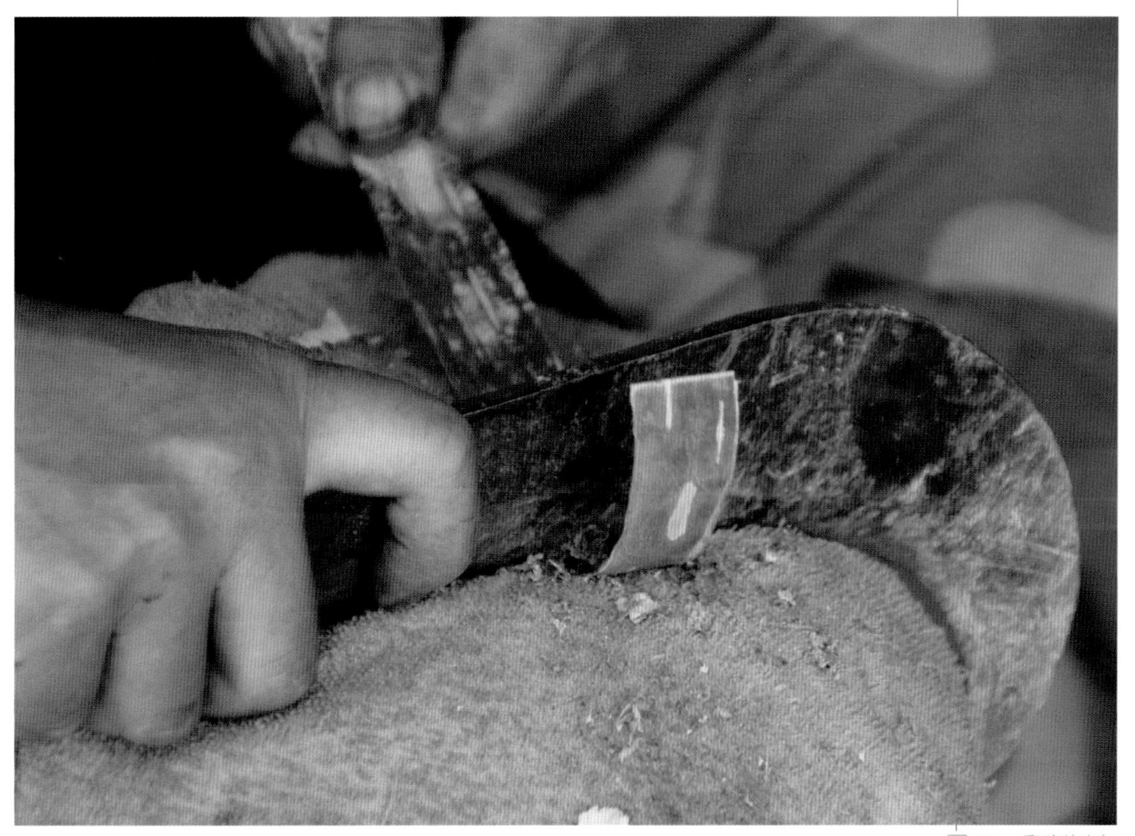

图 51：刮削树皮

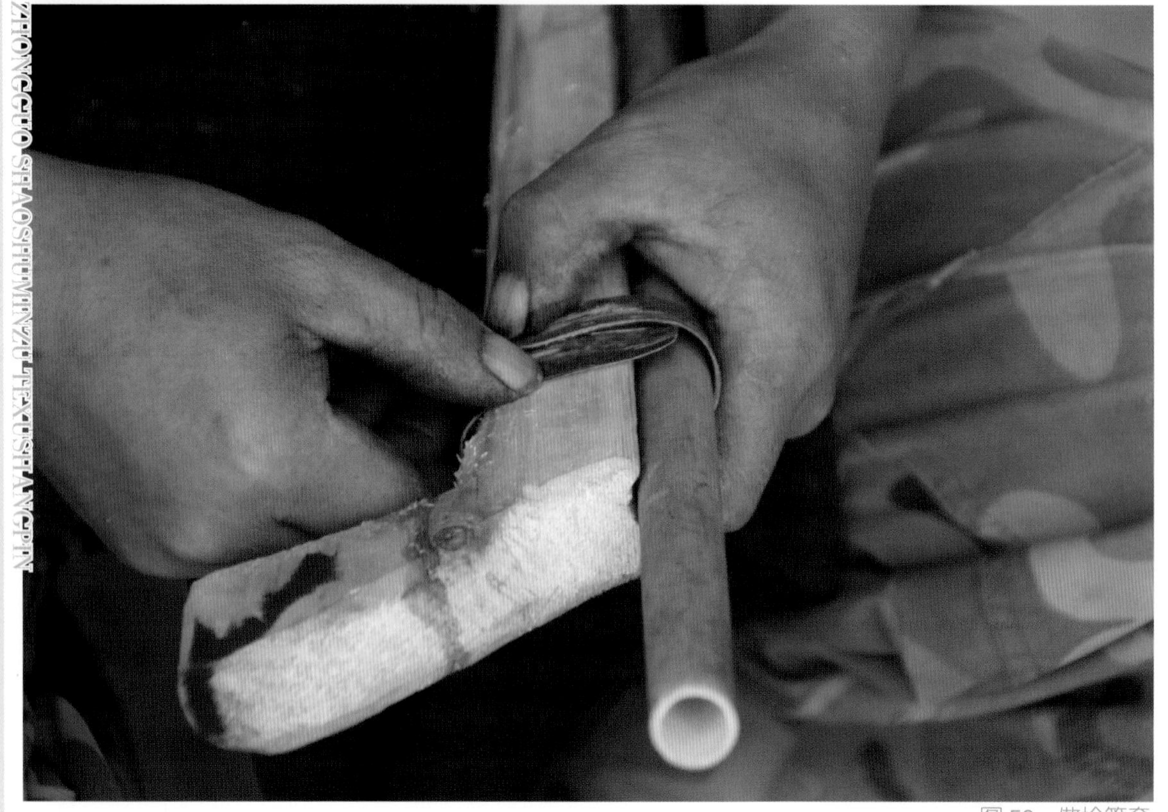

图 52：做枪管套

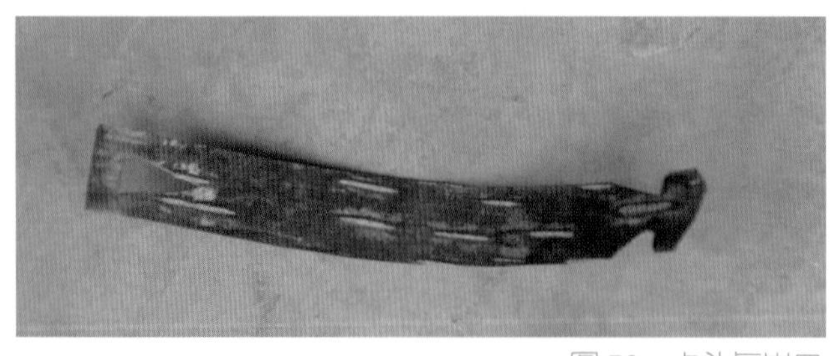

图 53：卡头与嵌口

（五）连接和固定

把枪管放入枪管槽，将扣好的枪管套和枪管口套按从大到小的次序依次套入，直到每个枪管套卡住为止。并根据不同使用者来调整枪管的位置，最后把枪管和枪托套紧、固定住，这样，吹枪就制作完成了。

（六）保养

将吹枪通体打磨光滑，在表面刷上一层清漆，起到防潮、防蛀、美观的作用。并放置于阴凉干燥的地方。

（七）制作泥丸

取用当地黏性较好的黄泥或酸白泥，用锤子锤至有韧性后，揉搓成与枪管内径相当的泥丸。泥丸一般在比赛时即时制作，也可提前制作放入罐中，用湿毛巾盖住保湿。

图 54：锤泥

图 55：制作泥丸

四、独木龙舟的制作工艺

贵州苗族在黔东南施洞镇定居后，为了纪念艰难的迁徙历程，苗族先民们便以造独木舟，定期举行划龙舟的方式予以纪念，增强寨子间的团结。独木龙舟节在每年的农历五月二十四至二十七举行，竞渡的人员是站立式划桨即所有的桡手和舵手都分别站在两边的子舟或母舟中，随着号子，桡手整齐地划桨。现今的比赛方式是每组 2 艘独木龙舟进行竞渡，比赛河道长约 200 米，规则是谁先到终点谁赢。

独木龙舟主要由舟体、大龙头、小龙头和附件组成。舟体由 3 条舟合并而成：中间的大舟称为母舟，长 24 米，舟体最宽处 0.70 米；两边的小舟称为子舟，长 13 米，舟体最宽处 0.4 米。使用时，用扁担将三舟并联，并用麻绳、野弥藤、竹篾和螺栓进行捆绑固定。

母舟的材质为杉木，一般长约 24 米，舱体最宽处约为 0.70 米。整体形似梭子，头部上翘，与水平面约成 30 度角，顶部为不规则的五边形；尾部微微上扬，端部呈圆拱形。母舟有 6 个舱，从头部开始依次排列，第一舱最长，

图 56：龙舟比赛

图 57：龙舟的组装

中间 4 个舱略短，第六舱最短。

子舟的材质为杉木，一般长约 14 米，舱体最宽处约为 0.4 米。整体形似梭子，头部和尾部略微上翘，且偏向母舟一侧。子舟有 4 个舱，与母舟中间的 4 个舱依次相对。

大龙头置于独木龙舟母舟的船头，嘴含金珠，腮挂龙须。龙颈背部刻有鳞，装饰着蓝、白、红、金、黑等多色彩绘，色彩斑斓，栩栩如生。不同村寨的龙头颜色也不一样。大龙头有 3 对角：1 对牛角、1 对羊角和 1 对鹿角。那对弯弯的大水牛角，左右角上分别写有“风调雨顺、国泰民安”8 个大字，体现了苗家人对农耕的重要伙伴——牛的敬重。

小龙头置于母舟的第一舱的舱面板上，为挂锣之用。小龙头只有 1 对小

鹿角。

龙舟的附件有桨、舵、篙、锣、鼓和火铳。

桨是独木龙舟竞渡时舟上使用数量最多的工具，每条舟需32支。当地将桨称为桡，将划桨的人称为桡手。比赛时划手每4人站在1个子舟的舱内。

图58：龙头

舵也称柁，在行舟中起着控制方向的作用，独木龙舟体形所大，每条舟需4—5个人掌舵。因吃水和受力的关系，舵的形状比桨要粗大，根据舵手的站位不同，舵的长度也有所不同，1把较长，其余几把长短相同，但均比桨要长，顶端置有把手。比赛时，1名舵手站在母舟尾部甲板上任主舵手，其余舵手站在母舟的最后一舱内。

图59：桨与舵

篙是独木龙舟竞渡中一个特有的工具。篙的材质为绵竹，长约5米，在绵竹的梢部镶有铁锥。每条龙舟有1根篙和1名撑篙手。因在龙舟经过的水道中多有浅滩和礁石，或与邻近舟船相靠，站在龙舟最前部的篙手要持篙去撑挡调整方向。

鼓为木制蒙牛皮，直径34厘米，厚18厘米，红漆着色，对称两端挂有铁环。鼓的边缘镶有铜钉。掌鼓的称为鼓主，背向行船方向，坐在母舟第一舱中的专用木板上，一手持铁环将其斜立在腿上，另一手持木棒敲击鼓面。他是该条龙舟的领导者。

锣为黄铜铸造，锣面的直径为34厘米，锣面厚0.5厘米，沿宽5厘米。锣挂在小龙头张开的口中，敲击时，锣手坐在母舟第一舱的舱面板上，一手

图 60：男扮女装的小锣手

扶锣，另一手持木槌敲击。传统习俗中锣手是一位男扮女装的少年。

鼓和锣要配合着敲击，先敲鼓，后击锣，一般为“咚咚——哆——咚咚——哆——”

火铳包括铁制铳头和木杆两部分。总长为 1.2 米，铁铳头长约 40 厘米，上系红布，其中装火药的部分长 20 厘米。内有 3 个药孔，使用时向孔灌入黑火药，再用软纸堵住孔眼，引线设在各孔的下部。比赛时，火铳手坐在鼓主的后面（从船头数第二位），在比赛过程中点燃火铳，其声震耳欲聋，以显神威。鼓、锣和火铳是由本寨人购买、定制或赠送的。

独木龙舟的制作主要包括：母舟、子舟的制作；龙头的制作；桨的制作；舵的制作；篙的制作；扁担的制作；龙舟的组装、试划、调整与保存。本次调研以贵州施洞镇杨家寨独木龙舟的制作为对象。

（一）舟体的制作

舟体的制作工序主要有：舟体外形的制作；船舱的开凿；舟体的拼接及舱面板的制作。

1. 选材

制作龙舟的原料为柳杉，又名长叶柳杉、孔雀松、木沙椤树、长叶孔雀松。

柳杉属于乔木科，可高达 40 米；树干粗壮，最大直径可达 2 米以上；树冠呈塔圆锥形；树皮为赤棕色，呈纤维状，会裂成长条片剥落；大枝斜展或平展，小枝常下垂，为绿色。

柳杉树形圆整而高大，树干粗壮，极为雄伟。其木质纹理顺直、耐腐防虫，广泛用于建筑、桥梁、船舶、家具和工艺制品等方面。

图 61：杉树

2. 取材（进山引龙）

为制作新的龙舟，杨家寨在南宫乡展丰村旧址、坝场村和本寨地界等地先后采伐了 6 棵柳杉。其中，在展丰村采伐的杉树最大，主体直径在 0.7 米以上，用于制作母舟，其他 5 棵小杉树，用于制作子舟等。此次采伐的用于制作母舟的木料长 32.3 米，截用 20.4 米，最大直径为 1.45 米；用于制作子舟的木料长 21 米，截用 15 米，最大直径为 0.64 米。

取材的工具有斧子、电锯、绳子、木杠等。

苗家人称制作龙舟的树为“龙树”，所以将砍伐龙树的过程称为“引龙”。引龙前，还要举行祭山神、树神和龙神的仪式。

引龙要选吉日和吉时。出发进山的吉时为 8 点到 9 点之间，砍树的吉时为 11 点以后。到达目的地后，先把树根部的杂草除去，露出一块地面，用来做祭祀仪式。

引龙的过程如下：

第一步，选派一个身手敏捷、胆大的人爬上树，把一条长绳系在树干的上半部位，目的是由人拉拽控制树的倒向。在距离地面 2 米的树干上系一条麻线和一条红布带，以示对祖先和树神的敬重。

第二步，由寨中有威望的大寨老等人摆上祭品。从左到右依次是 1 只白公鸡、几把香、1 叠香纸、1 把直木尺、1 个墨斗、3 条咸鱼干和两排 6 只酒盅（前排 3 只装米酒，后排 3 只盛茶）、1 方斗糯米（米中央插有折成 4 折的纸钱币）。

第三步，大寨老点燃了一炷香，拜了几拜，分成3股插入糯米中（钱币前）。然后在树旁点燃爆竹。这时，身着苗家土布制对襟长袍的鬼师（懂得古礼古规、富贵双全的人）手打雨伞，开始唱颂祭词。祭词的大意是告诉祖先、山神和树神，他们要将这棵龙树请回去制作龙舟了，请各位神仙不要生气并享受祭品。鬼师颂完祭词后，大寨老把米酒洒向草丛中，把茶递给即将砍树的人喝光。接下来，由大寨老砍下第一斧，村长的父亲（村内德高望重之人）用柴刀杀死白公鸡，在将血滴在树根的砍口处后，寨里的青壮年便开始用斧子轮番砍树。以前砍树的工具只有斧子，一棵大树往往要很多人轮流砍几个小时才能倒下。如今在砍伐粗大的树木时，将斧子换为电锯，不仅节省了人力，还节省了时间。

3. 运树

运树包括运龙下山和运龙归寨两个过程。

柳杉多长在深山的斜坡上，贵州的山多呈阶梯状，多水田，运输过程很不方便。在没有道路的山地，运龙下山只能依靠人力。杨家寨人齐心协力，遇到斜坡，便将龙树纵向顺下斜坡；遇到狭窄的小径，便用绳子套住龙树根部，前面的人拉绳，后面的人用长1.5米的木杠撬；遇到水池或稍微宽阔的山路，便用绳子将龙树套住缠绕，通过木杠，以人拉肩扛的方式将龙树抬运出山地。运送树木的过程彰显一个村寨民众的团结协作精神。

以前，运龙归寨靠大家用车推和肩扛。随时代的发展，条件的改善，汽车取代了人力，减少了苗家人很多辛苦。归寨的一路上，车子需要不时地停下来接受沿途村寨亲朋好友（姑妈、姑爹）的礼物，苗家人称其为“接龙”：得悉杨家寨准备做一条新龙舟后，从杨家寨嫁出去的女子（称姑妈）纷纷备礼，等候在运龙归寨的途中。礼品通常为1块红布或红被面，1只鸭子（鹅或鸡），1挂鞭炮和1壶米酒。当运输的车到来时，他们便燃放爆竹，给龙树系上1块红布或红被面，递上1只鸭子（鹅或鸡），敬寨里的亲人几杯米酒。

4. 龙树去皮（去龙鳞）

将木材运回杨家寨后，首先要去除树皮，以加快树木的脱水和风干。去皮的工作一般在运龙归寨后进行。如果树木很大，则先在山上进行，以减轻运输的负担。剥去的树皮过去是当地村民盖房的好材料，现多用于遮盖牛棚顶。

去皮的工具为斧子和自制的木棍，木棍长0.5—0.7米，一端扁尖。

去皮的过程如下：从根部开始，用斧子在每隔约1.5米处横砍出一条缝，

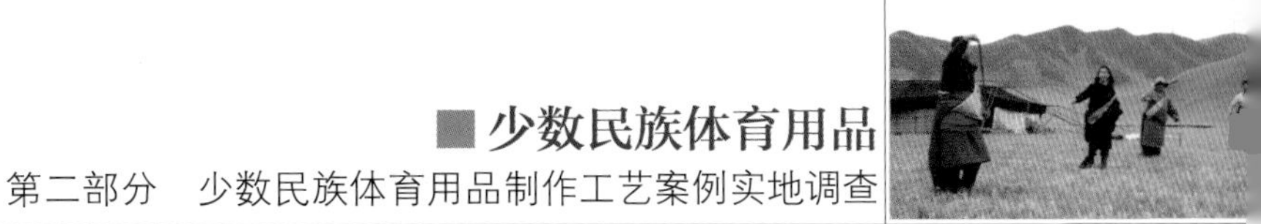

图 62：运树

再竖切出开口。然后几个人分别站在横卧的杉木两旁，一边的人用一头平尖的木棒撬开树皮，另一边的人用手向同一方向扒树皮，扒完一半后，翻转杉木剥另一半。很快，一块完整树皮就被剥落了。在顶端细部，树皮较为难剥，便直接用斧子砍削。树皮去掉后，再将树杈的根部砍去，使木材光滑。

5. 舟体的制作

（1）母舟的制作

制作工具：墨斗、斧子、电锯、挖锄（当地造船专用工具）、钎条、刨子、锤子、卷尺、水平尺和直角尺等。

选取树木的自然弯曲弧度，将树根部位做母舟的头部。

龙树去皮并砍制光滑后，由木工师傅用墨斗和尺子在树根部发墨定线，确定龙舟的上部和底部。

制舟工匠张江德师傅在开工前举行了简短的祭祀仪式：

首先，烧纸，点香，往龙头上洒米酒，然后在母舟的头部缝隙中和头底的地面上各插了 3 炷香，3 根一炷。接下来张江德师傅发墨画出船舱的位置。

然后寨里人杀1只公鸡（颜色无要求），并拿着公鸡从头部开始顺时针绕母舟1圈，嘴里念念有词，使鸡血滴洒在母舟上部1圈。而后将1挂爆竹放在母舟的头部点燃。最后张江德师傅在船身上砍几斧子，表示造船正式开工。

张江德师傅用墨斗和尺子在树根部发墨定线，然后杨家寨的青壮年便用斧子进一步进行母舟舟体外形的初步砍削，使母舟体头部高翘。舟整体呈圆五边形，船舱表面平整。

初步砍出母舟舟体的外形后，即进行凿舱、拼接及舱面板的制作。因原树木的长度与围度的不足，只能先确定前3个舱的位置与大小。用电锯依墨线锯出船舱的轮廓，再用斧子和挖锄将多余部分砍除，使船舱内部的空间呈口小肚大的U形。同时，对舟体的外部进行刨平。

母舟的长度确定为24米。因原木料尾部树径小，所以先截去3米（预留下船底基板及拼接豁口），在截去的部位拼接7米长的木料以增加尾部宽度。以凹凸镶嵌的方式将拼接木料与舟主体相接，用方型钉固定，然后做整体砍削定型。

图63：母舟制作

具体步骤：

第一步：将母舟尾部锯掉2米，再将剩下的1米平削去2/3，然后将木料的两边切去，使木料的宽度约为25厘米。

第二步：将一块长约7米、宽约40厘米、厚约5厘米的木料一端挖出长为1米，宽为25厘米的长方体凹槽，与母舟尾部凸出的木料相接。

图64：母舟拼接

第三步：将母舟尾部两端船帮约3.5米的长度处理成阶梯形的豁口状，再将两块长约10.5米，厚约7.5—10.5厘米的拱形柳杉木料窄端的3.5米处理成相应的阶梯状的豁口状，分别与母舟以凹凸镶嵌的方式相接，并用方形钉固定。

图65：龙舟母舟头部缺口

第四步：进行初步的整体砍削定型后，发现左侧船帮略低，便在这边的船帮处又接了长约12米、宽约3—5厘米的木条，以加高船帮。

第五步：在尾部的豁口处插入一块长约0.67米、宽约0.17米、厚约0.25厘米的长方体木块，并固定。然后在木料的上部插入一块长约0.67米、宽约17米、厚约3厘米的长方体木块，做尾部的面板。

第六步：对拼接的尾部进行整体砍削定型，使其与前部呈流线型，并使尾部处微微上翘。

第七步：因为用于制作母舟的柳杉已有200多年的树龄，根部已经被蚂蚁蛀空成蚁穴了，所以需在母舟的头部拼接木板。具体做法是：

①将一块长为1.88米一端很尖的三角形木块以凹凸镶嵌的方式拼接在母

图 66：修补缺口

图 67：龙舟舱面板的贯通

图 68：子舟的制作

舟头部的左侧，三角形木块的尖端朝向母舟舟体。

②将一块长约 1.92 米的木条用方形钉固定在母舟头部的右侧。

③将一块长约 4 米的木条用方形钉补在母舟头部左侧底部，再在底部中央补一条木条，使头部完整，整个拼接和修补都是在第一个船舱外部进行的。因为船头上翘，与地面形成一定角度，为使木板与主体合逢，在木板朝里一侧需弯曲度大的部位锯出几条小豁口，以利于木板的弯曲合逢。

④对头部进行砍削和刨平，使其呈流线型。

第八步：舱面板的制作。母舟的 6 个船舱是相互贯通的，前 3 个舱面板与舟体为一体，需从舱面板下开凿贯通。其余的 2 个舱面板则直接钉上去。

（2）子舟的制作

子舟为梭形，靠近母舟的一侧弧度小而平，另一侧则略呈弧形。子舟的头部和尾部微微上翘，并向内侧倾斜。子舟传统的制作方法与母舟一致，因适合的原料难寻，所以舟主体一般用两棵尺寸相当的材料以拼接的方式对接而成。步骤如下（以一条子舟为例）：

①分别将两棵长约 14 米的圆木锯开，从木材的头部向根部沿中线将其锯开一半，长 12 米，用斧子砍

去中间的部分，准备做子舟的船舱。在木材根部剩余的2米处，量好高度后，进行砍削和刨平，分别用来制作子舟的船头和船尾。

②为增加舟体的宽度，裁下的材料做一块长9米，宽0.3米的木材用作子舟的底板，子舟底板与子舟的一块备料的2米处的圆弧形切口相接，用钉子固定。

③以凹凸镶嵌和对接的方式将子舟的另一块备料钉上去，子舟初步成型。

④在子舟两侧钉木板以增加船帮高度，提高吃水深度。

⑤对子舟的舟体进行砍削和刨平，使子舟呈流线型，头部和尾部稍稍翘起并偏向母舟。

⑥依母舟船舱的长度和位置凿制子舟的船舱以及钉舱面板。子舟有4个舱，依次与母舟中间的4个舱位相对应。

整个过程中，发墨和砍削、刨光是不断进行的，直到最后成型。

6. 腻缝

为防止舟体漏水和减少在水中航行的阻力，要对所有缝隙与凹凸不平处进行腻缝与补平。

腻缝的工具主要是凿子、铁锤、木槌和尖头木棍。

腻缝的材料为腻子和麻线。

腻子为桐油和石灰的混合物。制作方法为：用桐油将石灰揉成团后，用铁锤反复捶打，并不断添加桐油，直至他们混合均匀、有黏度为止。石灰和桐油的比例不固定，完全凭师傅的经验来衡量。制作一团500克的腻子大概需要半个小时。麻线取自葛麻的根部。葛麻，苗语为Ghab Flib，生长于距水源较近的山地，可食用。麻线的制作方法：将葛麻采集后切割成小段，干燥后用铁锤将其敲打松散，再用手撕，留下纤维状的麻线。葛麻原品为咖啡色，敲打后的成品麻线呈乳白色。

腻缝一般有5道工序：即压腻子—填麻—压腻子—填麻—压腻子

（1）用自制的一头为尖状的木棍将石灰和桐油的混合物旋转着压入缝隙。

（2）将加工好的麻线塞进缝隙，然后用凿子将露在外面的麻线凿进缝隙。凿子有大小3种型号，根据缝隙的大小选择不同的型号。

（3）重复第一步和第二步。

（4）重复第一步，然后用手蘸桐油将腻子抹平，1—2天后晾干即可。

遇缝隙小时，3道即可。有的地方，缝隙过小，如舱面板的接缝处，便先用凿子将缝隙凿大一些以便于塞麻线。

图 69：腻缝

在舟体表面有凹凸不平之处，要先在修补部位及周边用尖钉或电钻打多个孔，再用腻子进行填补，使腻子附着更牢固。

7. 铁包箍

由于舟体很大，且有多处拼接，故要在舟体拼接部位和舱面板外缘包扁铁条，以加固舟体。

固定舱面板的扁铁的长度视舟体的围度而定，扁铁规格为 5 厘米 ×0.4 厘米，两端切割呈 V 形，将 V 形部位砸折 90° 后，两头的尖角嵌进龙舟内起到固定作用（凿进龙身中的部分有 5—7 厘米）。然后把扁铁紧贴着龙舟的圆弧度固定。此前先在铁片上钻孔，每个孔间的间隔大约为 15—20 厘米，最后将方钉钉入即可。

为使舟体更加牢固，还需用角钢在母舟拼接部位的舱面船帮处进行加固。

母舟共包了 7 条扁铁，集中在拼接部位的每个舱面板两端和船尾。子舟共包了 6 条扁铁，每个舱面板两侧各有一对。

8. 涂抹桐油

桐油是一种优良的干性植物油，具有干燥快、比重轻、光泽度好、附着力强、防水、防腐、防锈等特点。

在舟的各部位涂抹桐油，以使舟体顺滑而牢固，在水中划行时减少阻力。方法是将桐油倒在抹布上直接涂抹在龙舟身上。最低要涂抹3次桐油，在第一次涂抹的桐油干燥后进行第二次涂抹，然后阴干即可。

图70：加固

9. 开凿销口、卡座和插孔

根据大龙头销座上销孔和卡口的位置，在母舟头部实心部位凿一贯通上下的销孔，置一卡座。

在母舟的第一舱面板上开凿一方形孔，用于插入小龙头。

在两条子舟的头部和尾部各凿穿一个方形孔，用来固定扁担。

（二）龙头的制作

一条独木龙舟有大小两个龙头。大龙头总长为3米，包括龙头、龙颈和销座3个部分。龙头与龙颈中空，以减轻重量。使用时用一根木销和麻绳或藤条固定在母舟的头部。当地人认为龙是7种动物的结合体：狮鼻、蛇身、鱼鳞、鸡爪、水牛角、鹿角和羊角，所以龙头集中体现了几种动物的特点。

小龙头总长为1.5米，使用时插在母舟的第一个舱面板上。

龙头的制作工序主要有：选材—粗雕—精雕—制作配件—打磨与安装—上色。

制作工具主要有斧子、木锯、电锯、小刨子、锉刀、墨斗、各型雕刻用刀和凿子等。

龙头的材质为水曲柳，属落叶乔木，木质结构粗，硬度较大，具有弹性好、韧性好，耐磨、耐湿、加工性能好等特点。

1. 大龙头的制作

（1）选材

龙头整体似圆滑的“Z”，且是由一块整木雕刻而成，所以原料必须大且无缺陷。此次采伐的水曲柳直径达80厘米。选取其中粗大且无虫害的部位做龙头的坯料。坯料长3米，宽80厘米，高30厘米，其自然的弯曲度符合龙头制作的要求。

（2）粗雕

做龙头的师傅根据草图，用竹笔勾画出龙头、龙颈和销座3个部分的整体轮廓。然后用电锯和斧子初步砍出龙头的各个部位以及龙脊的大体轮廓。在龙颈的下部位切出一块大约长1.8米，宽8厘米的长方形，刳空，目的是减轻重量。在将龙头所需各部位初步雕刻成形后，刳空龙头部位。

（3）精雕

细致雕刻出龙头的各个部位：眼睛、鼻子、上颚、下颚、嘴、牙齿、毛发以及龙脊和龙鳞。大龙头共有42层龙鳞，160个鳞片。所用工具主要是不同型号的中宽凿和扁圆凿。

（4）制作配件

大龙头的配件主要有10只龙鳍、2只龙耳、2根毛发、2根鼻须、两2根牛角、2根鹿角、2根羊角、6根龙须、8根龙眉，还有1个龙珠、1条龙舌和1只蝉。

配件的制作方法是：根据龙头的尺寸，画出配件的平面样板。然后在木料上勾画出配件的雏形，进行砍制与雕刻。

图71：蝉

图 72：龙头雕刻

新龙头的配件和杨家寨原有的龙头不同，除了数目增多外，还雕刻得更为精致传神。曲线的流畅充分显示了当地银匠手艺的深厚功底。尤其是龙头上的蝉，由原来的收翅昏睡变为展翅欲飞，这样它能更好地起到叫醒龙神的作用。

此外，配件中还有作为眼睛的 3 块圆镜片和固定大龙头的木销。木销长 0.8 米，宽 7 厘米，厚 6 厘米。

（5）打磨及组装

精细地将大龙头各个部位以及配件用打磨机和氧化铝砂布打磨光滑。

将长 1.85 米、宽约 10 厘米、厚 3 毫米的长方形木板嵌入大龙头龙颈下部的切口，用钉子固定。

将大龙头的配件安装入位，并用钉子和木楔固定。将 3 块直径为 5 厘米的圆镜片粘在双眼和上颚部位。当地人说龙和二郎神一样，有 3 只眼睛。镜片在太阳光的照射下会反射光芒，大龙头看起来就会很有灵气。

在销座表面凿一上下相通的销孔，销座后下部开一卡口。销孔与卡口与龙舟头部的销孔与卡座相对应。

（6）上色

在龙头各部位上刷上不同颜色的漆，使之看起来活灵活现，栩栩如生。

上色过程如下：先上 1 层清漆，打磨光滑后，再上彩色的漆。彩色的漆也要反复上至少3次，直至各个部位的颜色均匀、细密为止。

杨家寨龙头的主色为青色。传说是分龙时，杨家寨人去晚了，只得到了龙的肠子。因为龙的肠子是青色的，所以杨家寨的龙便是青龙。据杨家寨的人说，龙舟节时，吃了他们龙舟上的糯米饭，可以治肚子痛。每年，都有很多人带小孩的人来要他们的糯米饭，每年都不够分。因此，杨家寨的人提起他们的龙头都非常自豪。

新龙头的颜色并没有完全仿照老龙头的色彩，而是尝试着在以青色为主色的情况下，进行创新。新龙头更多地运用了金色和渐变色。牛角上也没有了老龙头的横线，而只是写上了艺术体的“风调雨顺”和“国泰民安”，简洁、大方。上完漆后，新龙头给人的整体感觉是更加英姿勃发、神采奕奕。

2. 小龙头的制作

制作小龙头所使用的工具主要有多款刻刀（三角刀、四方刀）、各型号锉子（圆锉、六方锉）、锯子、木锤、铁锤，直角尺、凿子、铅笔等。

小龙头（配件只有一对小鹿角）制作过程与大龙头相似，但更精细。以往的小龙头都呈“7”的形状，此次师傅选用了一根多弯的粗枝条，使得雕刻出

图73：上色

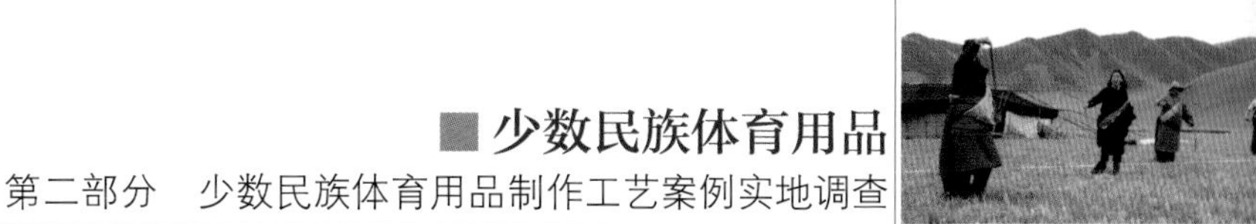

来的龙头栩栩如生、生气勃勃。

制作中先将木料砍制成形，在坯料上勾画出龙头的纹线，用斧子、锯子、凿子等将大块废弃部位去掉，再对头的各个部位进行细致雕刻。在龙头部位完成后将龙脊确定完成，然后再依次画出龙鳞的纹线后进行雕刻。

图 74：雕刻小龙

在对完成雕刻的小龙头用砂纸进行打磨后，最后上色。

（三）桨的制作

桨的制作工序主要包括：选材—粗砍—细制。

制作工具主要有墨斗、斧子、柴刀、电刨、铁刮刨和锯子等。

1. 选材

桨的材料选用杉木，要选树干直且直径不低于 10 厘米的杉树。

2. 粗砍

在截取适合的长度后，首先去除树皮，然后从两端发墨定线。用斧子将树干砍削成中间厚 4 厘米，宽约 9 厘米，呈扁圆形的坯料。

3. 精制

在坯料上发墨定线，划分桨柄和桨叶，两者的长度基本相同。将桨柄砍成直径为 3.5 厘米的圆柱形。桨的长度依桡手的身高而制定，基本标准为一个人直立，单臂上举时腕部到脚跟的垂直高度，多在 1.9 米左右。

桨叶上宽下窄，分别为 9 厘米和 7 厘米，中间厚 2 厘米，桨叶横截面呈菱形。刮削平整后，在桨叶的窄端套一个宽 2 厘米的扁圆形铁箍，使其更耐用。最后，在完成的桨上刷桐油。

每个人因高度不同，会在桨叶上写上自己的名字，比赛结束后自己保存。如是集体制作的，使用完毕后则由专人统一保管。

（四）舵的制作

舵的制作工序包括：选材—粗砍—细制。

制作工具主要有墨斗、斧子、砍刀、电刨、铁刮刨和锯子等。

1. 选材

舵的材料选用杉木，要选树干直、直径在 12 厘米以上的杉树。

2. 粗砍

在截取适合的长度后，首先去除树皮，然后从两端发墨定线。用斧子将树干砍削成中间厚 4 厘米，宽约 12 厘米，呈扁圆形的坯料。

3. 精制

在坯料上发墨定线，划分舵柄和舵叶两部分，经砍制、刨削，舵柄为圆柱形，舵叶形同桨叶，但上窄下宽，较桨叶厚大。

舵柄长 1.24 米，直径 3.5 厘米；舵叶长 0.9 米，舵叶上宽 10 厘米，下宽 12 厘米；舵叶中厚 3.6 厘米，边厚 1 厘米。经刨子刨平光滑后。在舵柄顶端嵌一个长 13 厘米，直径 3.5 厘米的圆柱形木质短柄，便于舵手的使用。最后，在完成的舵上刷桐油即可。

（五）篙的制作

篙的制作工序主要包括：选材与采伐—削制与安装。

图 75：发墨画线

主要制作工具是砍刀、锯子、刨子和锤子等。

1. 选材与采伐

篙体的材质为绵竹，长 5 米，根部镶锥部位的直径为 3 厘米。

2. 削制与安装

将竹子首先在火堆上烘烤，使其弯曲的部位校直。

然后用刨子将竹节外缘刨削平滑。

接下来用砍刀将竹的一端镶锥部位削尖并劈为四个 V 形豁口，用布条将尖瓣收拢，套入铁箍，然后将长 40 厘米的细铁锥插入竹心一半，卡住固定即可。

用砍刀在竹子的光滑部位砍出细纹，以增大与手掌之间的摩擦。最后，用石块摩擦细纹，直至不伤手为止。

（六）龙舟的组装、试划、调整与保存

1. 扁担的制作与组装

扁担是固定 3 舟为一体的连杆，每组龙舟上有 5 个扁担，第一个扁担设在母舟第一舱面板的后部，其余扁担设在母舟第 2 至第 5 舱面板的前部。扁担与舟上垫子通过螺杆和竹篾等相连，并联 3 舟为一体。母舟与子舟的舱面板相对应（传统连接中均是以木制销子和竹篾进行固定）。

扁担的材质为水曲柳，其木质轻、硬度大、抗弯曲。

扁担只在龙舟到水面上组装时才能完成。先期要将木材制成坯料备用，坯料长 1.3 米，宽 17 厘米，厚 7 厘米。中间钻孔，备用螺栓与母舟的垫子相连。两头做凹槽，用于卡进船帮。

垫子由与扁担相对应的横梁和固定垫子两端的卡槽构成。它的主要作用是与扁担通过螺栓连接，从而将 3 条舟并联成一体。垫子的设置与扁担相对应。位于船帮的中部。

卡槽的制作分为两种：在非拼接的舟体处，要在开凿贯通船舱时预留卡槽；在拼接的舟体处，则直接将做好的卡槽钉在相应的位置。

将 3 条舟抬到水面上，调整位置和水平后，用螺栓将扁担与母舟和子舟上的垫子连接并固定，使 3 舟并联，然后用藤条、竹篾或麻绳捆绑加固。

藤条为野弥藤，是在下水的当天早晨去山上采新鲜的。用之前反复扭拧，使其变软。

竹篾的制作方法为：将竹子一劈为 4 条后，用砍刀将竹篾剖出。

此外，为减少划行中水入船舱，在子舟与母舟的细缝间塞上稻草等物品。

图 76：扁担

2. 龙头的安装

（1）大龙头的安装

将龙头销座的孔与龙舟头部的销孔相对，由下向上插入销子后用楔块卡紧。销座底部卡口与舟上卡座对拢后，用麻绳将龙头与舟捆绑加固。

（2）小龙头的安装

将小龙头插入母舟的第一舱面板上开凿出的孔中，龙嘴处挂铜锣。

3. 龙舟的试划与调整

在新龙船完工或老龙船要参加节日活动前，都要安排人员满员登舟试划，以检验船只运行状况。

根据龙舟试划过程中所出现的问题，负责龙舟制作的师傅会对有缺欠的部分进行调修，主要是解决龙舟平衡与船舱进水的问题。

完成调整后，经再次试划合格，就可以参加比赛。

通常龙舟在制作完成后，需要停放 5 个月以上，使船只充分脱水，以减轻重量，在水中更易滑行。

图 77：试划

（七）龙舟的维护与保存

独木龙舟一般只在一年一度的“独木龙舟节”上亮相，其余时间存放在龙舟棚内，遮挡风雨，半年左右刷一次桐油。

每次准备参加独木龙舟活动前，将龙舟抬至江中清洗、修补，并涂抹桐油。活动结束后抬回龙舟棚内保存。

龙舟棚一般为木架构，现在也有水泥的。棚子一般位于江边，旁有寨树做伴。

五、绣球的制作工艺

投绣球是广西壮族传统体育项目，第一种比赛方式即在场地中央立一根10多米高的木杆，顶端有一个20厘米到80厘米直径的圆圈。比赛时，双方各将绣球从圆圈中投过去即得分，分多为胜。第二种比赛方式为：每队运动员由1名接球员和5名抛球员组成。抛球员站在离圆形接球区15—20米的投掷线以外，用手持50厘米线绳将球抛向站在直径为3米的圆形接球区内的接球员，每人抛投5个球，接球员身背接球筐，将绣球接入筐内，按照抛入筐内的球数的多少计算名次。

绣球是壮族男女表达爱情的信物，在长期的历史发展和文化变迁历程中，绣球的婚姻文化形式不仅还存在于一些地区的现实的生活中，而且作为壮族传统文化的典范融入了众多的其他文化元素，既可以成为人们健身娱乐的"运动绣球"，也可以作为赠友抒情的旅游商品。现今为了运动方便，且为了绣球结实、耐用、简单，人们用一块大小适宜的彩色棉布，包进沙子，然后缝上一条彩带而成，重量约100克、带长约60厘米，游戏者也可根据自己的喜爱进行制作。这里我们主要介绍具有精湛传统制作工艺过程的绣球。

在被誉为"绣球之乡"的广西百色市靖西县旧州镇，闻名于世的"绣球一条街"以其五彩斑斓的色彩向人们展示了巧女们精湛的绣球工艺。绣球的技艺是靖西老艺人通过长期的实践和探索用纯手工的技术创造出来的，一般为直径2—20厘米的圆形，由12个球瓣组成，有红、绿、黄、紫、粉等5个主色调，球瓣上有用手工刺绣的精美图案。绣球以奇妙的构思、精美的工艺在艺术品领域向人们展示了壮族人民的聪明和才智。其工艺制作包括浆布、裁片、刺绣、制作球托、填充木屑、缝制、制作流苏和整理等几个过程。

（一）浆布

把融入水中的米粉倒入烧开适量水的锅中，不停地用力搅拌，直至成糊状，晾凉后备用。把糨糊均匀地涂抹到整洁的木板上，然后铺上裁剪好的棉布，将棉布拉紧抻平，依次程序将棉布粘铺3—4层。将木板放置通风处晒干、晒硬。

（二）裁片

用胶片模板在备好的浆布上勾勒出球瓣的形状，用剪刀沿线将瓣片裁下，均匀地涂抹上糨糊，把瓣片粘贴在彩色绸布的粗糙面上，然后将粘贴绸布的瓣片裁剪后，用手拍打，使绸布与浆布粘牢、粘平，放置在通风处晾干

（三）刺绣

刺绣是绣球制作工艺最复杂和最耗时的环节，也是绣球工艺的关键所在。刺绣技术主要有平绣、打籽绣、贴绣、绕绣、辫绣和堆绣等技法。

刺绣以前，要先在瓣片上绘制所要刺绣的图案，有经验的艺人可以在瓣片上直接绘制；也可先在纸上画好图案，然后拓绘在瓣片上；还可以利用模

图 78：浆布

板在瓣片上绘制。

1. 平绣：是绣球制作工艺中最常用的绣法，艺人根据自己长期积累的经验，选择合适颜色的丝线用单线刺绣的方式按图案纹样轮廓上下穿刺，直至将纹样铺满。这种绣法绣出的图案平、密、整、顺，使作品光鲜亮丽、光彩照人。

2. 打籽绣：在绣底上穿上针，将线沿针缠绕，将籽粒贴于花瓣面，压紧，将针完全穿过，再回手刺入绣底，形成一个个立体的点状面。这种刺绣针法通常用来绣制花蕊、动物眼睛等局部。

3. 堆绣：根据图案要求先将绣线编成不同样式的辫子形状，然后将已经编成辫子形的线钉在轮廓边缘或盘成各种纹样。这种方法绣出来的图案纹样栩栩如生，极富立体感、耐磨牢固。但这种刺绣方法工艺极其复杂，由家族式传承，随着老艺人的离世和年轻人的却步，濒临失传。

另外，还有补绣、贴绣、饶绣、辫绣、锁绣等技法，但有些已经不用或失传了。

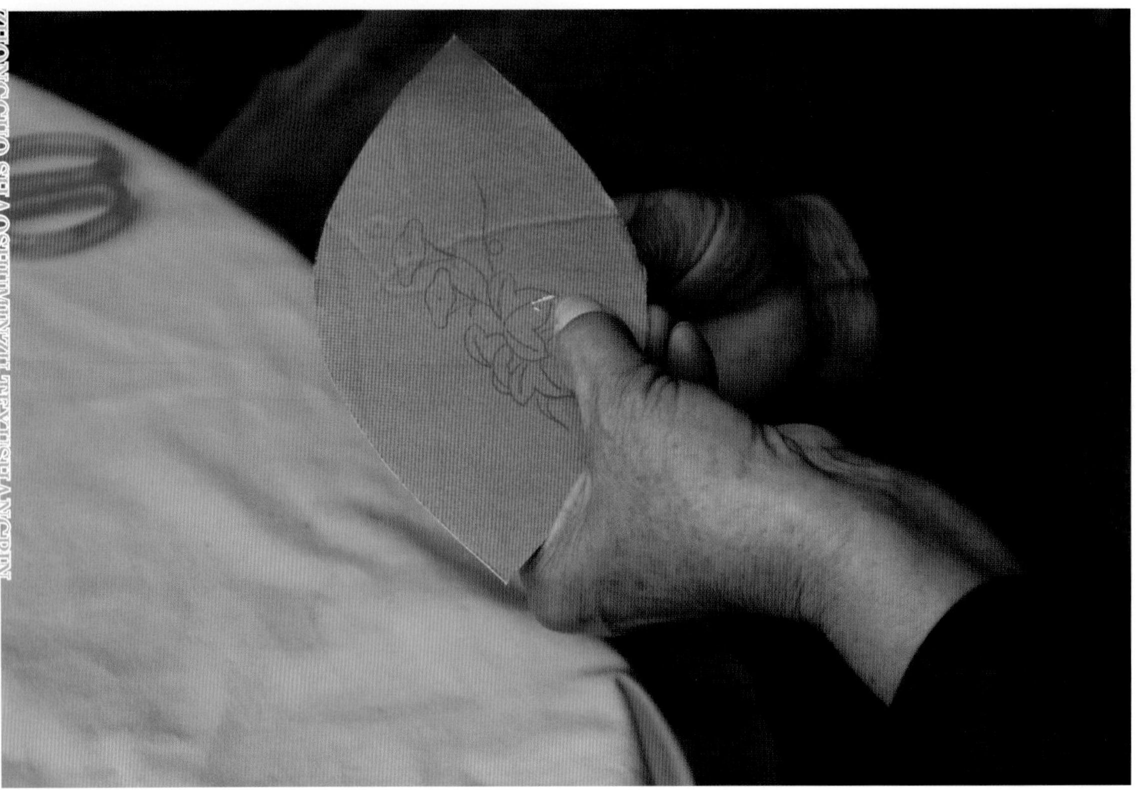

图 79：刺绣

（四）制作球托

球托是指放置在绣球内部支撑瓣片的内托。用与瓣片大小比例相适应的塑胶尺在一硬纸片上画圆，裁下后在上面贴上一层黄布，将布边用糨糊在反面粘牢。将粘好黄绸布的纸片晾干后沿中线对折两次，然后将顶角剪下一个三角形，再用针线把第二次对折处缝上一行线，将球托分成两个球瓣。依以上程序制作 6 个球托，形成绣球的 12 个球瓣。

（五）剪金边

将准备好的金纸，根据绣球的大小，用剪刀一圈圈剪出宽度 0.1—0.5 厘米的金边。将剪好的金边按照花瓣的长度剪成一段段，以备锁边用。

（六）缝合，制作球座

先将瓣片的一端与球托一边缝合，向托中装入木屑，最上层用塑料袋裹些木屑填充并压实，把花瓣另一端也同球托缝合。将裁好的金边放置在花瓣的边缘处一起进行缝合、锁边。12 片瓣片形全部缝合于球托之上后，为使球托更饱满充实，再用绣球牙签从起先剪出的小口处伸进，把木屑进一步压实，然后再用丝绸下脚料等软性物品填充，直至球面看起来更加圆滑、饱满。

最后将缝制好的 6 个球托即 12 个球瓣缝成一球形，直至整个球体看起来圆满。

（七）制作流苏

用黄、绿等所需颜色丝线，借靠椅背等把拆下的丝线圈圈缠绕，然后剪出长度适合的流苏。在系绳的一端，放入木制短圆柱形物体，将丝线均匀地缠绕，制作出流苏。

彩珠作为另一装饰，也自行穿串缝制；最后与流苏缝合，形成完整的美丽流苏。

（八）绣球完成

将绣球穿上球带，缀上各色流苏，再经过修剪，一个精致圆满的绣球即告完成。

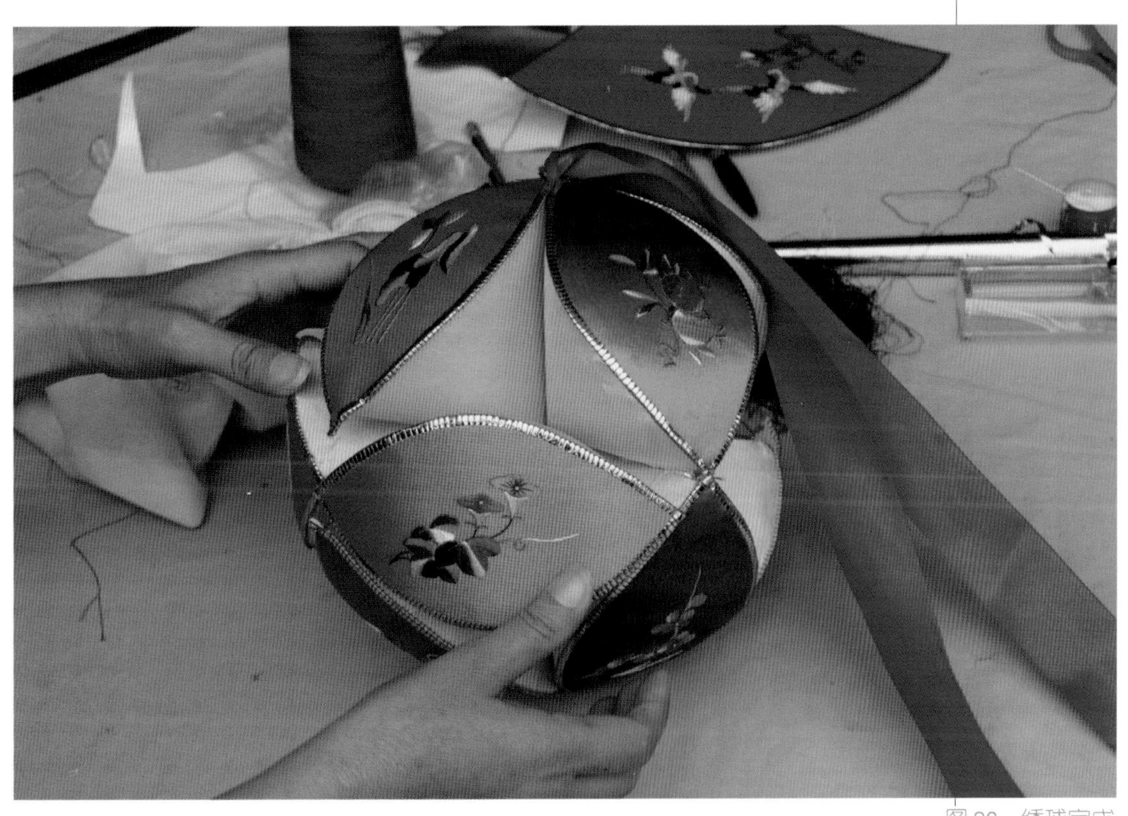

图 80：绣球完成

六、响箭的制作工艺

响箭，藏语称“毕秀”，是弓箭的一种，意为“尖啸”，古代称为“鸣镝”，是西藏地区传统体育项目之一。响箭运动主要在西藏林芝地区的藏族中普遍开展，林芝地区地处西藏东南部，雅鲁藏布江中下游，下辖林芝、米林、工布江达、墨脱、波密、察隅、朗县7个县。区内峡谷纵横，植被覆盖，素有“森林宝库”之称，是一个以藏族为主体的多民族聚居地区。其中最有特色的是工布地区（即现在林芝地区的林芝县、米林县和工布江达县）的响箭，它是工布地区非常普及的一项传统体育活动，在庆祝丰收、迎接新年等重要节庆活动中是必不可少的竞技娱乐活动，集体育、音乐、舞蹈和娱乐为一体，在工布人心中具有十分重要的地位。

响箭的制作与其他弓箭的制作方法有所不同。传统响箭主要由毕秀（箭头）、弓、箭、靶心、靶围和弓架组成。响箭的组成部分中最重要的当属箭头，即毕秀。毕秀制作的方法主要有两种，一种制作为掏空，另一种为劈开制作。两种方法只是制作方法不同，但使用方法是一样的。掏空毕秀以前主

图81：箭杆

图82：弓

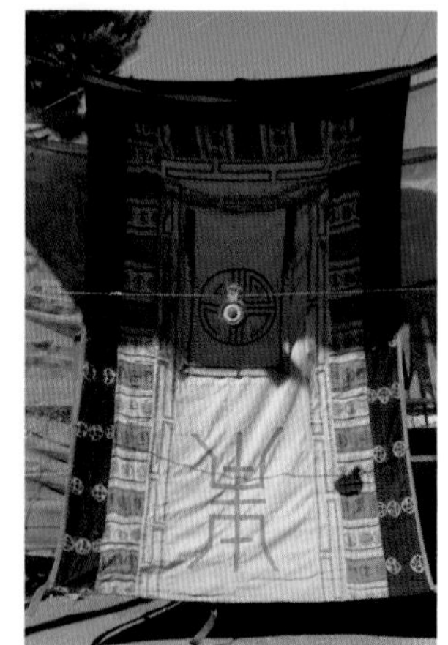
图83：靶围

图84：靶子

图85：毕秀

图86：弓架

要用小刀进行掏空木头，现制作工具由制作人采用自己设计的自制机器，并不普及，该制作方法不仅耗时耗力，厚薄不均匀且易出废品，效率低下。目前当地人大多采用第二种方法，即把木头劈成两半后再掏空进行制作。

（一）毕秀（箭头）的制作

毕秀为底部直径大约3.5厘米、整长7.5厘米的圆锥体。头部形状为“◎”（环）形，直径约1.5厘米，壁厚约0.3厘米。底侧有四个倒“ω”（心形）的孔，箭头发声主要靠这四个孔。

1. 掏空毕秀制作方法

（1）选材

青冈木、有花纹的木头。这样制作出来的毕秀外观好看，花纹是评判毕秀好坏的标准之一。

（2）工具

艺人自制机器、打磨棒、钻孔器、掏空器、锯子、砂布、牛胶（用鱼皮、牛皮、牛角、鱼翅一起熬制而成的一种粘胶）、游标卡尺、橡胶皮 、颜料 、清漆。

图87：毕秀半成品

图 88：响箭制作工具（部分）

（3）制作过程

①切割长方体：选用有花纹的木头（大都为青钢木）劈成长木条。用锯子锯成长 6—7 厘米，底部为边长 4 厘米的长方体。

②打磨圆柱体：将长方体用牛胶（传统工艺用牛胶，现在会用很多现代乳胶替代）粘在机器上。右手摇动大圆环手把将打磨器推至长方体尾端，左手摇动小圆环手把将打磨器靠近长方体。开动机器，长方体飞速旋转，打磨器开始工作，直到长方体变为直径为 3.5 厘米的圆柱体。

③钻孔：用电钻对准圆柱体头部的圆心，开动电机向内打孔，深度为 4 厘米，此孔眼是为了掏空和插箭杆之用。

④打圈线：距圆柱体顶部 3.5 厘米、4 厘米、4.5 厘米、5 厘米处分别打四条圈线。打线时，先用制作人自制小尺确定好各距离的定点位置，用铅笔配合小尺随着圆柱体的转动画出圆线。

⑤打磨圆锥体：装上打磨器，从距离顶端 3.5 厘米圈线处开始打磨圆柱体，倾斜着向圆柱体顶端推进，使其变为圆锥体。直到圆锥体头部圆直径为

1.2 厘米时停止。

⑥掏空：把掏孔器插入圆锥体底孔中，开动机器，将锥体内部木屑掏空，直至毕秀壁厚为 0.3 厘米时停止。掏空后，用锯子沿 5 厘米圈线处的圆线将毕秀锯下。

⑦打孔眼：用电钻在毕秀 4 厘米和 4.5 厘米的圈线间钻 4 个间距相等的倒 8 型孔眼，接着用斧头顺着孔眼在毕秀的侧面切出 4 个斜半圆。然后用小圆锉把倒 8 型孔眼向上倾斜着锉成倒心形孔眼。接着在毕秀底部用电钻钻一个底孔，方便安装“箭心”，孔的直径为 0.5 厘米左右。

⑧锉箭心：用锉刀锉一个长约 4 厘米的“箭心”，用箭心蘸上牛皮胶，插入底孔固定。

⑨上色：在毕秀的头部和 5 个心形孔眼处涂上红色颜料缀色，增强毕秀的美观。再将底部打磨一遍后粘上橡胶皮。

⑩调试：将毕秀套在箭杆上，把整个箭拿在手里转动检查，如果转速均匀，说明做出的毕秀是标准的，否则会摇摆不定。

⑪上清漆：用木片蘸上清漆刷在毕秀的表层，晒 1—2 天后即可。

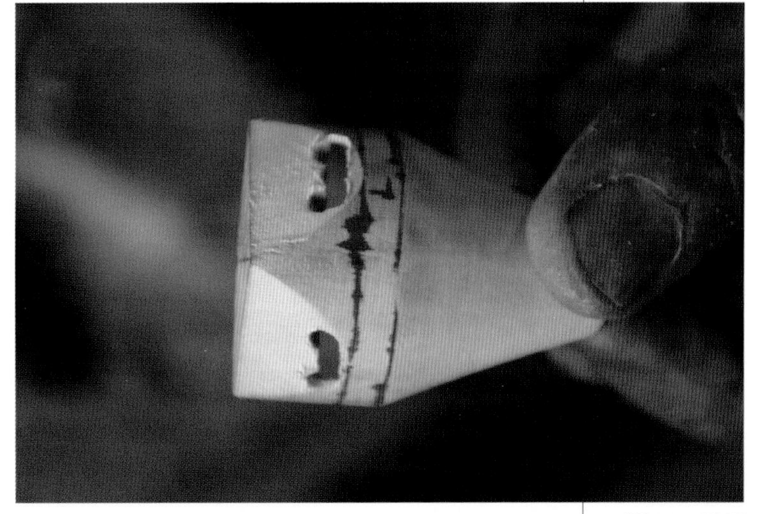

图 89：孔眼

2. 劈开毕秀的制作

（1）选材

有花纹的硬杂木，藏语叫“新叉”。意为有花纹的树。有桑木、核桃木、青冈木等。

（2）工具

刨子、削刀、锉刀、掏刀、圆锉、砂布、铅笔、直尺、自制标尺、凹槽模具、橡胶皮、乳胶。

图 90：制作好的箭头

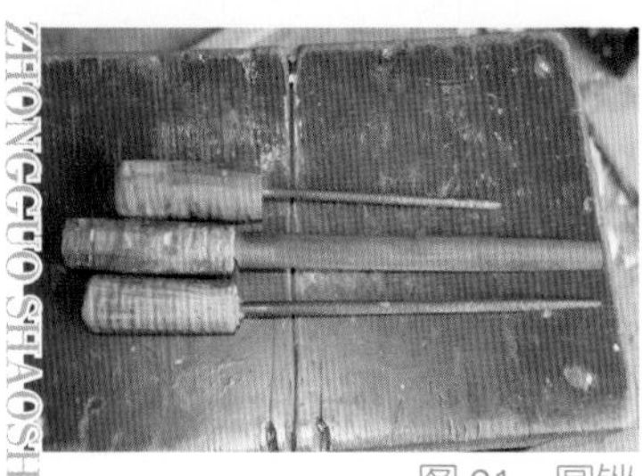

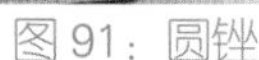
图 91：圆锉

图 92：切刀

图 93：刨子

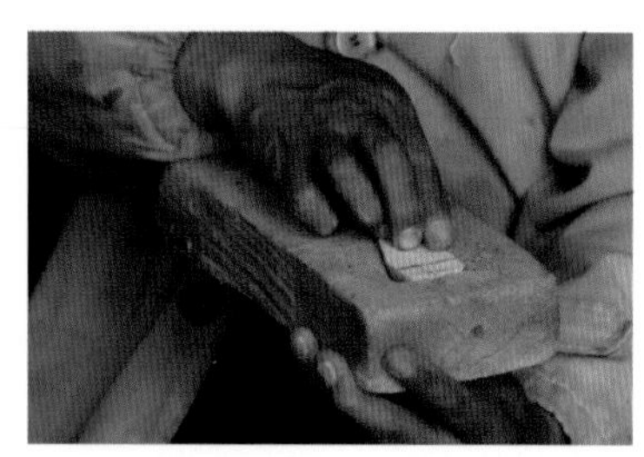

图 94：模具

图 95：斧头

（3）制作过程

①刨原木：用锯子把选中的木头锯成底部边长 4 厘米，长为 6 厘米的正长方体。在底部正方形上打画“×”线，确定中心，用圆规画出外切圆，根据此圆用刨子把长方体木块刨成圆柱体。

②削圆锥体：在距圆柱体底部 2 厘米的环线上用大号削刀削出圆锥体的大致形状，再用小号削刀削平棱角，最后用砂布将圆锥体细细打磨平整。

③削侧边半圆：用圆规在圆锥体底部确定圆心，画出一个内切正方形，并画出正方形的对角线“×”。此时圆锥体底部被平均分为 4 个扇形，用锉刀沿着画好的环线（距圆锥体底部 2 厘米）在 4 个扇形的侧面削 4 个半圆。

④切割毕秀：用刀和斧头配合沿着底部正方形的对角线把“毕秀”切成两半，切的过程中注意用力适当，否则毕秀会出现裂缝。

⑤打内壁线：在劈开的毕秀内壁边缘各角上画出距离外边 0.3 厘米的点，用直尺和笔将各点相连形成一圈环线。这是为了确定毕秀外壁厚度。

⑥掏空：将切好的其中一半毕秀放到凹槽模具中，沿着刚才打好的环线，用大小圆锉轮流使用将木头掏空，掏空过程中注意手用力均匀。掏空后毕秀的外壁厚 0.3 厘米，过薄易坏，过厚不利于发射，且声音不够清脆。

⑦锉孔眼：在毕秀侧面的 4 个半圆处打孔，用小圆锉倾斜着把其锉成长约 1 厘米的倒 ω 状（心形）。圆锉倾斜着能把内壁锉得更薄些，这样风容易灌

入其中，声音也才清脆响亮。孔的大小根据射速来定，一般射箭力气大的人射速快，毕秀的孔就要做大一点；反之亦然。

⑧黏合毕秀：把掏空后的两半“毕秀”用乳胶进行黏合。

⑨固定箭心：在黏合后的毕秀底部中心钻孔并固定一个长为4—5厘米的“箭心”，起到、连接固定箭身和毕秀的作用。箭心的大小根据箭身的粗细而定，用一般的小木棍制作即可。如果箭心过细，可用胶带或软纸填塞孔口加以固定。

⑩粘橡胶皮：在毕秀底部用牛胶或乳胶粘贴上一块橡胶皮，防止黏合的两块“毕秀”裂开，同时也是为了保护毕秀，防止射击时损坏。

⑪锯凹环：距离毕秀头部约2厘米处，用锯刀锯成一层浅凹环，取细线置于这层凹环内进行捆绑，增强毕秀的牢固性。

⑫涂颜料：在毕秀头部和4个心形孔眼处涂上红色颜料缀色，意为吉祥好运，同时增强毕秀的美观。

⑬调试：将毕秀插在箭杆上，把整个箭拿在手里转动检查，如果摆动得很均匀，说明毕秀是标准的，否则会左右乱摇，那样就需稍加调整，以求达标。

⑭上清漆：用木棍插在毕秀头部，将其整个浸入清漆中，然后拿出来倒

图96：粘橡胶皮

置晒1—2天即可。这样不仅可以打光，同时可以使毕秀的花纹更加清晰可见。

（二）箭靶（包括靶围和靶心）的制作

1. 靶围

靶围是长为245厘米，宽220厘米的长方形。内长为198厘米，内宽为128厘米。对射出去的箭起到一个缓冲、围挡的作用。

（1）选材

底布、牦牛皮、门布、香布（上彩布）、他加（边彩布）、拉绳、条纹彩带。

（2）工具

针、线、猪油、刮刀。

（3）制作过程

①剪裁底布

裁剪一块长为2.45米，宽为2.2米的长方形白色帆布，做整个靶围的底部，藏语称作“地巴”（含义）。帆布结实耐用，经得起弓箭的反复撞击；而白色适合在其上添加各种色彩的装饰。同时也因为藏族尚白，在当地白色具有“神圣、崇高”的含义。

图97：箭靶

图 98：帆布

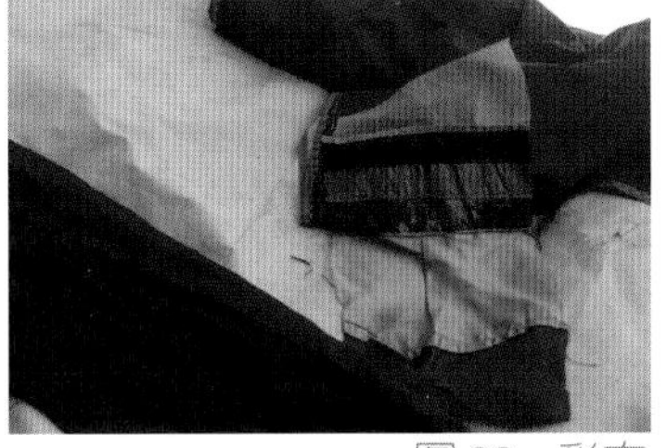
图 99：彩布

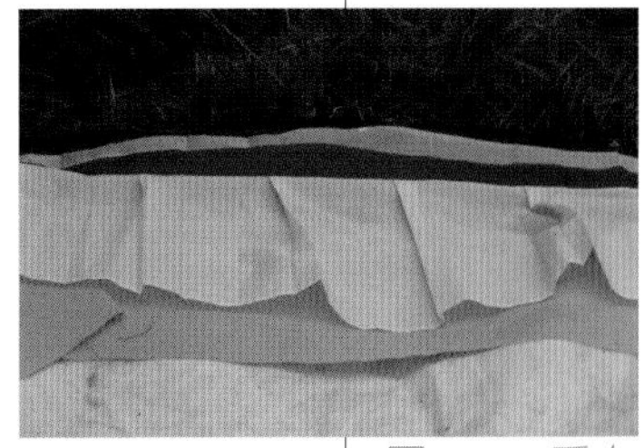
图 100：香布

②缝制牛皮

在帆布之上还要缝制一片比帆布略小，长 1.7 米，宽 1.2 米的皮子。以前一般选用鹿皮制作，因为鹿皮具有弹性，淋雨之后也不容易损烂。现在为了保护野生鹿，多用牦牛皮来制作。牦牛皮的制作过程如下：

浸泡：将剥下的一整片牦牛皮在水中浸泡一个月，让水分全部浸透牛皮内部，这样可以增加牦牛皮的弹性。

脱毛：将牦牛皮铺在倾斜的固定木头之上，用刀将牦牛皮上的毛一点一点轻轻地刮掉。刮毛时一边加入细沙一边用刀刮，并且要保持用力均匀，`直到刮到皮内部露出白色为止。

图 101：牛皮

踩皮：在脱完毛的皮子上均匀地涂上一层猪油，折叠起来装在编制袋中，反复用脚踩，直到牦牛皮中的水分全部沁出为止。一般情况下，每天从早到晚不停地踩，要连续踩踏 7 天。再将做好的牦牛皮剪裁成长 2.4 米，宽 1.2 米的长方形，有时也可根据定做人的要求及牛皮的大小来定。将牦牛皮缝在帆布中间位置即可。

③缝制门围

门围是位于靶围中上部，靶心正后方的一块布，一般长为 0.95 米，宽为 0.7 米。是为了射箭时衬托靶子，便于瞄准而设定的。门围上部装饰圆环形的图案，寓意吉祥。

④缝制香布和彩布

在牦牛皮上部缝制一排香布，香布与喇嘛教的教义有关，在西藏地区的民居、寺庙、家庭装饰等方面极为常见，是宗教在靶围中的重要体现。

在牦牛皮的左、右、上 3 个地方缝制上一圈彩布，藏语称“他加”，意为“装饰”。颜色一般有红色、黄色、蓝色 3 种颜色，意为太阳、土地和天空。将彩带在牦牛皮的外缘摆成城垛的形状，然后用大针将彩带缝制在白布之上。最后在门围下方的帆布上缝合一个“寿”字的变形，这样一个靶围就做好了。

2. 靶心

靶心从内向外由红、白、黑三色相套的圆环。

（1）工具

针、线、剪刀。

（2）制作过程

①选材

靶子的制作材料有：獐子皮、帆布、海绵。箭靶由内环、中环、外环3部分构成。由外向内颜色分别为红色、黑色和白色。最中间的圈是实心圆，藏语称为“玛尔蒂”，直径4.6厘米，中环外直径8.6厘米，外圈直径16.3厘米，三环厚度在3—3.5厘米之间。靶子的皮一般都用獐子皮和帆布制作，内侧用獐子皮，外侧用帆布。因为獐子皮具有弹性，靶子被响箭击中后容易恢复形状，同时獐子皮受日晒雨淋也不易腐烂。

图102：靶心

②制作

3个环的制作相似，以玛儿蒂的制作为例说明。先按照预先设计样本的大小，裁剪两片圆形獐子皮，作为玛儿蒂的上下面。再裁剪一片长方形帆布，作为玛儿蒂的外围，然后将3片布缝合起来，边缝合边往里面塞海绵，使其填充饱满，最后将接口缝合。这样一个玛儿蒂就做好了。圆形和长方形的大小都根据样本的大小而定。

中环和外环与玛儿蒂不同的一点是要作上、下、内、外4片长方形，上下都用帆布，且大小相同。内外分别由内环直径和外环直径而定，因这一面受力，所以用獐子皮制作。按照和玛尔蒂同样的方法将其缝合起来，同时塞入海绵，封口。注意在制作外环的时候，要在獐子皮边缝制一个用皮子做的吊环，用来悬挂靶子之用。

三环做好之后，将其环环相套，一个完整的玛儿蒂就做好了。

靶围和靶心往往是一起定做，做一个需要一个半月，一年只能做3—4个。合起来成本在1000元之上，一般售价在5000—10000元之间。

图103：靶子

（三）箭杆的制作

一般箭长 1.8—2 米。

1. 工具

小刀、线、手套、粘胶。

2. 制作过程

（1）选材：选用米林县宗嘎区生长了 3—5 年的竹子。秋、冬季的为上品。选取的竹子直径约为 1 厘米。

（2）浸泡：先用水把选中的竹子泡几分钟（新鲜的竹子泡几分钟，干了的竹子要泡久点，但不超过 1 小时）。

（3）打眼：用小锥子在竹子的竹节上钻孔打眼，避免下一步烤竹子时竹子爆裂开。

（4）烘烤：把竹子放到火盆里烤，直到竹子表皮开始冒泡为止。

（5）掰：用手或钳子把烤软的竹子掰直。或把烤好的竹子卡到一块木板（长 40 厘米，宽 6 厘米）的斜槽中，斜槽的宽度刚好能卡住竹子，通过斜槽把竹子扳直。

图 104：打眼

（6）削：用小刀将竹子的一端削成凹形，再用钳子夹平整，使箭能够卡在弓弦上。

（7）刮：把竹子烧黑的表皮用小刀轻轻刮掉。

（8）裹：为避免箭头破裂，用弹性比较好的桃木皮把箭头包裹住。

（9）绑线：在离箭尾6厘米的地方依次用红、绿、蓝、黄、白5种线绑住箭。红线代表太阳，绿线代表草木和水，蓝线代表天空，黄线代表土地，白线代表白云。

（10）黏：在箭尾上粘上牛筋，增强其牢固性。最后粘上3片新鲜的鹰翎。其中黏鹰翎也有讲究。当地的俗话说："谁要响箭好，箭手看羽毛"。可以看出箭杆上的羽毛对于整个箭的决定作用，箭杆上的羽毛为雕鹰的羽毛，而且最好是新鲜的雕鹰毛，这样才容易粘贴在箭杆上。雕鹰的毛不易烂，而且不刺手，现在很少见了，一般天葬台才有。

①切：把雕鹰翎从羽毛杆中间用刀切割开，切下来的羽毛一定要连着一部分羽毛杆，接着用小刀把羽毛杆掏空，方便后面的粘贴。

②黏：乳胶把3根切割后的羽毛粘贴到箭杆上，接着在羽毛的根部用桃木皮包裹黏合。

③剪：用剪刀把固定好的羽毛修齐整，使3根羽毛的宽度保持一致。响箭的羽毛一般长20—30厘米。因为箭头插上毕秀后，箭头、箭尾的重量悬殊太大，为了保持箭杆的平衡，羽毛必须达到一定的长度。这样才能保证箭的速度和精准度。

（11）调试：把箭拿在手里左右旋转，速度旋转平均的就是好箭。

（四）竹弓（包括弓和弓弦两部分）的制作

1. 弓的制作

弓是一般的长方形。长135厘米，宽32厘米，为射响箭专用，较薄较轻，韧性好。

（1）工具

模具、刀、粘胶、线。

（2）制作过程

①选材：最好选取墨脱秋天的箭竹，这样的竹子水分足，不容易裂开。这种竹子竹壁厚，内孔小，韧性好。

②泡：先把放干了的竹子刨开（整个也可以）放在水潭中泡，泡4—7天后取出。泡好的竹子表皮带水分，并且颜色变绿，证明竹子已泡透。

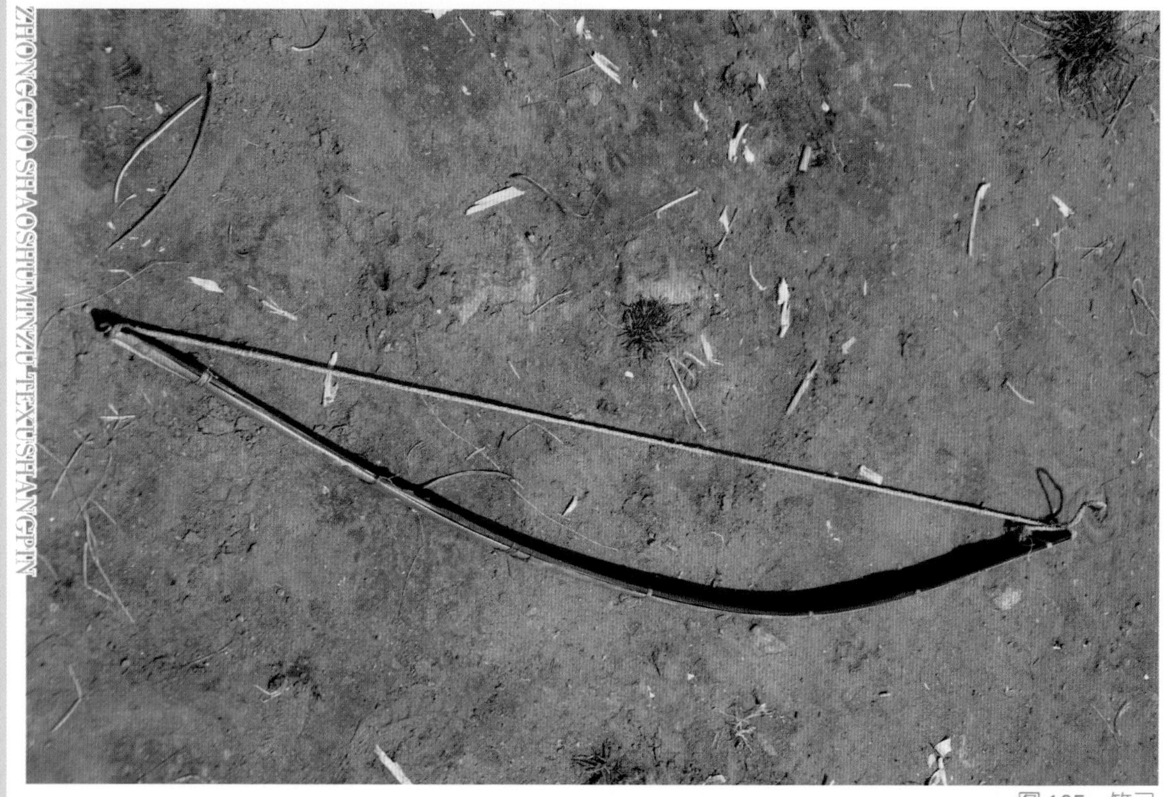
图 105：竹弓

图 106：刀

图 107：模具

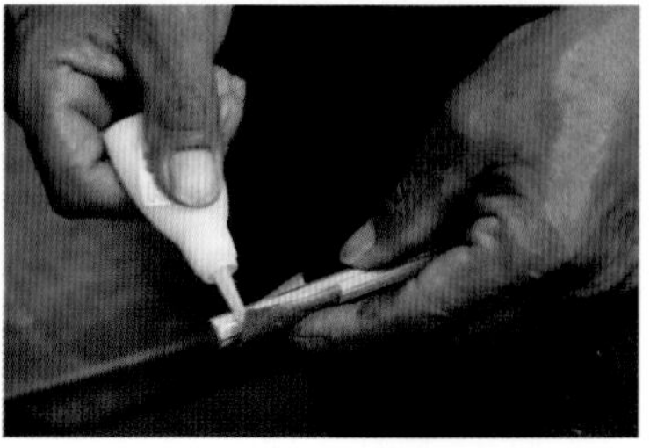
图 108：粘胶

③压：取出泡透后的竹子拿石头或者模具压，即把竹子放到两块木头中间，再用钉子钉住压实压紧，压一周左右。然后取出来。这样做的目的是把竹子压平，形成专用响箭弓的形状，同时也方便后面的制作。

④削：用刀削薄削平竹子表面，直到出现竹子经线的纹路，这个厚度的竹子韧性最好。另外竹子的厚薄还根据个人力量而定，厚的弓射程远，但需要的力量也相对较大。

⑤黏：把两个竹子的竹节对应着用乳胶黏合（以前用牛胶，现在用 502 等现代粘胶剂）。

⑥绑：用线把两个竹子绑紧，一般每隔 8 厘米绑一条线，这样弓会更牢固些。绑的时候和前一个黏合的步骤有关。如果用的是牛胶，质感比较滑，就得等牛胶快干的时候绑。如果上的是 502 就边粘边绑，因为现代粘胶剂干得比较快。

⑦削：绑好后再把多余的部分削得平整一些。接着用刀把弓两边的头部削出类似“凸”状。中间突出的部分长宽都为 1 厘米。

2. 弓弦的制作

弓弦一般长约 1.35 米的弦。

（1）选材：当地人工种植的麻。

（2）工具：手、木棍。

（3）制作过程

①搓：用左手的拇指和食指把麻搓得粗细均匀。右手拿一根直径约 1 厘米的木棍，把搓好的麻绳裹套在木棍上。

②并：把搓好的整个麻绳（34 厘米）分为等长的 4 根，再把 4 根并成一根，撮合在一起。

③泡：把搓好的麻绳在水中泡 2—3 分钟，直到柔然的麻绳变硬为止。泡好后用抹布把麻绳上的水分擦拭干。

④绑：最后把做好的弦绑在弓上，再用意味吉祥如意的哈达把弦包裹住，弓、弦的部分就制作完了。

（五）其他配件

1. 弓架：弓架是响箭比赛前和中场休息时放弓箭的架子，又是固定靶子与射手间距离的栏杆（防止往前走），弓架既有专用的，也有临时搭建的，一般长 4—5 米，高约 0.6 米。

2. 扳指：箭手戴在拉箭的右手拇指上。一般为鹿角、牛角、象牙、驴脚骨制成。价格都为 1000 多元。主要为了防止射箭时被弓弦将手指磨伤。但只有技术好的人才用得了这个道具，否则会成为射箭的阻碍。

3. 手套：有的箭手戴一种能将大拇指、食指和中指包裹住的獐子皮缝制的手套。为了防止手指磨伤。

4. 护臂：一般带在左手。同样是出于保护手的目的。价格为 200—300 元左右。

七、俄尔多的制作工艺

俄尔多，藏语，意为“羊鞭甩石头”。不同地区的藏民也有称为“俄多”、“俄尔恰”、“炮尕”、“甩炮”、“投石索”、“古尔朵”等名。俄尔多是流行于我国牧区人民生活中的一种放牧工具，尤其在甘肃甘南藏族自治州、西藏、四川甘孜藏族自治州等地区广泛使用，是牧民在放牧过程中，为适应辽阔起伏的高山草甸地形，远距离约束畜群而发明的放牧工具。俄尔多选材便宜、制作简单、形制精巧、牢固耐用，在牧民的日常生活中发挥着重要的作用。

本次调研选择了位于我国甘肃省南部的甘南藏族自治州，这里是长江、黄河的上游，青藏高原东部边缘，是甘、青、川三省交会地带，历史上是古丝绸之路、唐蕃古道的重要通道。甘南州境南部为重峦叠嶂的岷迭山地，东部为连绵起伏的丘陵，西部是广袤无垠的草原。

俄尔多是用黑、白两种颜色的牛毛或羊毛编织而成的一种特殊的鞭绳。整条鞭绳由主绳、石兜框、鞭梢、指环 4 部分构成。主绳分为上股绳和下股绳两段，是俄尔多最主要的构成部分，也是最能体现俄尔多艺术特点的部分。这部分的编织方法丰富多样，有麦穗花纹编法、九只眼编法、边白边黑的编法等。其中麦穗花纹的编法又有 4 股、8 股、16 股、20 股不同的编法。麦穗花纹的编法凝聚了牧民们对丰收的祈盼与庆祝，九只眼的编法又渗透着藏传佛教的教义，在当地人们的心目中具有消灾祈福、保佑平安的美好祝愿。总之，作为构成俄尔多最主要的主绳部分，无论是从其制作的繁复程度，还是从其所包含的多样意蕴，都是值得大笔书写的地方。石兜框，顾名思义，就是装石子的兜框。石兜框位于下股绳和上股绳的中间部位，是采用编织和缝制相结合的方法制作而成，中间留一细缝，方便固定石子。鞭梢位于下股绳的末端，下股绳未编完所余下的一寸多长的毛线穗子便是鞭梢。在空甩俄尔多时，鞭梢可以发出清脆的响声，用以驱赶畜群。指环位于

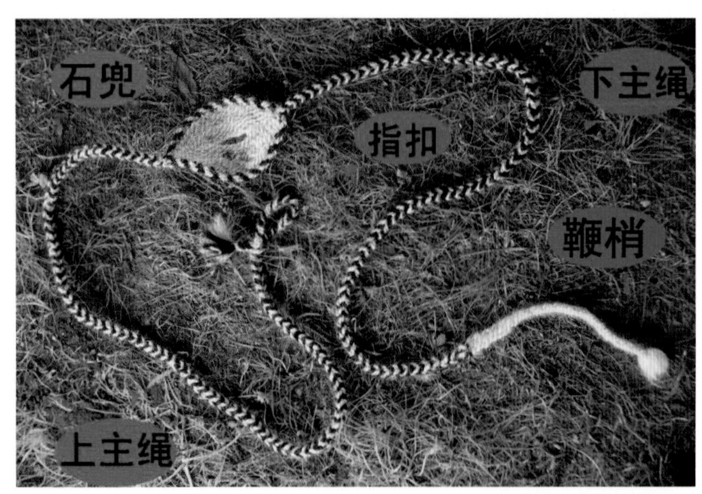

图 109：俄尔多构造

上股绳的末端，与鞭梢相对，大小刚好套住食指。其作用是在空甩或抛石的时候，将俄尔多扣在指尖，固定绳子和便于发力。俄尔多的每一个部位都有其独特的功能，凝聚着牧民们的智慧。

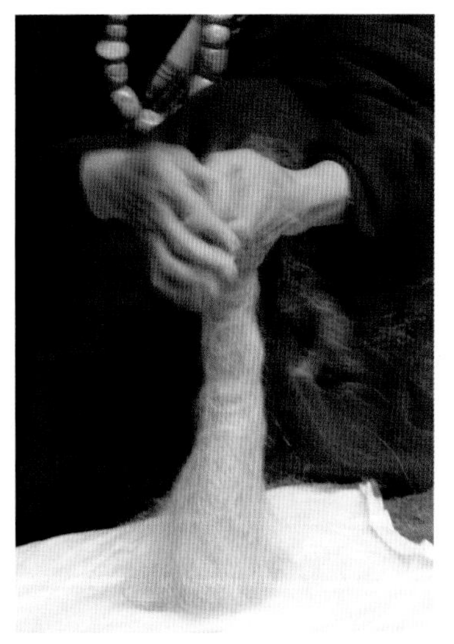
图 110：卷毛

如今俄尔多不仅演变为一种艺术符号，也成为藏族的一项传统体育游戏，带着其千百年来神奇独特的魅力走进人们丰富多彩的生活。俄尔多样式的钥匙链、工艺品、首饰已经步入现代经济市场的舞台。俄尔多将实用性、艺术性和文化性完美结合，日久不衰，这正是其魅力所在。

俄尔多具体的制作包括选毛、捻线、编织 3 道工序。

(一)选材

1. 剪毛

在草原上，每当夏季来临，牦牛、羊就开始换毛，在这时剪下长度在 15—20 厘米左右的白色羊毛和黑色牦牛毛，这是制作俄尔多的最好材料，不仅简便易得，而且牢固耐用。

2. 整理羊毛

剪下的牦牛毛、羊毛不需要经过特殊处理，只要稍加整理即可。整理时，一手紧抓一把毛，另一只手从食指和拇指的空隙中，迅速、连续地揪出一撮一撮的毛，叠放整齐、均匀、压实。

3. 卷毛

最后将叠放好的毛卷成一个松散的毛卷，以便于从毛卷一侧均匀抽出连续不断的毛缕用以捻成羊毛线。

图 111：用捻线架捻线

(二)捻线

将毛整理好后，就开始捻线。捻线是个特殊的工作，一般需要多人合作完成。而由于牧民草原的生活中，常需要使用绳索，所以捻线也可以说是草原上一项很常见的工作，一般的牧民都能完成。

1. 准备捻线工具

捻线使用捻线架，一般草原上每家都会备有这种捻线架。多为木制或竹制，传统上也有用藏羚羊角制作的。捻线架由框架以及插放在框架上的多根轴辊组成。将捻线架固定在柱子上，把拉绳缠绕在轴辊上，便可以开始捻线。

2. 捻线

捻线由至少两人合作完成。从毛卷抽出小缕羊毛，捻成线头，与轴辊上线头连接固定结实。一人拉动拉绳，绳牵动轴辊，轴辊转动捻线；一人不断从毛卷中抽毛接续，羊毛随转棒的旋转拧成绳子。放羊毛的人要始终保证毛线呈绷紧状态，所以要随羊毛线不断加长，向远处退去，直到羊毛放完为止。然后将线缠至手上，留出线头和线尾。制作俄尔多所用的毛线要粗细适宜，所以要将线捻两次。将线头和线尾并起，与轴辊线头连接。拉动拉绳，两头不断放线，2 股并一捻为一股，线粗加倍，宜于使用。

（三）编织

俄尔多的制作工艺的精湛主要体现在编织上，不仅是全手工编织而成，而且编织手法多样，毛线的不同数量和不同排列顺序能编出多种多样的花纹。比较常见的花纹有“麦穗花纹”、“九只眼”、“边白边黑”等等。另外，一个完整俄尔多各个部分编织方法也是不同，所以编织时还要讲究一定的顺序。总的来说，俄尔多编织顺序为鞭梢—上绳—石兜框—下绳—指扣—石兜。“麦穗花纹”是藏族牧民广泛使用的一种样式，其编制方法具有一定的代表性。

图 112：编织俄尔多

1. 编织鞭梢

鞭梢绳子为扁形，是将 3 组绳子并排然后用针线横向缝制固定而成。这个部分是俄尔多甩动时发出洪亮声响的主要来源。

2. 编织上主绳

上主绳是将 8 根线连接在鞭梢上，然后连续编织而成。8 根线的编结方法是将 8 股线分成两拨，黑白相间，将两拨最内侧的两根线交

叉，左在下，右在上，这是起势。将左侧最外围的绳子，从线丛后侧绕过，与右侧外围两根上交叉，并连续与第3根、第4根下交叉，之后回到左边一拨绳子，两拨仍各为4根；接着将右侧最外围绳子从线丛后侧绕过，与左侧外围两根上交叉，并与第3根、第4根下交叉，回到右拨，两拨仍各为4根，如此反复，直至适合的长度。

3. 编织石兜框

主绳编结到85厘米左右，将线分为两组各4股，分别编织。编织方法与8根类似，4根绳子分为两拨，左右各两根，中间交叉，左下右上。将左侧的绳子从线丛后侧绕过，与右侧绳子上下分别交叉，回到左边一拨；然后将右侧的外围绳子从线丛后绕过，与左侧绳子分别上下交叉，回到右拨，如此反复，直至两股编织的绳子各达到15厘米左右，即停止。

4. 编织下主绳

另外一端主绳在石兜部位结束后，将8股线重新合起来按照上绳的方法编织，两端主绳长度要相等。

5. 结扣

下绳编结到一定程度后要结扣，在结扣之前的一段要转换编织方法，将8股线分为两拨，左一拨5股，右一拨3股，将左5股最外围的线绕线丛前侧，与剩下的4根线交叉，这根绳子归入右拨，左右两拨各4根，然后将右拨的最外围的绳子从前方绕过，与右拨剩下的3根线交叉，此线归入左拨，左右两拨各为5股和3股，将上述编织过程重复，直至适合长度。到结扣的时候将大约4—5厘米的绳子卷成环，8根线分均匀两拨将绳子扣住，然后将8股按主绳编织方法编织约1厘米，将这段小绳用针线固定在主绳上，扣就完成了。

6. 石兜填充

将线一圈一圈沿石兜框缝制紧实，边绕边缝，直至中央，将所绕的绳子拉断，将拉断的绳口用手捻成细线尾，用针线固定结实。中间不能缝死，要留一个细缝，便于固定石子。

这样，一个“麦穗花纹”的俄尔多就完成了。

八、高脚马的制作工艺

高脚马流传于我国湘鄂西一带。当地人为了出行方便，以由竹竿、脚

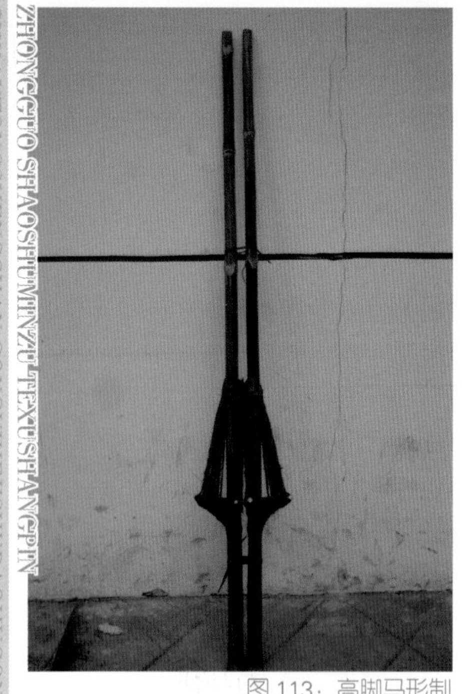
图 113：高脚马形制

镫组成的竹制高脚马为代步工具，逐渐衍变为一项深受人们喜爱的体育运动。在比赛中，由竞赛者双手各持一杆，同时脚踩杆上的脚镫，以在同等距离内所用时间多少决定名次。除此之外，还可进行高脚踢球、高脚对抗、高脚健身操等竞赛。

高脚杆由竹、木或其他硬质材料制成，高度不限，从杆底部向上 30—40 厘米处加制踏镫，踏镫高度的丈量从杆底部至踏镫与杆支点的上沿距离为准。高脚马的制作主要分为 3 个大的步骤：马杆制作、马镫编制和加固与防护 3 道工序。其中，每个步骤中又包括一些小的工序。

（一）马杆制作

马杆的制作又包括以下 5 个小的工序：

1. 选材

选材就是选楠竹，制作高脚马用的楠竹，一般生长在 800 米以上的山地，选择两年生、通身笔直的楠竹，高约 20 米，底端直径约 10 厘米。通常立冬之后采伐，这样的竹子韧性较好，选择两年生竹子也是为了保证其充分成熟，韧性好。

竹子砍倒以后，先砍断竹梢太细的部分，在靠近竹梢一端直径 2.5—3.5 厘米处向底端截取一段长约 3 米的竹竿，剔除多余枝丫，留取几对较好的枝丫，枝丫长度约 20 厘米，这样截取的竹竿称为“马杆”。

砍伐竹子一般是由工匠自己完成，凭他们的经验判断粗细、弯直、老嫩，才知道哪些竹子合适。每次砍伐的数量不多，在选材之处并不知道哪两

图 114：选材

图 115：配对

根可以配成一对，只有回家进行进一步修整和比较后才能配对。

2. 配对

大批量选材后，再进行初步的修整，将顶端和枝丫处过长的部分锯掉，再选取大小、粗细一致，枝丫形状相似的为一对，这就是配对。

图 116：校直马杆

选材完成后进一步修整马杆，使下枝丫离底端高度为 35 厘米，离顶端 1.2 米；上枝丫留取 3 厘米长，下枝丫 20 厘米左右，两个枝丫间的距离为一个竹节的长度。

配成对的马杆并不是完全一样，有的粗细不同、有的弯直程度不一样，都需要再进行调整，并且这种手工加工也不可能做到模子化。

图 117：浸泡

3. 定型

定型主要是校直马杆通身，并调节下枝丫与马杆间的角度。主要的工具和器材有：柴火、木马、凳子。将用于支撑马杆的木马放好，再在前方适当的位置放一条厚重的凳子，上面摆放很重的石头压着，下面是空的便于将马杆伸向其中，在旁边点一堆明火。

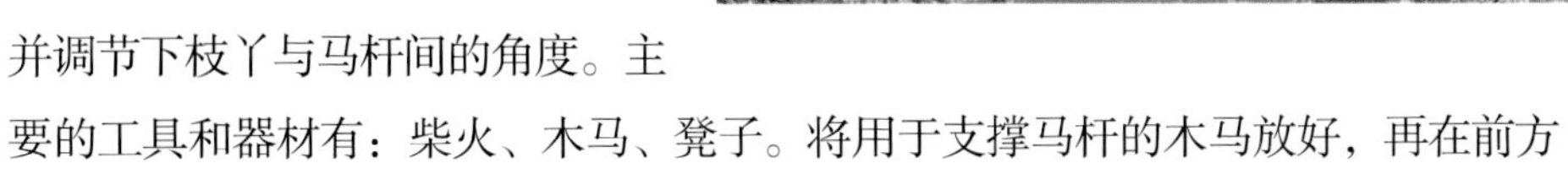

（1）用明火熏烤马杆的弯曲处，烤热后放到木马上，一端伸向凳子下面，不断地撬，用杠杆原理将其校直，边校边看，一次不行再熏烤一次再撬，直到马杆通身足够直为止。

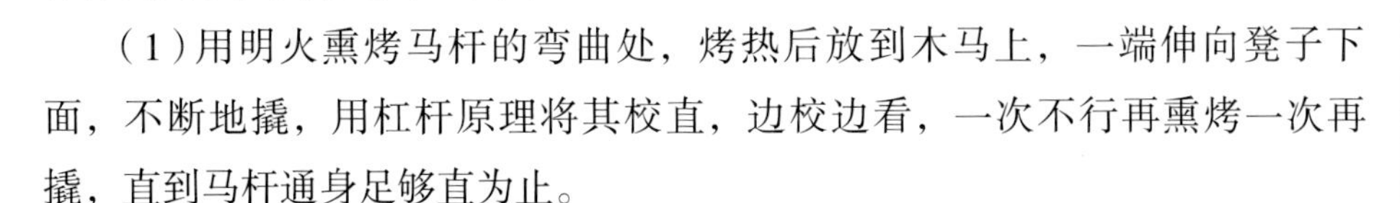

（2）马杆校直后，再用明火熏烤下枝丫处至出油，用沾了冷水的毛巾包着枝丫将其向下振弯，使下枝丫与马杆成大约 70° 的角度，两枝丫间的宽度为 12 厘米。角度形成后往上面浇冷水使其冷却定型。

定型必须是在选材结束后，趁竹子水分充足的时候完成。而定型完成后，可以将其稍微晾晒几天以后再进行下一步的浸泡。

4. 浸泡

在专用的小池子里，先将艾蒿和晒干的淡竹叶放入水池中，然后撒入适量的已经烧制好的火土灰，搅拌均匀，再将成对的马杆放入池中，用石头压住，浸泡约 15 天。

浸泡马杆是为了达到防腐、防虫和增强韧性的目的，当地现在使用的马杆一般都没有经过浸泡的程序。

5. 脱水

图 118：阴干脱水

为了使马杆轻巧、经久耐用，通常采用阴干和熏烤两种方法进行脱水：

一是阴干脱水：将浸泡后的马杆放在阴凉的通风处，使其自然阴干，绿色退去，变成淡黄色。这样所需的时间一般比较长。

二是熏烤脱水：在农家用于熏腊肉的火坑的上方 2 米处的位置吊一个四边形的木架，将浸泡后的马杆放在上面用微火不间断熏烤一周左右。这样脱水干得快，但很有可能露出烟熏过后的黑色斑记。

图 119：熏烤脱水

（二）马镫编制

马镫的制作是高脚马整个制作工序中最重要的部分，具体又可以分为以下 4 道工序：

1. 打磨

编制前用刨子将各竹节推刨圆滑，用篾刀削平马杆两端，并用砂纸将马杆通体打磨平滑，是为了马杆的好看，也是为了使用安全以免磨手。

2. 制作棕绳

图 120：脱水后的马杆

选择 15 年生的棕树，每棵最多只取 5 片棕，便于棕树再生。将棕片的棕梗去掉，将整个棕片撕成棕丝，再搓揉成棕绳，每根绳长约 11—13 米。这样手工搓制的绳子一般比较粗，并且很慢，现在有专门加工棕绳的，定制好高脚马所需的长度和粗细的棕绳，这样对于高脚马制作效率的提高是一个很大

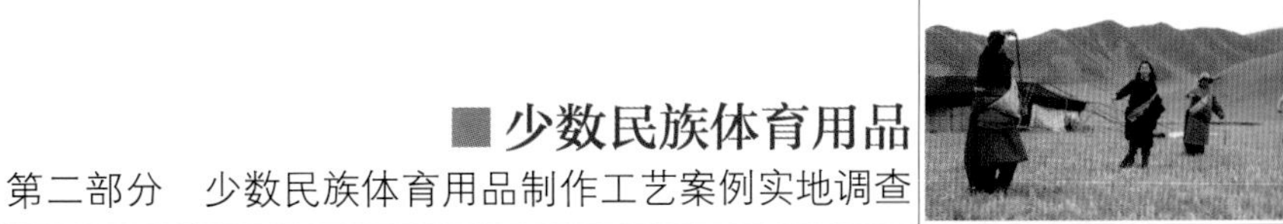

图 121：打磨

的改进。

高脚马脚镫所需的绳子，只能用棕绳，当地体育院校也对绳子做过探索和改进，有的用麻绳、塑料绳，但都不如棕绳好。棕绳结实、耐用，沾水后不容易腐坏，没有弹性，不至于使马镫松垮。

图 122：棕片选择

3. 制作竹卡

竹卡是固定马镫的必备材料，主要用于固定两个枝丫间的距离、做横着或竖着的梁，便于编绳，才稳固和结实。

锯下一段楠竹筒，分别有长 7—11 厘米的，使其与马镫下枝丫间外侧的宽度、内侧的宽度以及纵向的长度一致，将竹片制成 7—11 厘米 4 种不同规格的竹卡。

竹卡宽约 1.5—2 厘米，不宜过宽，横向

图 123：棕片

图 124 竹卡

用的竹卡需要在两端与两个枝丫重合的地方留出一道小凹槽，便于把枝丫嵌入这个竹卡中，凹槽对于整个竹片来说是倾斜的，因为枝丫是倾斜的。用于连接枝丫外侧处的竹卡上还需要有个盖片，以便更好的固定。

一般情况下，一只马镫需要 3—4 片竹卡。

4. 马镫的编制

编织马镫是高脚马制作的关键环节，做成后的马镫长约 10 厘米，最宽处约 8 厘米。主要有两种编制方法，分为竞速马镫和表演马镫。

（1）竞速马镫的编制：用棕绳缠绕下端枝丫 5 圈，放入内侧竹卡，继续缠绕编织，每圈都绕经上端枝丫，缠绕 10 圈。在外侧放入上下两片外卡，反复缠绕固定，上下缠绕共计 11 圈。为使其更加坚固，再用铁针牵引棕绳密密缝制脚踏底部。此种马镫后踏效果好，便于发力，脚不易从中脱滑，多用于竞速比赛。

（2）表演马镫的编制：在下枝丫内测用棕绳交叉缠绕 5 圈，插入两根纵向的竹片，继续反复交叉缠绕，形成踏镫。然后经踏镫底部上下缠绕 10 圈，在外侧放入横卡，缠绕固定，上下缠绕共计 11 圈。同样为使其坚固耐用，再用铁针牵引棕绳密密缝制脚踏板，并加固两侧绕绳。这种马镫便于双脚均匀用

图 125：竞速马镫

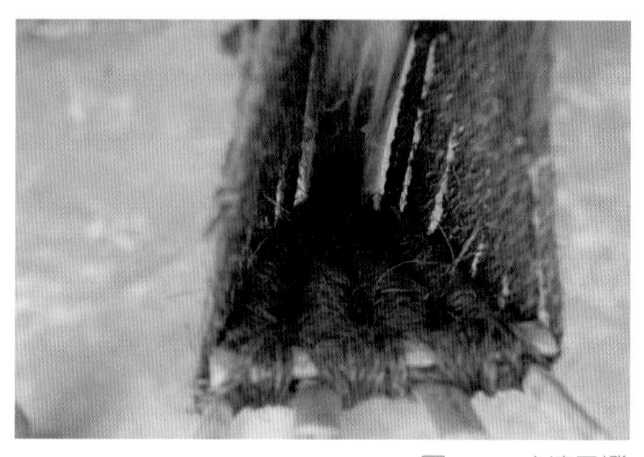

图 126：表演马镫

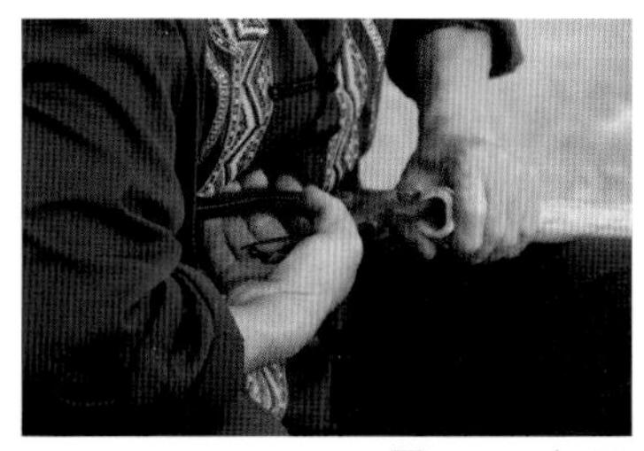

图 127：加固

图 128：刷漆

图 129：缠绕

力，平衡效果好，多用于日常生活和舞台表演，同时方便维修。

（三）加固与防护

1. 先用铁丝圈牢牢地箍住马杆底部，并将粗细合适的木楔楔入底端空心里，以免马杆底部塞入其他泥石头而开裂，并将铁丝的头端也敲打进入木楔里，以免在外会划伤骑马者。

2. 将清漆遍刷马杆，自然晾干，主要起到防腐、顺滑和美观的作用，但要注意不能沾到马镫处，以免侵蚀棕绳。

3. 待清漆干后，将毛巾或胶带缠绕在杆头，避免伤及手掌并起到防滑的作用。

这样一副高脚马就做好了，看似简单，从这 3 个大的步骤和其中小的工序中我们可以看出，每一步都要非常谨慎，完整的编制一副高脚马镫需要两个小时，这样算起来，从选材、配对、到编制与后期加固，一天最多只能完成两三对。并且稍加不注意刀和竹枝丫就会划伤手，给我们展示高脚马制作过程的段师傅手上就有很明显的伤。

九、锡伯族弓箭的制作工艺

中国北方地区有着非常悠久的射箭传统，现在根据考古资料记载最早的弓箭遗迹有 2 万 8 千年的历史，锡伯族主要生活在我国的西北地区，弓箭的应用一直贯穿于锡伯族的发展历史中。

锡伯族弓箭属于复合双曲弓类，八旗长梢弓型，弓的内胎为竹或木、外贴牛角、内贴牛筋，两端安装木质弓梢，以牛角、竹木、动物胶（鱼胶）、牛筋、皮革、桦树皮或者蛇皮等多种材料制成。有制胎、切角、粘筋、锉梢、整身、粘垫、饰体、编弦、造箭等制造流程，百余道制作工序，箭则有粘尾翎、套箭镞等程序，先制弓后制箭是一项自古遵循的规矩。

图 130：锡伯族传统弓箭基本形制

图 131：牛角

（一）备料选材

1. 木，制弓胎用的木料以榆树、桦树居多。

2. 角，作为决定弓箭弹力的弓片，以牛角或羊角制成，要求质材长 60 厘米以上，最好是同一头牛或羊上的，整体光泽细润，不能有龟裂痕迹，此外还有用大型动物骨骼来制造弓片的。

3. 胶，制弓用的胶，分鹿胶、马胶、牛胶、鼠胶、鱼胶等种类，其中鱼胶较为常用，以大黄鱼的鱼泡最好，鲤鱼、草鱼也行。煮胶要恰到火候，配合丝来使用，以加固弓体各部分。

4. 筋，选择体形较大的动物的筋，主要是牛筋，剔出兽体后阴干，再用木槌反复捶打去脂，使筋纤维呈丝麻般柔软，小筋要长而成丝，捻成线，合股打油，用以缠绕弓体增加弹力，大筋要求连接在一起且有光泽，用以增加弓身弹力和制作弓弦。

5. 皮，将桦树皮或蛇皮、鱼皮缠包握柄，紧密包裹弓身，以达到防止磨损的目的。

6. 箭杆一般用桃木、杨木、松木、沙柳制成，其中桃木最佳。

7. 尾翎一般采用鹅毛来制作，箭尾翎的最佳长度取决于箭杆长短、箭镞重量等，一般尾翎的长度约是箭长的 1/6。

（二）制弓胎

弓胎的制作包括：制握把、制弓臂、制弓梢，黏合各部分，刮槽线。材料主要是榆木条或桦木条。

1. 制握把

通过画样板、剪图样、按样板锯出握把大致形状，用木刨子的刃和台钳进一步刨出握把形态。再用铁质木工刨、木质木工刨修型，用小铁锉打磨握把使其光滑，侧看检验是否达到要求，进一步用刨子修型。握把长 30 厘米（包括两端 V 型插口），宽 3 厘米，厚 3 厘米—3.5 厘米。

2. 制弓梢

用锯子锯大样，用木刨子的刃和锤子为弓梢整形，用卡尺丈量弓梢，用直尺打直线，拿锉刀锉以进一步打磨弓梢。弓梢每个长 35 厘米—38 厘米（共两个，含 V 型插口），宽 1.5 厘米（梢口处）—3 厘米（插口处），厚 2.2 厘米—3 厘米 。

3. 制弓臂

用锯子锯半个弓臂。约 50 厘米长，3.5 厘米—4 厘米宽,1 厘米厚。V 型插口深 10 厘米。

图 132：鱼胶

图 133：牛筋

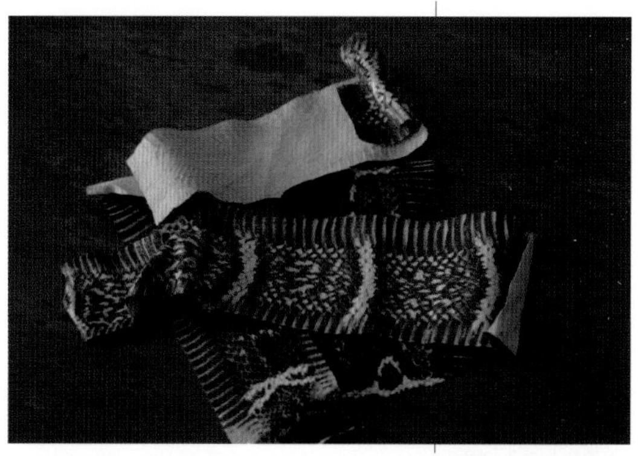
图 134：蛇皮

图 135：箭杆

图 136：尾翎鹅毛

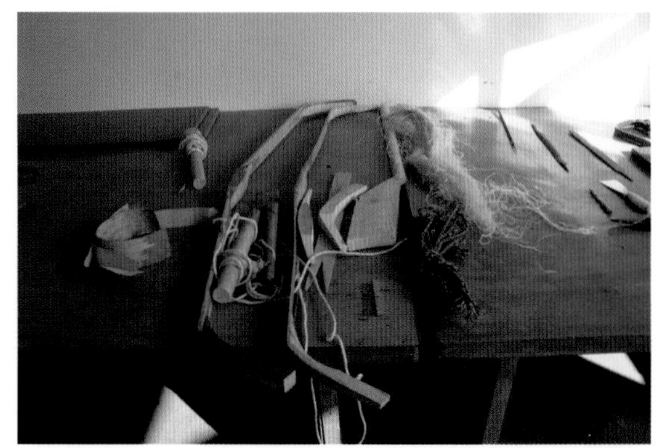
图 137：弓胎

图 138：制握把

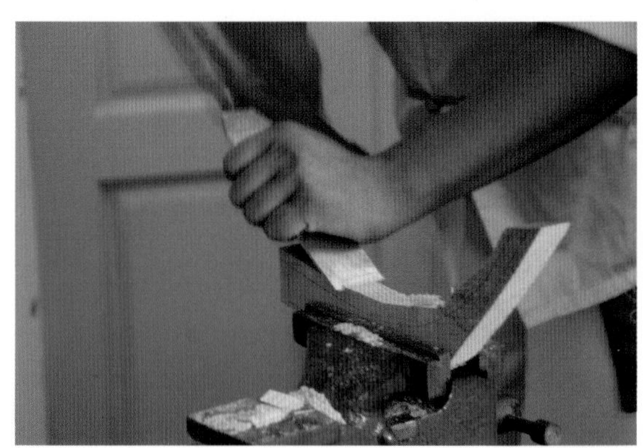
图 139：制弓梢

图 140：制弓臂

图 141：黏合

4. 黏合

用胶刷子把鱼胶上至弓臂、弓梢、握把各部分缝隙处黏合。

5. 刮槽线

为了使弓胎最大面积的与角片黏合要为弓臂刮槽线。用绳子将弓胎两端固定，用刮刀按顺序刮槽线，刮弓槽时注意前慢后快和回刀，用绳子将弓胎中间部分固定，为弓梢刮槽线；刮毕将视线与弓胎保持水平，查看槽线是否笔直，确保没有错位。

图 142：弓胎刮槽线

（三）制角片

角片的制作包括：切割角片、刮槽线、黏合角片、风干。

1. 切割角片

用尺子在白纸上画出样板，将样板剪下用铅笔在牛角内外做出标记。用锯子先锯下粗糙边缘再细细打磨牛角片。

图 143：切割角片

2. 刮槽线

用 G 型架固定牛角片，用卡尺丈量牛角宽度，确定中线。再用卡尺刮出中线。用刮刀顶住中线，先刮右侧牛角片再刮左侧槽线，最后全部加进去刮槽线。刮毕，视线与牛角保持水平查看，槽线深浅度、条纹是否一样，槽线是否笔直。

图 144：角片刮槽线

3. 粘角片

用胶刷子把鱼胶先均匀涂抹在弓臂槽内（反复刷 5、6 遍）再刷牛角片的内侧。将弓臂与角片黏合，用压马压住，用走绳缠绕固定，缠绕时注意牛角片两头一定要紧密、扎实，用力将胶挤出，中段绳子之间可适当留些空间。

图 145：粘角片

4. 风干

将粘好缠绕走绳的弓，放置干爽出处风

图 146：梳牛筋

干。依据天气情况，等胶干透需至少一个星期。

（四）铺牛筋

铺牛筋包括：浸泡牛筋、梳牛筋、粘铺牛筋、风干。

1. 浸泡牛筋

将牛筋浸泡至少 1 天。

2. 梳牛筋

将浸泡好的牛筋放在案板上，用筋梳子梳顺，直至一根是一根细密排列的状态。

3. 粘铺牛筋

给牛筋两面分别刷鱼胶，用筋起子平整抬起牛筋，平铺至刷好鱼胶的弓身上，用手捋平牛筋，并用筋梳子梳顺，使牛筋延伸至弓梢，包裹住木质弓胎，反复用手延一个方向将牛筋捋顺。

4. 风干

将粘好的牛筋放置在阳光、干爽处风干（胶干透一般需 3 天）。

图 147：粘铺牛筋

（五）修弓身、粘弦垫、开弦口

此道工序包括：整身、锉梢，粘系弦垫。

图 148：风干牛筋

1. 修弓胎

用台机把黏合后的弓胎固定，用平锉打磨新黏合的牛角，去其棱角及多余部分使牛角与弓胎最大限度吻合。

2. 修弓梢

进一步修理、打磨弓梢，使其变薄。

3. 粘系弦垫

用铅笔绘出与弓身同宽的木块，锯成适度大小（长 2.5 厘米，高 2 厘米），用小平锉锉个凹槽，凹槽深度约 0.2 厘米—0.3 厘米。用电钻为弦垫钻孔，以

图 149：修弓胎

图 150：修弓梢

便生牛皮条穿过弦垫孔。将浸泡后的牛皮条挤干水分，修剪其端口，借助三角锉、钳子将其穿入事先钻好的弦垫孔内，并反复拉伸皮条直至垫孔两端皮条对称。为皮条刷上鱼胶，系在弓梢上并反复拉紧。俯身使视线与弓梢水平，检查弦垫是否粘正且平稳对称。

4. 开弦口

在弓梢的梢头锯开约 1 厘米深的小口，以便弓弦穿过。

（六）粘蛇皮或树皮

1. 粘树皮

把加工好的桦树皮条（略宽于弓臂宽）刷上鱼胶，在风干的牛筋正面、侧面亦刷上鱼胶。将树皮粘在牛筋上，用手一点点抹平，并用手指按压两侧，使其粘在弓身的侧面包裹住牛筋。将弓身立起，再逐一抹平、粘牢。反复抹平树皮，直至没有气泡。粘树皮的作用是防潮且有伸缩性，亦可在树皮上作画写诗。

2. 粘蛇皮

将鱼胶均匀刷在牛筋上，再在蛇皮的中间主体部分刷上鱼胶，粘贴时保证蛇皮包裹住弓臂，但要露出牛角，以证明是角弓。

（七）校正

1. 用手指触摸，感觉牛角薄厚。用刮刀刮角片，修正角片薄厚（刮时注意：刀要立起，用刀刃中段刮牛角片）。

2. 眼睛观看对称与否判断其受力是否均匀。用腿做支点，用手臂慢慢推压弓身，调整其弯曲度，使其受力均匀。

3. 拉弓，检查其受力是否均匀，并调试。

（八）搓弓弦

将牛筋分成 3 股，反复搓揉直至每股成紧实的麻花状，再将牛筋顺大腿向下方向搓成一股。抓住牛筋的一端，将其分为 3 股。用手掌顺小腿向下方

图 151：粘系弦垫

图 152：开弦口

图 153：粘树皮

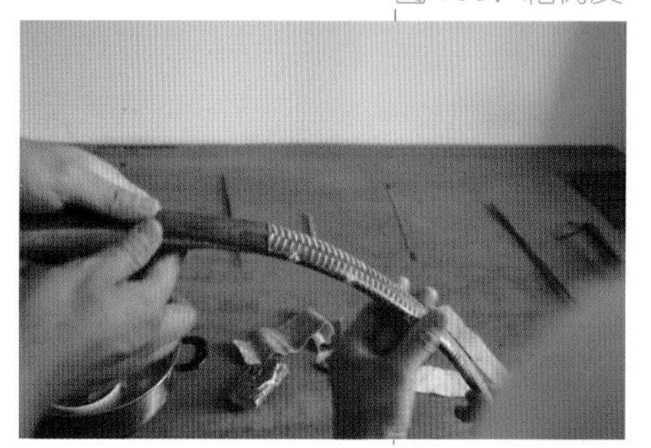
图 154：粘蛇皮

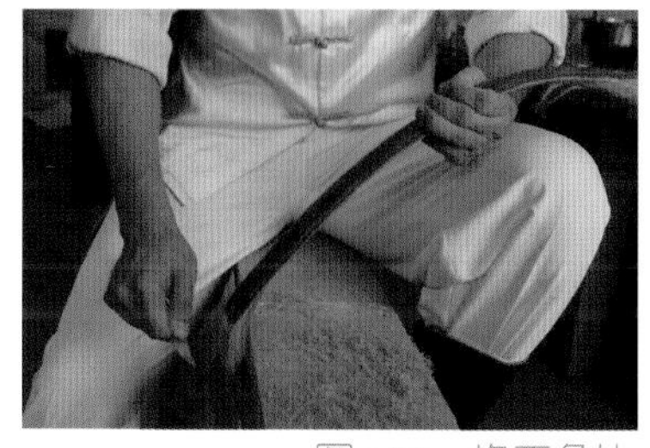
图 155：修正角片

图 156：目测

图 157：调校

向搓揉，直至 3 股各自成麻花又合而拧为一股。

（九）上弦

两人配合为弓反曲上弦。

图 158：搓弓弦

图 159：上弦

(十)制箭

制箭主要包括开箭口、粘尾翎、修整尾翎、套箭镞、测试几部分。

1. 开箭口

在箭尾中线处用锯子锯开小口，并用小锉修型，箭口深约 1.5 厘米。

2. 粘尾翎

用手撕扯鹅毛，使毛与杆分离并剪去头、尾。于距箭口约 1 厘米处标记尾翎粘贴位置。将鱼胶刷在尾翎上，首先粘贴主羽。主羽位置需与箭口走向垂直。再在 3 等分处粘贴余下两根尾翎。

3. 修整尾翎

旋转刀片，使尾翎的顶、底端保持水平。将粘有鱼胶的牛筋缠绕在尾翎的顶端与底端。用剪刀剪掉尾翎外侧羽毛，使尾翎 1 厘米宽。

图 160：开箭口

图 161：粘尾翎

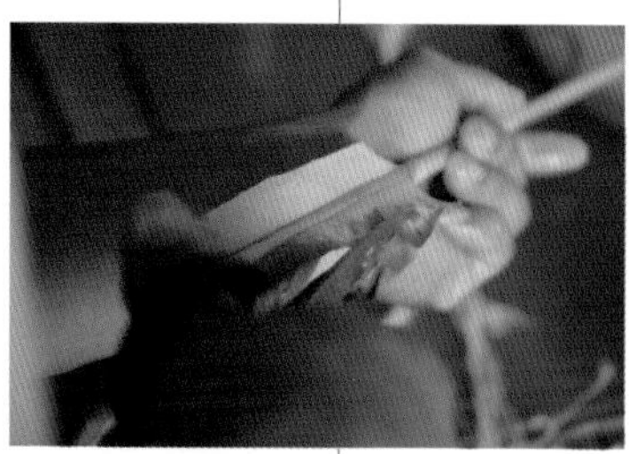

图 162：修整尾翎

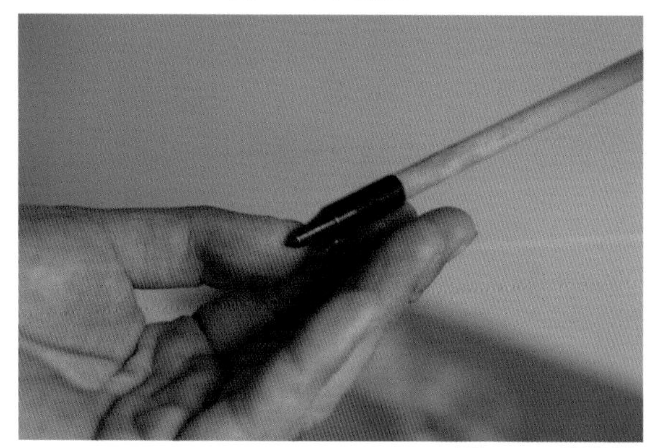

图 163：套箭镞

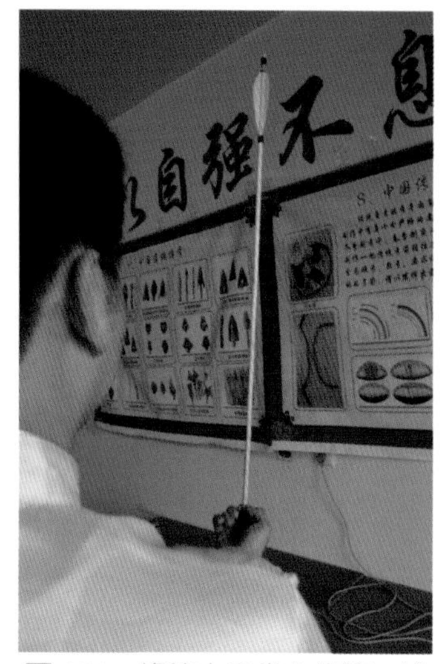

图 164：将箭立于掌心旋转，检测箭的平衡程度

4. 套箭镞

把粘鱼胶的箭镞壳旋转套入箭头。

5. 测试

将箭立于掌心，旋转，检测箭的平衡程度。

十、木球的制作工艺

打木球由回族地区广泛流行的“赶毛球”、“打篮子”或“打铆球”逐渐发展成为一项传统的球类运动，是由两个队参加的集体比赛项目，每个比赛者手握击球板，运用传球、接球、运球和击球射门等技术，避开对方防守，将球击入对方球门得分，并用抢断球等防守技术，阻止对方得分，得分多者为胜。打木球运动大致经历了三个阶段。每一个阶段所用的必备球具——木球和木棍的制作工艺也发生了相应的演变。

第一阶段的木球是用一种硬度强、不易破裂的木头制作的小球，长约 8 厘米，周长 10 厘米。击球用具是 65 厘米长的球棍。

第二阶段的木球与第一阶段一样，不过击球用具有很大的不同。第二个阶段木球的击球板更像一把瓦刀，击球板长30厘米，用于击球的板头宽12厘米，手握部分的板柄长一般6厘米，宽一般2—3厘米，可根据自身腕力大小而定。第二个阶段的击球板面宽，有利于迎击和拦截，但是，板长过短，需要曲身迎击，非常耗费体力。

第三阶段的木球球体由木质材料削成，长9厘米，圆周长8厘米，球体两端呈半球形，中间为圆柱体，长5厘米，两端顶部距圆柱平面距离分别是2厘米；现今，为了安全起见，木质球体外部已用柔韧材料包裹，球体重量为100至130克，一般呈枣红色。击球板长70厘米，厚1.5至2厘米，手握板柄宽4厘米，击球部位呈斜角形，宽9厘米，击球板重量不超过520克。击球板一般缠上胶带，以防断裂。

（一）第一个阶段的木球和球棍制作

第一个阶段的球具需要制作65厘米长的球棍和8厘米长的木球。球棍和木球的制作是同时进行的，整个制作过程包括选材、取材、去皮剥光、推刮、打磨、浸泡、雕花、上色等8道工序。

1. 选材

制作球棍和木球的材料来自同一棵树，多是质地坚硬的沙木（或白蜡木）。一般选取直径为10厘米的小树为宜。取材之后往往用土或油漆抹平伤口创面。这样做可以保存树内的水分，不让水分蒸发，以便树木再发新枝。

2. 取材

用锯子在取来的树木上截取65厘米的一段作为球棍；截取8厘米长的一段作为木球。截取时，锯子要微微倾斜，以使木球截面略有角度。

3. 去皮剥光

球棍比较长，一般用斧头初步刮去球棍的树皮；而木球较短，一般用铁刮刨子刮去木球的树皮。

4. 推刮

球棍去皮剥光后，一般用推刨子推刮木球，将其表面修正平滑，尤其要将球棍的顶端推刮圆滑。

木球的推刮需要更精细的功夫。用推刨子打削球体的两端，其中一段要斜削1厘米左右；用三棱锉子打光磨平木球横截面，木球的一端的横截面呈圆三角不规则型，这样两端不对称而做出的木球有利于提高木球的速度、变幻木球的飞行轨迹。

5. 打磨

图 165：第一阶段木球形制

图 166：选材

图 167：就地取材

图 168：去皮剥光

图 169：推刮

图 170：打磨

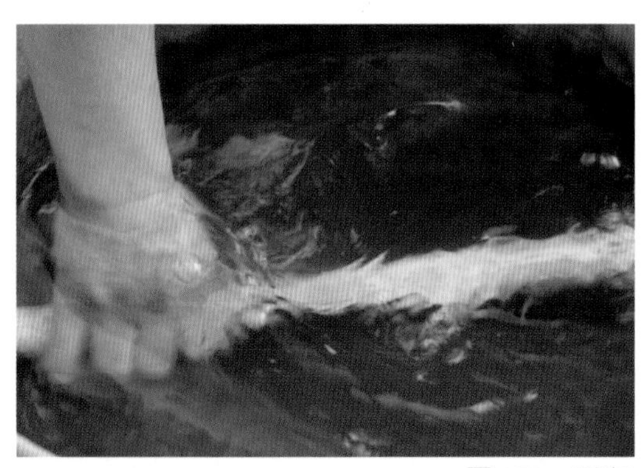

图 171：浸泡

球棍和木球制作好之后，一般用砂石或者磨石打磨一下，使其更加的圆滑顺手。

6. 浸泡

为了增加木球和球棍的弹性和柔韧性，一般要把制作好的木球和球棍在废弃的食用油中浸泡三五天，泡后不晾晒，放在阴暗处阴干。经过浸泡之后的木球和木棍摸起来顺手圆滑、经久耐用。

7. 雕花

回族人民爱美，时刻追求着美，就是一个游戏用的木球也要精心地雕饰一番。木球和球棍浸泡阴干之后，可以用小刻刀之类的物件在其上面雕花，根据自己的爱好可以雕刻梅花图案、喜爱的数字等，回族一般的纹饰花样都是树木花草。一般在球棍的顶端都会刻上一个传统标志符号。这些装饰要体现新、奇、美，越是奇特越能够体现个人的情趣和性格。

8. 上色

刻完之后，根据个人爱好再涂上各种颜色。

（二）第二个阶段的球板制作

第二个阶段球具中所用的木球与第一个阶段一样，制作工艺亦是相同，不再赘述。下面主要介绍一下第二阶段击球板的制作。球板的制作工艺包括：选材、测量取材、推刮、打磨、浸泡等5道工序。

1. 选材

击球板取质地坚硬的木板。所选木板的长度要大于40厘米，宽度于15厘米。

2. 测量和取材

在取材之前用钢卷尺测量板长30厘米、板头宽度12厘米、手握板柄长度6厘米，宽度2或3厘米，并画线标示。然后，用锯子沿着标示线，一一锯开，截取材料。

3. 推刮

击球板短而宽，一般用推刨子推刮球板表面，将其表面修正平滑。并用三棱锉打光磨平有棱角的地方。

4. 打磨

球板制作好之后，般用砂石或者磨石打磨一下，使其更加的圆滑顺手。

5. 浸泡

击球板制作完成后在废弃的食用油中浸泡三五天，以使其摸起来顺手圆滑、经久耐用。

（三）第三个阶段的球具制作

第三个阶段球具中所用的木球与第一个阶段相类似，但为了延长木球的使用寿命，并使木球运动开展得更安全，现今，在木质木球的外面包裹上一层柔韧材料，已是现代工艺的木球。

相比前两个阶段，第三阶段球具制作上最大

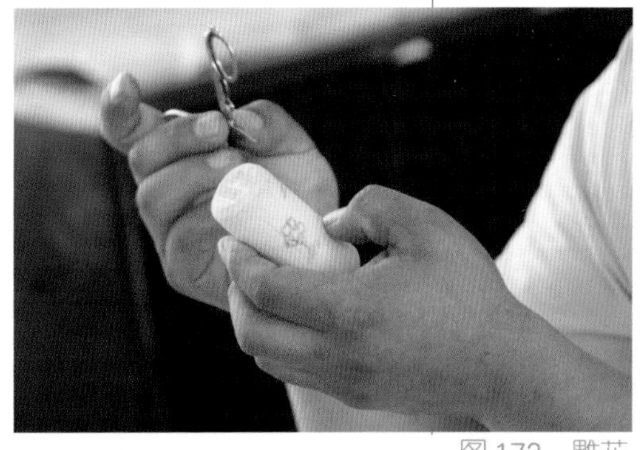

图172：雕花

图173：上色

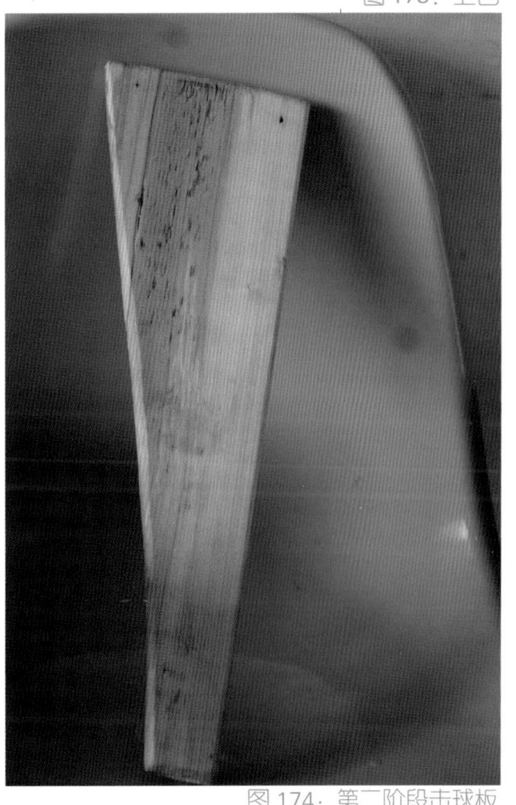

图174：第二阶段击球板

图 175：选材

图 176：测量

图 177：推刮

图 178：打磨

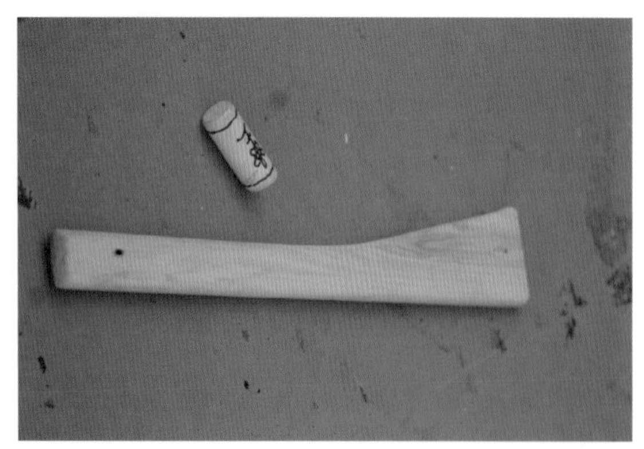
图 179：第三阶段木球形制

图 180：三个阶段木球和现代木球形制

的不同还是表现在击球板上。第三阶段的击球板的制作工艺与第二阶段击球板的制作工艺十分类似，包括选材、测量取材、推刮、打磨、缠裹等 5 道工序，但在具体选材、测量取材等工艺步骤上有所不同：选材时，球板取质地坚硬的木板。所选木板的长度要大于 80 厘米，宽度要大于 10 厘米。测量和取材时，在取材之前用钢卷尺测量板长 70 厘米，厚 1.5—2 厘米；击球部分

的板头，长 30 厘米，上宽 4 厘米，底宽 9 厘米；手握板柄长 40 厘米，宽度 4 厘米，并画线标示。然后，用锯子沿着标示线，一一锯开，截取材料。木制击球板板头最后须缠裹胶带或其他非金属保护物品，并刷上漆，以防击球板断裂。

十一、搏克服饰的制作工艺

搏克运动是指两人徒手相搏，按一定的规则，以各种技术、技巧和方法摔倒对手。作为蒙古民族传统体育运动，是蒙古民族长期与大自然搏斗的产物，是伴随蒙古民族的形成、发展的需要而生成、发展的，并对蒙古民族的发展和壮大起到了重要的作用。

搏克服饰带有鲜明的民族特色。搏克手上身穿着镶有银或铜钉的牛皮跤衣，下着肥大跤裤和色彩艳丽的带花套裤，足蹬特制跤靴或马靴，脖套象征胜利的江嘎。着装后的跤手如古代将帅般威武，精神饱满，英姿勃发，尽显英武豪迈之姿。搏克服是搏克项目的重要组成部分和文化象征，包括跤衣、跤裤、围裙和跤靴等，蒙古语分别称为“卓都格”、“班斯拉”、“来布尔”和“古特勒”等。取得过冠军的运动员在脖子上还佩戴有捆绑着红、黄、蓝、绿、粉等颜色绸布的“江嘎”。

（一）跤衣（“卓都格”）

摔跤坎肩，蒙古语为“卓都格”，主要是为了方便对手抓住上衣。形状有点像蝴蝶翅，类似紧身坎肩，有领口无领，袖子很短，有后片，前面为空，用两根皮条（坎肩上面带着）裹回来，扎在腰上即可。“卓都格”是搏克比赛时必须穿着的服饰，包括大身、大圈、袖口、袖窝、底边和腰带等几个部分。跤衣的材料为经过熟制的牛皮，由当地牧民饲养的黄牛的牛皮经过熟皮、染色、压花而制成，这样可以保持皮革的韧

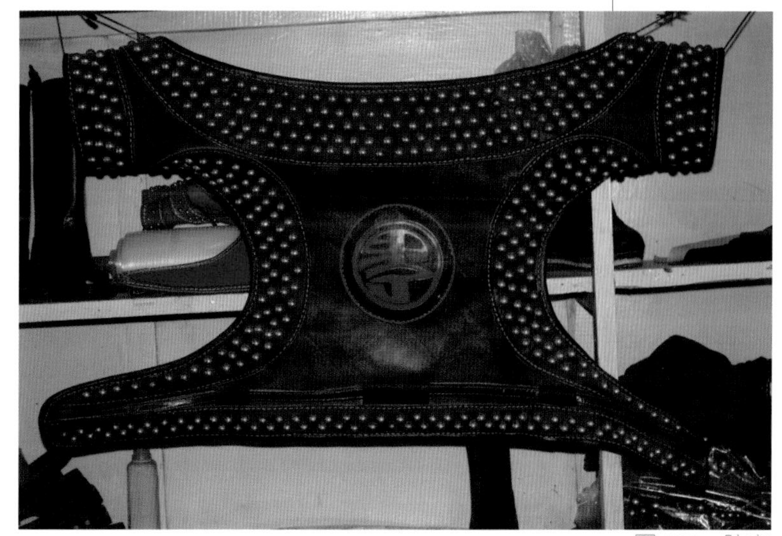

图 181：跤衣

图 182：裁片

性，同时不剥层的牛皮也使得跤衣更加结实耐用，目前很多的作坊为降低成本，也大量从浙江、河北等地购回熟好的牛皮。一般一张牛皮可以制作两个“卓都格”。坎肩后心还有五寸见方的银镜或铜镜。镜上有錾花或鼓出来的四雄（龙、凤、狮、虎）或象、鹿等图案、各种纹样、蒙文篆字及方块蒙古字。一般每个摔克选手都有专用的“卓都格”，搏克手成年后，按自己的体型订做“卓都格”，上边镶上 256 个或 512 个金属钉子，有的是银钉，约用 2 斤半银子。搏克手异常珍惜这贵重的“卓都格”，因为它将伴随主人整个体育生涯，如果搏克选手不再上摔跤场了，要举行仪式将“卓都格”传给下一辈或徒弟，或自己看中的、有前途的年轻人。

1. 裁活

先将牛皮放在裁案上铺平，再将组成“卓都格”的各个版样铺在香牛皮上划样、裁剪，制成裁片。在作坊里制作的“卓都格”一般只有大、中、小 3 个号，虽然没有量体裁衣那么合身，但在比赛中不会有太大的影响。

2. 片茬

用薄边机将裁剪好的裁片的边缘约 2 厘米处打薄，浸水后再在上面涂上胶水，稍凉至半干时将裁片边缘处反折粘牢。这样就使得“卓都格”边缘薄厚适当，结实、美观。与传统工艺相比，薄片机大大缩短了工时，比手工打薄更均匀。

3. 加牙缝边

将一面粘贴红色胶皮宽约 2 厘米的薄海绵对折，将其与裁片的片茬边叠放，并留出牙口，再用缝纫机在距边缘约 1 厘米距离处缝合。

4. 镶泡钉

泡钉根据跤衣的大小也分为大、中、小 3 个号，镶嵌在大圈、袖口、袖窝和底边上，可以根据跤服的大小装嵌不同数量的铆钉。镶嵌铆钉时，先将模板放置在需要加铆钉的裁片上，做上标记，用锤子和凿子打眼，再将泡钉镶嵌在裁片上。一件跤衣需要镶嵌 400 到 500 个泡钉。泡钉的材质有多种，很多老跤衣用白铜甚至银质的泡钉，随着现代工艺的开展，目前的泡钉多为白铜和不锈钢材质。泡钉不仅使跤衣美观、结实，而且能够防止运动员受伤。

5. 上线缝合

图 183：镶泡钉

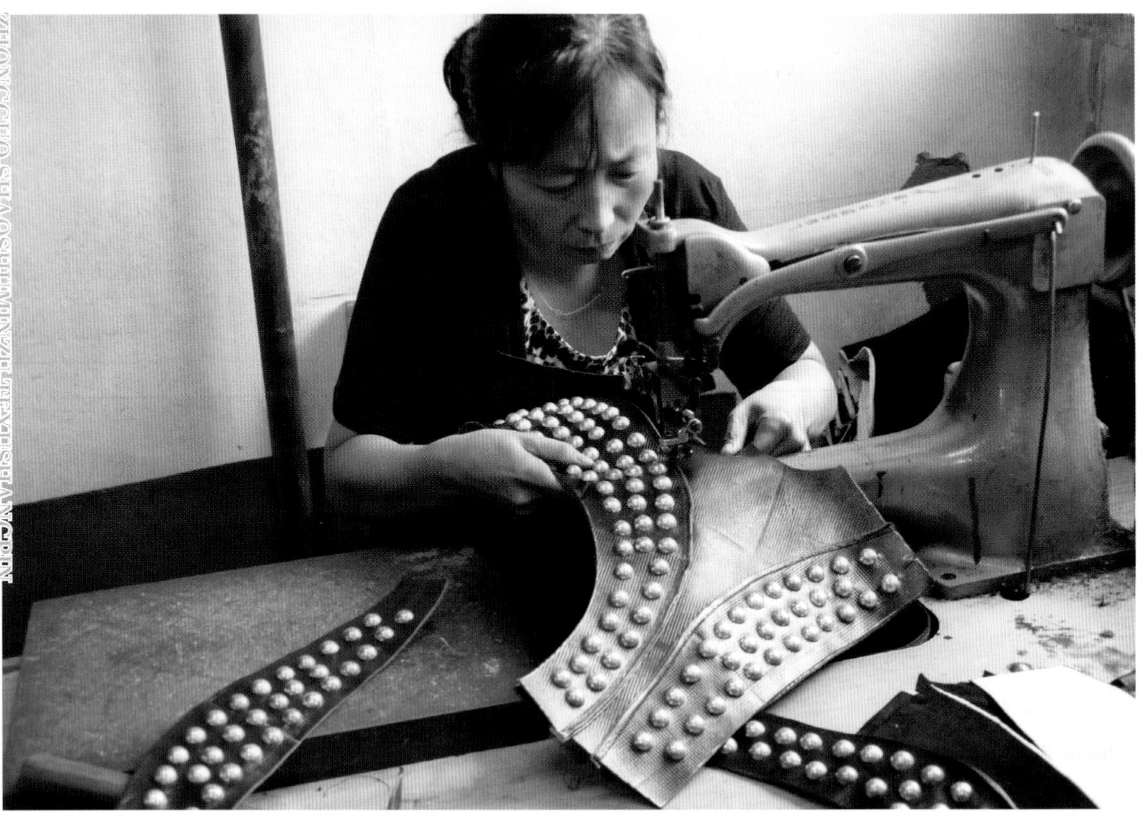

图 184：上线缝合

用缝纫机将大圈、袖口、袖窝、底边缝在大身上。将麻绳打上蜡，使麻绳光滑结实，再用手工沿缝纫线缝边。

6. 上“别子”

“别子”缝制在底边上缘，是固定和捆绑皮带的“眼”。裁剪 5 个边长约 10 厘米正方形香牛皮裁片，将其对折均匀地分布在底边上，用钉子进行固定，然后手工缝合。

7. 上牌子

“卓都格”后背的牌子是一种装饰，更是一种文化象征，现在的牌子是由白铜制作的，图案有龙、虎、麒麟、鹰等图案。用凿子在“卓都格”后背打眼，将牌子上的 4 个长钉穿过跤衣后背处，将钉子反别固定。

8. 上衬

将“卓都格”平铺在帆布上，沿边缘画出其图案，沿线宽出 2 厘米裁剪。在“卓都格”内面刷上胶水，凉至半干时，先粘贴用毡子做的牌子的衬，然后再将帆布衬粘贴在“卓都格”上。

图 185：上衬

9. 包边

在“卓都格”外缘需用软牛皮进行包边。先将软牛皮裁剪成 4 厘米宽的长条，浸水打湿使其柔软，叠包在“卓都格”上进行缝制。领口、袖上、底边也一定要用牛皮或粗革层层镶边，用皮筋、丝线、麻筋等密密地缝起来。

10. 穿皮带

将生牛皮制成的皮带穿进“别子”，一件“卓都格”就完成了。

（二）跤裤（“班斯拉”）

搏克运动员穿的裤子蒙古语为“班斯拉”，摔跤裤是用 32 尺或 16 尺白布特制而成，裤子宽大多褶，外套膝盖部位绣有各种花卉鸟兽或带有民族特色图案的套裤，看起来十分美观。尤其是新手，一定要用红颜色、天蓝等鲜艳的缎子做成套裤，并用各色锦线和金银线绣出边来，较为有名的搏克手可在各种颜色的绸缎上用刺绣和粘贴工艺描出四雄和蝙蝠、万字、吉祥结、火炬、黑白双鱼等图案。裤长一般长 1.4 米、宽 1.08 米，裤裆长 0.52 米、裤裆宽 0.52 米。将纸样铺在白布上，裁剪后用缝纫机缝制而成。蓝色套裤意寓蓝天、绿色套裤意寓草原，将纸样铺在绒布上，裁剪后用缝纫机缝制而成，套

图 186：跤裤

裤上绣上各种吉祥的图案。

（三）围裙（“来布尔”）

围裙是搏克运动员系在腰间的装饰，由红、蓝、绿3种颜色的绸布制成，据说，红色象征太阳，绿色象征草原，蓝色象征蓝天，因此不能随便更换颜色。围裙“来布尔”一般紧紧捆在摔跤坎肩卓都格下边，在裤带和套裤裤腰上再紧紧地捆上一层，三色绸缎布条分层次垂下来，（整方绸子的一半）。将3种颜色的绸布依次叠铺，间隔约10厘米，裁剪后缝制，裙长约30厘米、宽约40厘米。在围裙上端缝上布带，系在腰间。

（四）“江嘎”

“江嘎”由哈达和红、黄、蓝、绿、粉色的绸布制成，哈达意寓着吉祥如意，五色绸布代表着蒙古族的5个部落。将两个哈达平铺，然后从一边开始卷紧，再用缝纫机缝边，然后将两个缝制在一起呈圈形。将绸布裁剪成三角形，再将一角捆绑在颈圈上。江嘎的绸缎条儿虽然看似普通，却不是随便

图 187：制作“江嘎”

给和随便戴的，它是同奖品一起赠送的。64 名搏克手比赛夺魁的选手，可以得到一块三角形的江嘎。蒙古族搏克手有交接江嘎的习俗，一位久经沙场、多次夺魁的搏克手年过半百后，就要把自己的卓都格和江嘎传给有希望的、崭露头角的新手，并举行一个庄重的仪式。一般是在大型的那达慕大会上，经过事先商量，某两个人或几对人要被封为荣誉布魁。届时这几个人来到会场，披挂整齐，相互摔三轮跤。不过并不是比赛，而是表演，最后要摔成和局，然后立于主席台前，由主持人简单介绍他们的生平事迹，及过去取得的荣誉，将奖品发给他们。奖品与这次将夺冠的布魁相同或相近。受奖后要当场把自己的卓都格和江嘎解下，给选定的接班人穿带上，预祝他取得好名次，不要辜负老前辈的期望。这次发的奖品，是这些布魁一生中最后领到的奖品，也是最后一次参加比赛。这个仪式结束，搏克比赛才正式开始。

（五）跤靴（“古特勒“）

跤靴是搏克运动员的重要装备，比赛用的跤靴是由专业师傅用手工制作而成的。跤靴由靴底、靴帮和套袜组成。传统的跤靴还有使用靴捆和靴身，靴捆是使靴子更加结实，防止滑倒，利于用招。用 6 尺长，6 寸宽的薄皮条做

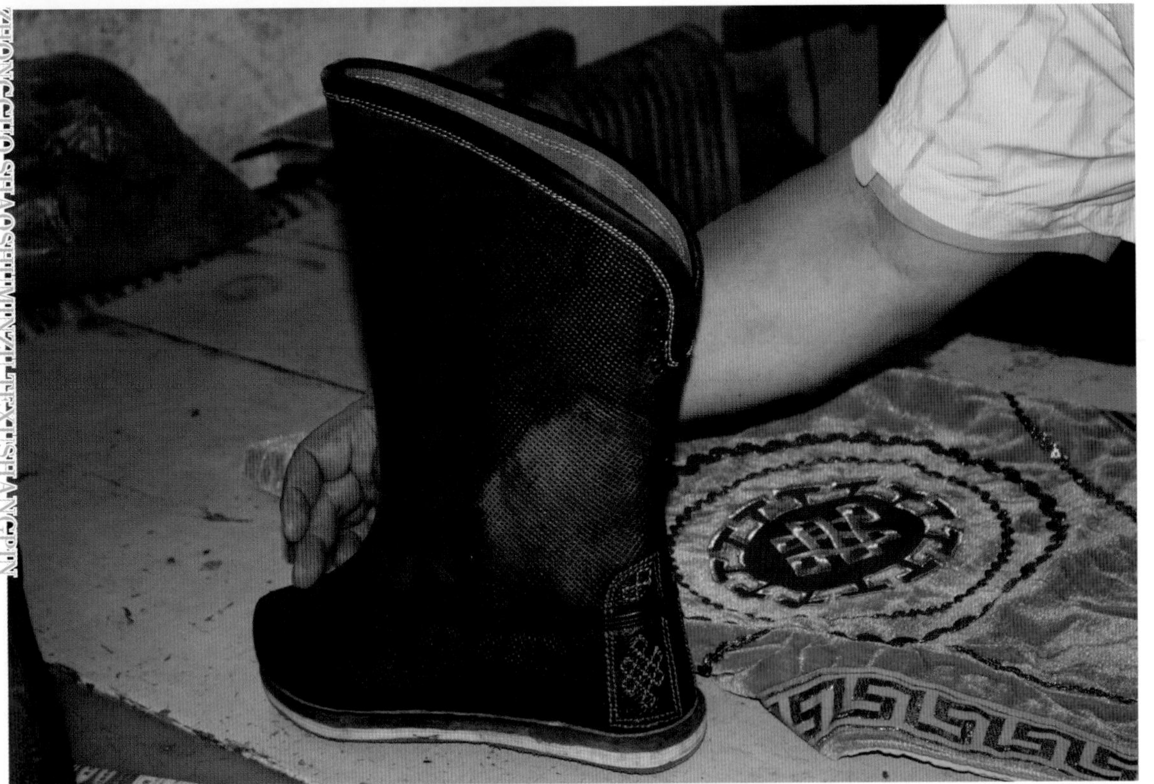

图 188：跤靴“古特勒”

成，在皮条的一头系好小铜环或小铁环，将靴子套 3—5 层，牢牢地绑定。搏克一般用拔、绊等常见的技术动作，若不把靴子绑结实，容易发生脱落或靴底绽裂等事故。不过，随着搏克比赛用靴质量的不断提高，现在已经很少有搏克手打靴捆了。靴身是用皮条串联竹板制作而成。竹板里贴着薄毡，把烟叶裹在布里浸在酒中，然后用它裹紧胫骨，再把靴子穿上。由于后来规则规定严禁犯规直踢，现在搏克比赛时靴身并不多见。在蒙古族搏克运动当中，“绊踢”的技巧用得十分普遍，为了保护小腿，每个搏克手都配有特制的包腿。一般是将装砖茶的竹箱拆开，把竹削成竹篦儿，从踝骨开始，一直缠到膝盖以下，不过现在多为高腰牛皮靴取而代之。

1. 靴底

根据尺寸大小，在白布上面画靴底底样裁剪，将多张鞋底粘在一起，俗称“千层底”。在靴底面附上一块生牛皮，用麻线纳靴底。

2. 缝制靴筒、靴帮

将靴筒和靴帮的纸样平铺在熟牛皮上，用装有镁粉的布包在上面拓样，

图 189：缝制靴筒、靴帮

然后再裁剪。将靴筒和靴帮进行缝合，连接处用皮子包裹芨芨草“加牙”后一起缝合。备好的皮制图样缝制在靴帮和靴筒上。靴筒边里放晾干的芨芨草是为了使靴筒边缘的包边能够撑起，有美观的作用。

3. 靴底、靴帮和靴筒的缝合

将靴底、靴筒和靴帮进行缝合，并在连接处加边和“加牙”。制作完成后，用靴撑将靴子撑起定型。

4. 靴套

靴套在搏克比赛中对保护小腿和踝关节具有重要作用，靴套一般用棉布或毡布制作而成。先在布面上画出图样，然后裁剪、缝合而成。

第三部分

少数民族体育用品制作工艺的特点

少数民族传统体育用品是少数民族和民族地区的人民在长期的生产生活中创造出来的宝贵文化，是各民族传统体育历史发展中能够被直接见证的载体，除了促进各民族的生产发展、经济文化交流、强身健体等重要作用外，其传统的工艺技术扎根于各民族特色的文化之中，是少数民族体育运动存在和发展的根基。

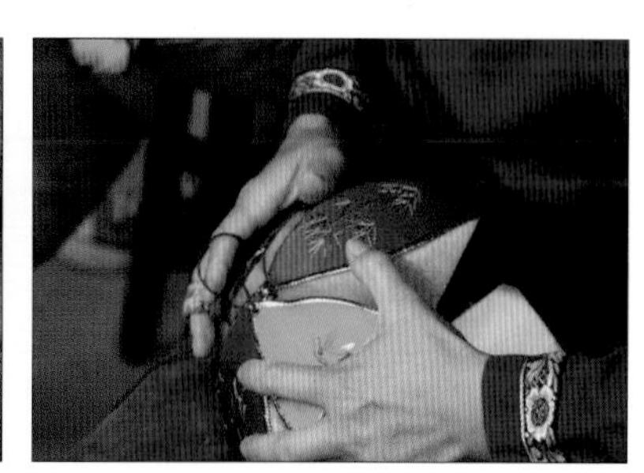

一、地理环境对制作少数民族体育用品的影响

少数民族传统体育活动是在一定的自然环境和社会背景下逐渐萌芽，它们既是生产技能的锻炼，又是人与人之间变相的生存竞争的形式之一。少数民族居住的地理环境和自给自足的自然经济使他们与外界交往较少，生活方式单调，许多体育活动是他们充实生活、娱乐自己的主要方式。许多少数民族传统体育是人们在劳动间隙、因地制宜创造的。如通常说，一方水土养育一方人。正是地域赋予了中华民族传统体育的基本底色，形成文化最初的特质。

（一）崇山峻岭为少数民族体育用品的制作提供了丰富材料

生活在高山峡谷、密林深处的少数民族为了保护庄稼、防身、狩猎以及丰富自己的生活，逐渐形成了与生产劳动密切相关的，具有山地民族特色的各类体育活动。西南地区多高山和森林，林区气候湿润，光照充沛，保持着良好的生物多样性，飞禽走兽经常出没，所以，以林区为主的地区经济活动多以农业和采集狩猎业为主。这种生产生活方式与民族传统体育的形成有着密切的联系。生活在其中的少数民族发明了很多猎杀的技能，为少数民族体育运动的发展提供了基础。

图 190：崇山峻岭

云南的弩生活是我国西南地区崇山峻林之中的许多少数民族狩猎、战争的重要武器之一，在远古时，当地少数民族在狩猎和抵御毒蛇猛兽的原始生产中，发明了用弩进行猎杀的技能，后来逐渐演化为体育运动。吹枪广泛流行于地处中越边境的云南省文山州白苗支系聚居区，该地气候湿润，光照充沛，保持着良好的生物多样性，鸟兽众多。数百年来，当地一直用这种古老的工具来驱赶鸟兽，守护庄稼。“打陀螺”广泛流传于云南的景谷地区。景谷县生物物种具有多样性和高产性等特点，拥有得天独厚的森林，为陀螺的制作提供了丰富的材料来源。响箭流传最广的工布地区海拔较低，雨量充足，林地覆盖面积居全国第八位，拥有大量优质而特有的植物种属。为响箭的材料提供了丰富的来源。另外，因该地多属林区，飞禽走兽经常出没，所以，当地的经济活动以农业和采集狩猎业为主。为响箭的发展提供了物质基础。

（二）特定地域的生活方式为少数民族体育用品的产生创造了条件

生活在草原以放牧为主的游牧民族，由于地处特殊的地理环境，人们在长期的劳动、生活中形成了具有鲜明的草原游牧民族文化特色的生产生活方式。如有草原文化内涵的蒙古族搏克运动，是蒙古族人民长期与大自然搏斗的产物，不仅体现了当地人民豪放的性情，在增进游牧民族的社会交往、加强团结等方面也发挥着巨大作用。在牧民传统经济文化特点保存相对完好的甘南，用放养的牦牛毛制作的俄尔多是牧区劳作中必不可少的生产劳动用具，并逐渐发展为独具特色的体育运动。体现了浓郁的游牧民族的风格特征。

（三）山地河流为少数民族体育用品的创造提供了地域条件

生活在江河纵横、水流丰富地区的少数民族的体育具有明显的水乡和山地特点。由于河流众多，其传统体育文化与水结下了不解之缘。黔东南地区多山川和河流，苗族先民在迁徙的过程中，为渡江便利，造就了独木龙舟。在居所稳定后，为了纪念那段艰难的迁徙历程，苗族先民们便以造独木舟，定期举行划龙舟的方式予以纪念。广西也有众多的河流，多与奇峰相配，形成一派山环水绕、山水相依的秀丽景色。娟秀的风景孕育了当地盛行歌圩的民风，而抛绣球伴随着歌圩成为男女恋爱的一种游戏，是壮族青年择偶和娱乐的重要活动。我国湘鄂西一带流行着高脚马这样一项少数民族体育运动，该地以丘陵、河谷为主，常年多雨。当地人为了出行方便，以竹制的高脚马为代步工具，历久成习，逐渐衍变为一项深受人们喜爱的体育运动。

少数民族传统体育受地域限制，不同程度染上了地方色彩，体现出明显的地理特征和乡土特征。少数民族同胞，有的生活在高山峡谷、崇山峻岭中，有的生活在高原和草原上，有的生活在依山伴水、风光秀丽的坝子上。不同的自然条件、地理位置，其生产、生活的方式区别也有很大差别，由此孕育出的少数民族传统体育自然是五彩纷呈、各有千秋。总之，一定的地理环境必然产生与之相适应的生产劳动方式，并由此演化出具有民族特征的民俗活动及体育活动，成为民族精神的象征和维系民族情感的重要纽带。

二、传统工艺的制作特点

少数民族体育用品在制作上具有就地取材、手工制作、生产工具简单、技术传统等特点。

（一）就地取材

少数民族的体育用品一般由生活中容易获取的材料加工而成，蒙古族搏克手摔跤时所穿的摔跤服多由当地牧民饲养的黄牛的皮加工而成；藏族的俄尔多用的也是自家养的牦牛、羊身上的毛，高脚马、吹枪、弓箭、陀螺等竹木制品选用的也是当地所产的特有木料、竹料。

（二）手工制作

少数民族体育用品产生之初受科技水平的限制只能采用手工制作的方式，高脚马、陀螺、独木龙舟等体育项目的手工制作方法一直延续至今。即使已经发展为工艺品进入流通市场的绣球、陀螺、俄尔多等也是以家庭作坊生产为主，没有达到批量生产。

（三）制作工具相对简单

适应手工加工的方式，少数民族体育用品制作工程中所使用的工具都是较容易操作的简单工具，例如制作高脚马用的斧子、镰刀、铁锤、刨子等都是民众生产劳动过程中的常用工具，独木龙舟、木球、弩等所用到的所用工具也不外乎这些。除此之外，还有一些专用工具如俄尔多捻线所用的捻线架，是草原牧民制作各种绳索的简易工具。

（四）对制作工具的技术参数要求不是很严格

由于大部分少数民族体育用品都是手工制作，在制作过程中基本上不用很精确的测量工具，即对技术参数的要求不是很严格，而是以适合个人使用为原则，故在制作时最常使用的度量工具是人体的部位，例如独木龙舟制作过程中剥树皮时每节的长度以两手平伸的长度为准，其子舟宽度为一个人侧

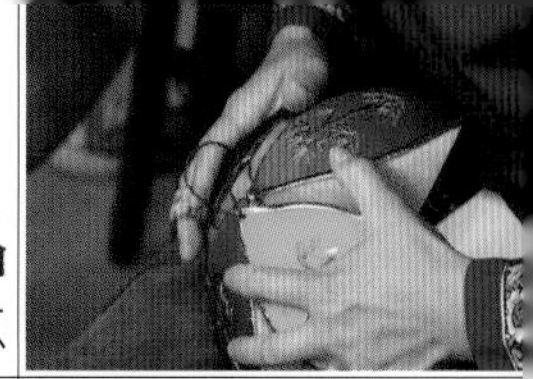

图 191：剥树皮

身站立的宽度，而桨、舵的高度也是依据个人身高而定。弩和弓箭各个部位的尺寸则是依据器械的大小以一定比例制作，如弩弓片口到弦槽的距离是弓片总长度的约 1/4。

（五）工艺改进技术缓慢

对于这些流传历史悠久的传统体育用品而言，依靠人力和简易工具的制作模式几乎没有发生任何改变，每一次制作仍然需要花费很多时间和精力。像独木龙舟制作这样庞大的工程，唯一改变的只是部分引用了电锯、电刨、电钻替代了人工砍削，汽车运输代替了人扛肩挑，但最为核心的造型和拼接步骤却无法用现代技术代替人工。

三、传统工艺的技术流程特点

（一）选材

在少数民族地区，人们要发展体育运动都是在适应当地自然环境的前提下进行，因此在材料的选取上以就地取材为主。少数民族同胞们常常是选取生活中方便利用的材料，发挥聪明才智将之进行适当改造，使之成为方便耐用的体育用品。故能作为少数民族传统体育用品的材料一般具有选用方便、坚固耐用、易于改造的特点。

1. 选用方便

一般而言，少数民族体育运动都来源于少数民族的生活和劳动，故运动用品也多是人们生活、劳动中所熟悉的东西。聚居于藏、甘、青、川等省的藏族人民利用他们生活中最为常见的牦牛毛、羊毛加工编织而成的俄尔多是他们重要的劳动生产工具，并在放牧过程中俄尔多发展成一项竞技游戏。在内蒙古草原上的牧民利用当地饲养黄牛的皮制成摔跤服。在南方，陀螺等项目的辅助物件如鞭杆等选材范围很广，常见的木、竹均可。而绣球项目所用到的米粉、棉布、硬纸片、木屑等更是生活中的常见之物。

2. 坚固耐用

大多数少数民族传统体育用品现在还处在手工生产阶段，制作耗费一定的时间，且某些复杂工艺仅为小部分人所掌握，故在选材时多倾向于选取坚固、韧性好的材质，以延长使用寿命。其中体积庞大、制作较复杂的苗族独木龙舟舟体的原料为柳杉，柳杉木质纹理顺直、耐腐防虫，广泛用于建筑、桥梁、家具和工艺制品等方面，用柳杉制作的龙舟坚固耐用，使用寿命可达100年以上。

蒙古族摔跤服由黄牛皮经过熟皮、染色、压花而制成，质地较厚且硬，搏克在蒙古语中就意为“结实、攻不破、摔不烂”。另外，藏族的响箭、锡伯族的弓箭、苗族的吹枪、佤族的弩等木竹质的器具都选用质地较为硬实的桑木、榆木、西南桦、甜竹等竹木材料制作，成品都不易变形、久用不坏。

3. 易于改造

在少数民族地区，体育用品的制造普遍使用传统工艺，没有过多科技的渗入，因此为了适应手工或简易工具的制作，在选择材料时一般选用易于改造的，例如苗族的吹枪枪管一般选用越南产薄竹制作，这种竹竿直径较小，且每节竹节长达一米以上，在制作竹枪管时，可以免去疏通竹节的复杂工艺。同时，少数民族同胞常常将美好的愿望和信仰寄托在他们所热爱的体育项目中，故几乎所有的体育用品都需要经过精湛的细加工以呈现精美的样式，因此所选用材料必须有较好的可加工性能。苗族的独木龙舟的龙头上须雕刻眼睛、鼻子、上颚、下颚、嘴、牙齿、毛发以及龙脊，工艺复杂细微，对材料要求比较高，故选用具有弹性好、韧性好，耐磨、耐湿的水曲柳。

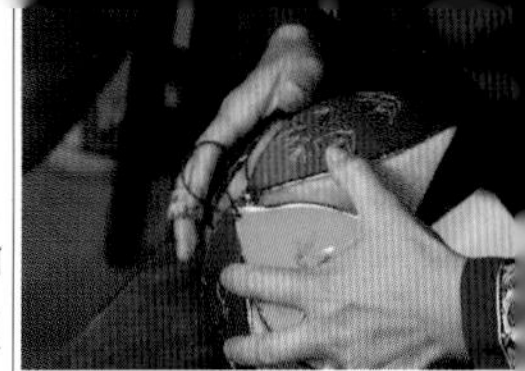

图 192：高脚马浸泡

图 193：球棍浸泡

（二）粗加工

1. 浸泡

在少数民族体育用品中，很多制作过程的准备过程是一致的，比如和竹木有关的体育用品中，浸泡多为不可缺少的程序。响箭的箭杆在制作前需要把选取的竹子放在水中泡几分钟；而弓要放在水中泡几天，直到竹子表皮带水分，才能开始下一程序。制作响箭的弓弦（麻绳）需要在水中泡几分钟，使柔软的麻绳变硬。响箭的靶围制作需要将剥下的一整片牦牛皮在水中浸泡一个月，这样浸泡是为了增加牦牛皮的弹性。

高脚马马杆在制作前也需要浸泡，用艾蒿、晒干的淡竹叶和适量的火土灰加入水中浸泡竹子，一般需要15天，以达到防腐、防虫和增强韧性的目的。

宁夏的木球为增加木球和球棍的弹性和韧性，通常把制作好的木球和球棍在水或废弃的食用油中浸泡两天，泡后不晾晒，放在阴凉处使其阴干。

2. 烤

在体育用品的木材加工过程中，用火烘烤木材原料是制作很多体育用品的共通之处，烤是手工制作中脱水干燥处理、进行校直的主要手段。

西藏响箭的箭杆泡制后把竹子放到火盆里烤，直到竹子表皮开始冒泡。然后把烤好的竹子掰直。

湖北高脚马的马杆在浸泡后需用明火熏烤马杆的弯曲处，直到马杆出油，再用杠杆原理将其校直，用冷水使其冷却定型。

贵州的独木龙舟的篙在制作前也需要放到火堆上熏烤，然后再矫直定型，方便后期制作，同时也是为了使用的方便，能在龙舟划水的过程中更好的把握方向。

弩的弓片固定成弓的形状后要放在火塘上熏烤，经常翻动。一般烤制 2 到 3 年后再用最好。即使急用也要烤 3 个月以上，半年为好。因当地佤族

图 194：烤制竹片

百姓生活中常以木材作为燃料，在炉灶上方支上架子，放上所要烘烤的木料，利用炭火完成烘干。弩的箭头要将直径 6 厘米的竹子截成所需长度，纵向劈为 4 瓣，在支架上熏烤，用苦楝藤内皮撕削成的细藤绳缠绕住箭的末端熏烤，熏烤时将竹心朝下，把弯曲的部分校直，把箭头削成锥形。至少要烤 3 个月以上。

高脚马为使马杆经久耐用，通常采用阴干和熏烤两种方法进行脱水。阴干脱水是将浸泡后的马杆放在阴凉的通风处，使其自然阴干。熏烤脱水是在火坑上方 2 米处吊一个四边形的木架，将浸泡后的马杆放在上面用微火不间断熏烤一周左右。

3. 砍或锯

在木材的加工过程中必须先对原材料进行初步的削砍，体育用品的外形轮廓依靠砍或锯的手段实现，根据不同的体育用品的要求砍伐出大体的形状。

图 195：龙舟发墨定线

贵州的独木龙舟先把砍伐来的树木进行初步的砍制，砍出龙舟的大体形状。独木龙舟的主要组成部分有母舟、子舟、龙头、桨、舵、篙、扁担，其材料都为木质，粗加工时需要用斧子按各部件外形要求进行初步砍削，初步砍出的母舟舟体外形头部高翘，舟整体呈圆五边形，船舱表面得削砍平整。在制作舟体的龙头时也按照此种方法先砍出龙头的雏形，做龙头的师傅根据草图，用竹笔勾画出龙头、龙颈和销座 3 个部分的整体轮廓。然后用电锯和斧子初步砍出龙头的各个部位以及龙脊的大体轮廓。在砍制的过程中，制作人会配合着发墨画线，根据画线的规格进行

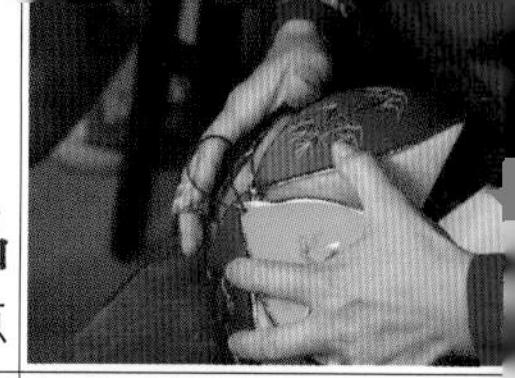

图 196：砍制陀螺

砍制。

云南的陀螺在制作时，要把选好的木料按陀螺的高度沿木纹的横向截取一段，陀螺的圆柱体、圆锥体部分粗加工时全部是用砍刀砍削成型，砍陀人基本是根据自己的经验，凭借目测法，就能砍出陀的锥尖，并且基本保证锥尖在圆的中心，一般整个陀螺越矮重心就越稳。陀螺基本成形后，要将陀螺上沿的毛刺削掉，再用磨石或砂纸进行打磨光滑。

弩的弩身需要将去除水分的木料根据所需大小进行锯割刨平。然后画出弩身的外形，再砍削成形并刮削平滑。弩的弓片在弩身的前端，确定完弓片口的位置后，要凿成半圆形。

高脚马在制作时需要在靠近竹梢一端剔除多余枝丫，留取几对较好的枝丫，这样截取的竹竿称为“马杆”。

吹枪选用厚度略大于所选枪管外径的长方形板材做枪托，木板的长度根据枪管的长度而定，一般短于枪管约 30 厘米。在成品出来前也需要对木板进行砍制。

4. 削

图 197：竹片纹路

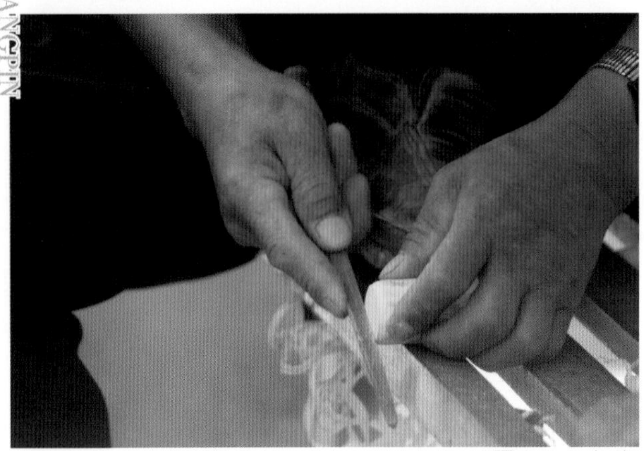
图 198：削磨

图 199：剥树皮

在木质为主的体育用品加工过程中需要由制作人画墨确定所需用品的大体形状，再用不同的工具（大体是锉刀）进行削砍，让形状更加明显。西藏响箭在制作弓时需用刀削薄竹子表面，直至出现竹子经线的纹路，这个厚度的竹子韧性最好。

宁夏木球的球体在刨光后，用推刨打削球体的两端，其中一段要斜削 1 厘米左右；用三棱锉打光磨平木球横截面，木球的一端横截面呈不规则型，这样两端不对称而做出的木球有利于提高木球的速度，变幻木球的飞行轨迹。

5. 剥

制作吹枪管套的树皮需经过反复刮削使树皮表面光亮平整，才能用来制作枪管套。制作的时候要选择桃树树皮比较平整的地方，用小刀纵向划一切口，再横向划出相隔约为 2 厘米的两条平行线，形成一个长方形带状区域。从树皮纵向切口处挑开厚约 2 毫米的一条。制作一把吹枪一般要取 3 到 4 条树皮备用。

独木龙舟的舟体进行初砍之前要去除树皮，去皮的过程如下：从根部开始，用斧子在每隔约 1.5 米处横砍出一条缝，再竖切出开口。用一头平尖的木棒撬开树皮，等到树皮松动后用手慢慢剥离开。去除树皮主要是为了加快树木的脱水和风干。

6. 掏

响箭需要把圆锥体状的箭头内部掏空。用刀把初加工而成的箭头切成两半，在距离底部约 1 厘米处用标尺标出两个孔眼的位置，然后画一条直线，将其中一半放到凹槽模具中，用掏刀将

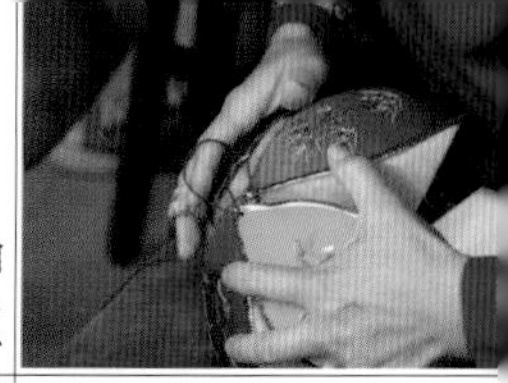

图 200：掏箭头

木头掏空，掏空过程中注意手用力均匀。这样才有利于箭的发射，且能发出清脆的响声。

独木龙舟需要把舟体内部掏空。用电锯依墨线锯出船舱的轮廓，再用斧子和挖锄将多余部分砍除，使船舱内部的空间呈口小肚大的 U 形，这样人就可以站立其中划行。

吹枪首先截取长度小于 1.2 米、内径为 1 厘米左右、粗细均匀的一段竹节，削平竹管两端并去除毛糙部分。然后将一根一端呈勾型的长铁丝插入枪管内，并来回抽动，使管中的竹衣脱落、内壁平滑。

7. 黏

响箭的箭头掏空后需要把分成两半的箭头用鱼皮、牛皮、牛角、鱼骨一起熬制而成的牛胶进行黏合。在黏合后的毕秀底部中心钻孔并固定并安装一个“箭心”，以固定箭身和箭头。在箭头底部还要粘贴上一块橡胶皮，防止黏合的两块“毕秀”裂开。而箭尾则要粘上牛筋或桃木皮，增强其牢固性。最后粘上新鲜的鹰翎，象征着射出去的箭同鹰一样迅猛无比。

黏是锡伯族弓箭制作非常重要的工序，制作好的弓臂要用胶刷子把鱼胶涂在弓臂、弓梢、握把各部分缝隙处并黏合，再将牛角片黏在弓臂槽内，用涂好鱼胶的蛇皮包裹住弓臂；箭杆上的尾翎也是用鱼胶粘贴的。

8. 搓

响箭做弓弦时需要把麻绳搓成粗细均匀的形制，然后把搓好的麻绳分为等长的4根，再把4根并成1根，撮合在一起。最后才形成弓弦。

弩弦用麻线、牛筋或弹性大、收缩性小的其他材料搓编而成。先以弓片的两头挂弦点为距离确定弩弦的长度，用钉子设定两端，将麻线在两固定点间缠绕，用藤竹皮纵向缠绕弩弦的中部，此处为触箭部位，以增加耐磨程度。将两头编缠成套环。

图201：编织

新疆锡伯族弓箭也需要搓弓弦，先抓住牛筋的一端，将其分为3股。用手掌顺小腿向下方向搓揉，直至3股各自成麻花又合而拧为1股。两人配合为弓反曲上弦。

云南陀螺的鞭绳一般用棉线搓制而成，将线绳反复按一定要求搓，绳头部分要求较细，便于打陀。由于鞭绳与鞭杆连接部分约70厘米长的一段鞭绳在打陀的过程中受力是最大的，所以要将这一部分的鞭绳加粗，，最后在绳头处打一结，防止线散开。

图202：编织马镫

9. 编织

编织是俄尔多制作的主要工序，甘南的俄尔多由多股绳子、石兜、指扣以及鞭梢4部分构成，主要都是用牛羊毛捻成的线手工编织而成。在藏族牧区，俄尔多的使用非常普遍，几乎家家户户都会编织。编织方法有很多种，不同的编法和股数能编织出不同的花样，常见的有九眼、麦穗花纹、边白边黑等，股数从4股到20股不等，且多为偶数。这些样式都寄寓着牧民们对健康、平安的幸福生活的祈盼与祝愿。

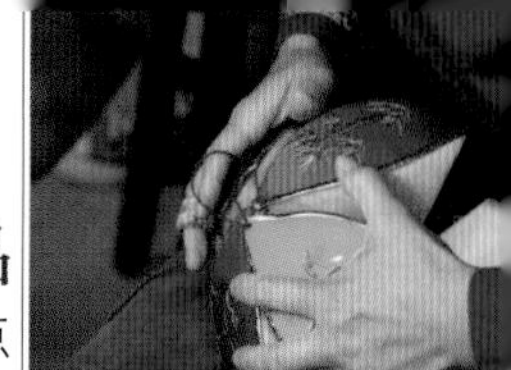

编织马镫是高脚马制作的关键环节，做成后的马镫长约 10 厘米，最宽处约 8 厘米。主要有两种编制方法，分为竞速马镫和表演马镫。竞速马镫要用棕绳缠绕下端枝丫 5 圈，放入内卡，继续缠绕编织，每圈都绕经上端枝丫，缠绕 10 圈，放入上下两片外卡，反复缠绕固定，上下缠绕共计 11 圈。为使其更加坚固，再用铁针牵引棕绳密密地缝制脚踏底部。此种马镫后踏效果好，便于发力，脚不易从中脱滑，多用于竞速比赛。表演马镫需要用棕绳交叉缠绕 5 圈，插入两根竹片，继续反复交叉缠绕，形成踏镫。然后经踏镫底部上下缠绕 10 圈，放入横卡，缠绕固定，上下缠绕共计 11 圈。同样为使其坚固耐用，再用铁针牵引棕绳密密地缝制脚踏板，并加固两侧绕绳。这种马镫便于双脚均匀用力，平衡效果好，多用于日常生活和舞台表演，同时方便维修。

10. 缝制

甘南的俄尔多填充石兜将线一圈一圈沿石兜框缝制紧实，边绕边缝，直至中央，中间不能缝死，要留一个细缝。鞭梢绳子为扁形，是将 3 股绳子并

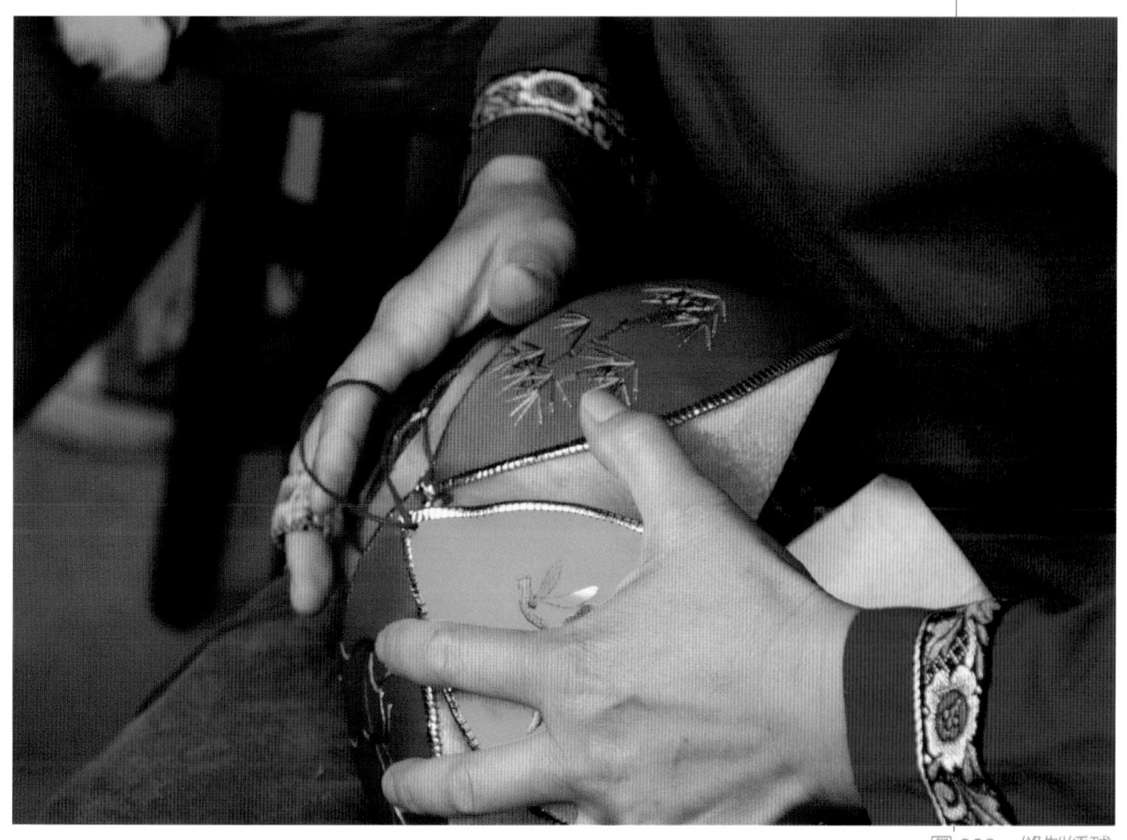

图 203：缝制绣球

排然后用针线缝制固定而成。

广西的绣球制作就是缝制的过程，即将粘好的瓣片与球托缝合并装入填充物压实后形成绣球的12个球瓣，将裁好的金边放置在花瓣的边缘处一起进行缝合、锁边，最后将缝制好的6个球托即12个球瓣缝成一球形，直至整个球体看起来圆满。

响箭的靶位需要用长方形帆布做整个靶围的底部，在靶围中上部缝制射箭时衬托靶子的牦牛皮门围；靶围的左、右、下3个地方要缝制上一圈有红、绿、蓝、黄、白颜色的彩布，在位于门围下方的帆布处缝制一个“寿”字，象征长寿；接着还要在靶围上缝制一排香布，经过多次缝制后一个靶围才算做好。靶心由3个环组成，3个环依照各环每个面的尺寸和形状裁剪出相应的皮料或布料，将各面依次缝合，同时填入牛毛或海绵，封口即可。最后在外环缝制一个挂环，靶心即制作完毕。

香牛皮是制作搏克跤衣“卓都格”的主要材料，先将香牛皮依据版样划样、裁剪，制成裁片；将一面粘贴红色胶皮宽约2厘米的薄海绵对折，将其与裁片的片茬边叠放，并留出牙口，再用缝纫机在距边缘约1厘米距离处缝合；用缝纫机将大圈、袖口、袖窝、底边缝在大身上；将麻绳打上蜡，使麻绳光滑结实，再用手工沿缝纫线缝边。搏克跤衣、跤裤、围裙、“将嘎”和跤靴都是通过剪裁后缝制而成的。

（三）细加工

少数民族传统体育用品的精湛技艺主要体现在细致的加工上，在打造出雏形之后，往往还要在器具上进行雕刻、打磨、着色等细加工，这种加工不仅能使体育用品更具有实用性，体现劳动人民的聪明才智，更蕴含着少数民族同胞对美的表达和幸福的追求。

1. 雕刻

最能体现雕刻的精湛技艺的是苗族独木龙舟的龙头，它不仅体积庞大，配件众多，并且需要精细的雕刻以彰显巨龙的英姿。龙头的长度约3米，上面雕刻着龙头的各个部位：眼睛、鼻子、上颚、下颚、嘴、牙齿、毛发、龙脊、42层龙鳞以及160个鳞片，雕刻时仅用不同型号的中宽凿和扁圆凿，全凭师傅精湛的手工技艺雕刻。回族的木球和球棍浸泡阴干之后，也用小刻刀之类在其上面雕刻各种纹饰图样，如梅花图案、数字等。

2. 打磨

适当的打磨是木制器具的必需步骤，打磨使得木头表面光滑，不仅美

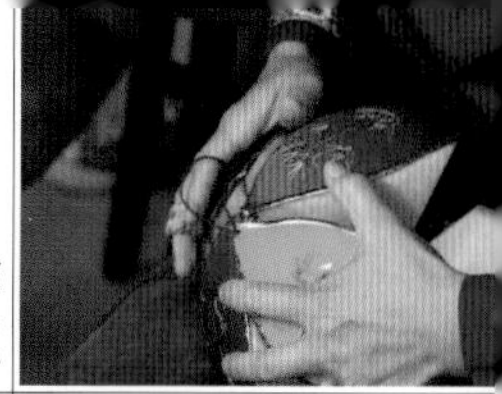

图 204：龙头雕刻

观，在使用时也能更顺手。如独木龙舟的龙头，在雕刻完毕后需要用打磨机和砂布精细地将龙头各个部位以及配件打磨光滑。苗族的吹枪和回族的木球也需要用砂纸或磨石打磨。

3. 着色

颜色往往是少数民族表达审美情趣的重要手段，故他们往往在体育用品上涂上具有民族文化内涵的色彩，既美观又能起到防腐的作用。如土家族高脚马要用清漆遍刷马杆，自然晾干；木球也在雕刻的花纹之上涂上各种颜色；响箭的箭头头部和 4 个心形孔眼处涂上红色，而整个箭头则要放入清漆中染色后拿出来倒置晒晾干；独木龙舟的龙头是应用颜色最为丰富的也最为复杂的，先上一层清漆，打磨光滑后，再在其各部位都要刷上不同颜色的漆，彩色的漆也要反复上至少 3 次，直至各个部位的颜色均匀、细密为止，这样，整个龙头看起来活灵活现，栩栩如生。

4. 刺绣

刺绣是绣球制作工艺最复杂和最耗时的环节，也是绣球工艺的关键所在。刺绣技术主要有平绣、打籽绣、贴绣、绕绣、辫绣和堆绣等技法。刺绣以前，要先在瓣片上绘制所要刺绣的图案，有经验的艺人可以在瓣片上直接绘制；也可先在纸上画好图案，然后拓绘在瓣片上；还可以利用模板在瓣片上绘制。另外，还有补绣、贴绣、绕绣、辫绣、锁绣等技法，但有些已经不用或失传了。

5. 装饰

体育用品成型后往往需要加上一些装饰品，如在绣球穿上球带，缀上各色流苏和自行穿串缝制的彩珠等，有些装饰品则不仅美观，更有微妙的实际用途。如蒙古族摔跤服上需要镶嵌512个铆钉，铆钉分为大、中、小3个号，根据跤服的要求镶嵌在大圈、袖口、袖窝和底边上，数量繁多的铆钉不仅使跤衣美观、结实，而且能够防止运动员受伤。跤衣的后背还会装饰一块牌子，现在这种牌子是由白铜制作的，图案有龙、虎、麒麟、鹰等，用凿子在跤衣后背打眼、上牌，这是一种文化的象征。

6. 组装

有些体育用品由多个零散的部分组成，这就需要在各个部分分别完成后按照一定的次序组装起来。如，独木龙舟需要将龙头安装到母舟头部，在连接处由下向上插入销子后用楔块卡紧。销座底部卡口与舟上卡座对拢后，用麻绳将龙头与舟捆绑加固。弩也需要在弓片两头用刀削出一对斜槽，为搭弩弦所用，将弦的一端挂入弦槽，再用脚镫住弓片一边，将弓压弯使弦挂入另一端弦槽。

7. 加固

为了使体育用品更加坚固牢靠，有利于比赛，往往需要采用适当的手段对其进行加固。搏克在跤衣外缘用软牛皮进行包边；高脚马用铁丝圈箍住马杆底部，并将木楔楔入底端空心，以免马杆底部开裂，待马杆清漆干后，将毛巾或胶带缠绕在杆头，避免伤及手掌并起到防滑的作用；陀螺为防止鞭杆两端磨损，选取内径与鞭杆直径大小相近的金属箍，套于鞭杆两端，分别将鞭杆两端金属箍内的木头中间劈出缝隙，钉入木楔，将杆头与金属箍涨紧。

独木龙舟由于舟体很大，且有多处拼接，故要在舟体拼接部位和舱面板外缘包扁铁条，以加固舟体，还需用角钢在母舟拼接部位的舱面船帮处进行加固，另外，还要在舟的各部位涂抹桐油，以使舟体顺滑而牢固，在水中划行时减少阻力。方法是将桐油倒在抹布上直接涂抹在龙舟身上，最少要涂抹3次桐油。

图 205：龙舟舟体加固

（四）调试

少数民族体育用品完成后需要对成品进行调试，检验成品是否合格，如果存在瑕疵或纰漏需要及时调整以便使用。而不同的用品调试的方法虽然不同，但基本原理都大同小异，主要依据平衡感来判定。例如西藏藏族的响箭调试主要是把箭拿在手里左右旋转，速度旋转均衡就是标准的好箭。否则会左右晃动需要调整。新疆锡伯族的弓箭调试方法主要是将箭立于掌心进行旋转，以此来检测箭的平衡程度。

云南的陀螺调试分为粗调和细调，粗调是待陀螺成型后，旋放陀螺，观察陀螺的旋转状况，测试陀螺的重心是否落在锥尖上，重心严重偏离锥尖时，陀螺会跳离地面，略有偏离时，陀螺会在地面游走，重心落在锥尖时陀螺会在原地旋转。如此反复旋放、调整，直到陀螺旋转基本稳定为止。陀螺的精细调制是旋转陀螺，将陀螺托到手掌心，感觉陀螺的摆动大小，根据陀螺旋转时的摆动大小 选择配重胶泥的重量，通常情况下胶泥的重量在 20 克以下，陀螺摆动大，配重胶泥重量大；陀螺摆动小，配重胶泥重量轻。把胶

图 206：调试陀螺

泥粘在陀螺的上平面边缘上，将陀螺托到手掌心继续旋转陀螺，感觉陀螺摆动大小的变化，通过反复调整胶泥的位置找到胶泥配重时陀螺摆动最小的一点。在胶泥所在位置一侧的锥体部分进行刮削，不断的减轻配重的胶泥重量，重复上述调制过程，使陀螺旋转时重心落在陀尖上，陀螺无配重旋转时没有摆动，陀螺旋转才可稳定持久。如果重心偏离太多，还可以在陀螺上面粘胶泥的部位钉钉子配重，直到将陀螺调平衡为止。最后，用油脂将整个陀螺涂抹一遍，起到防裂、保护的作用。

弩在上好弩弦后，如果弩弦的中间部位有偏移，说明弓片的两端张力不均衡，偏移的一方张力较大，还可以通过发射弩箭的方式校弩，如果射出的箭水平偏向一边，说明弓片张力不对称。偏向哪一边，就说明其对边的弓片过硬，用脚踩压弯曲或用刀削薄，可通过多次试射调整弓片，直到满意为止。如果箭射出的方向箭偏下，说明箭重量较大，就把箭削细，把箭头削短，但不能超过半厘米，通过多次试射进行调整，直到满意为止。

（五）存放

少数民族传统体育用品在少数民族的生活中占有重要的地位，有的还是

他们传统文化与精神信仰的载体，故在日常生活中，这些用品的存放也有所讲究。例如，俄尔多是藏族牧民放牧时不可缺少的工具，于是牧民们一般将俄尔多系一个活扣绑在房屋或者帐篷的柱子上，这是一个显眼易取的位置。外出时，一拉绳子的一端便可以取走。遇到帐篷外的牛羊群出现突发性的异动，牧民一拉绳子便可冲出帐篷外找到合适位置，作出及时的处理，而不受阻碍，十分迅捷方便。弩则需要放在通风干燥的墙上，把弦的一端松开。箭可放在由动物皮或竹筒制成的箭包里。吹枪、响箭、高脚马、木球等竹木质器具则放置于阴凉干燥的地方，以免受潮变形。独木龙舟作为苗族村落集体共有的财产和特殊的节日物件，一般只在一年一度的“独木龙舟节”上亮相，其余时间存放在龙舟棚内，遮挡风雨，半年左右刷一次桐油。每次准备参加独木龙舟活动前，将龙舟抬至江中清洗、修补，并涂抹桐油。活动结束后抬回龙舟棚内保存。

图 207：龙舟存放于龙舟棚内

第四部分

少数民族传统体育文化的内涵与特点

少数民族传统体育文化是某一特定的民族在长期生产劳动中创造出来的，无论是起源于生产劳动、军事战争抑或宗教祭祀，它总是从不同角度、不同方面在一定程度上反映了某一特定时期的某一特定民族的历史、政治、经济、文化、生活、宗教、风俗习惯、心理状态等多方面的内容。而这些文化的凝聚往往需要一个载体，少数民族体育用品则凭借它悠久的历史以及与民众的密切联系，成为众多少数民族传统体育文化的物质符号。

一、记载民族发展的历史

（一）迁徙的运载工具独木龙舟

苗族的独木龙舟竞渡活动在清代已形成一定的规模，且已相沿成俗。每年的农历五月二十四到二十七，以施洞镇为中心，上起施秉平寨，下迄清水江岸的平兆场和巴拉河的榕山村等五六十个村寨，方圆400平方公里内的苗家男子都会身着盛装，会聚于清水江畔进行划龙舟比赛，欢度“独木龙舟节”。

独木龙舟节的起源，在黔东南地区流传着很多传说。其中，流传在施洞地区的是：很久以前，清水江边有父子两人，靠打鱼为生，父亲名叫保，儿子名叫九保。有一天，父子俩在江上打鱼，突然从深潭中跃出一条恶龙，将九保吞进了肚子里。老人悲愤至极，便潜入龙洞（位于南哨寨十里长潭），把恶龙烧死了。不料，烟雾弥漫了整个清水江的上空。一连九天九夜，天昏地

图208：满载苗民的独木龙舟

暗，人们很发愁。一天，有个妇女带着孩子摸黑到江边洗衣服，天真的孩子将捶衣棒放在水面上划来划去，嘴里无意中念叨“咚咚—哆！咚咚—哆！”说也奇怪，天竟然渐渐地亮了。不久，江面上便飘来了被烧死的恶龙。人们发现后，便纷纷前来分食龙肉。胜秉寨去得最早，割得龙头；平寨（今属施秉县）割得龙颈；塘龙寨（今台江县属，以下均为台江县属）割得龙身；榕山寨得龙腰；施洞方寨的人去得晚了点，只得龙尾；杨家寨去得最晚，仅得肠子。因此，现在杨家寨的龙舟的主色是蓝色（龙的肠子为青色），称为青龙。上稿仰寨分得的是龙脊，龙的脊背上的鳞甲全是红色的，就规定他们制作红龙。分龙以后，恶龙托梦给人们，对害死老人的独生子表示忏悔，并要求人们仿照它的样子，用杉树做成龙舟，每年在清水江上划上几天，恶龙便保佑苗家人风调雨顺、五谷丰登。这样，划龙舟的习俗就沿袭了下来。

苗族的独木龙舟古朴硕大，别具一格。传统的独木龙舟是用 3 棵高大杉木凿空捆绑而成，中间一棵为母舟，直径约为 70 厘米，长约 24 米。两边为子舟，每棵直径约 40 厘米，长约 13 米。下水时用扁担、竹篾和藤条将 3 棵

图 209：独木龙舟比赛

杉木并列扎成排，装上精雕细琢的大小两个五彩龙头。

由于苗族历史上没有传承下来的文字，生活的地域又很闭塞，因此关于独木龙舟无文字资料可考。流行于黔东南苗族地区的口传史诗《苗族古歌》中有“跋山涉水”一章，描述苗族先民的迁徙队伍沿着稻花河而上时，曾经造过“船”。“奶奶要造船，公公要造船，洪水滔天后，山中树死绝，到处光秃秃。哪里有大树？只有一棵树，生长在猴坡，洪水冲不倒，野火烧不着”。为了造船，“奶奶扛锯子，公公带斧子”，“公公锯树干，奶奶砍树枝，公公造船舱，奶奶造橹桨”。从歌中可以看出，只有一棵大树，且是在迁徙途中造船，时间相当仓促，那么造出来的“船”，很有可能就是我们现在看到的独木龙舟。据考证，这次迁徙发生在公元前9世纪末到公元前8世纪初，即周宣王“乃命方叔南伐蛮方”之后，而迁徙的队伍即为今天的黔东南苗族的先民。如果这“船”即是独木舟。那么黔东南苗族的独木舟已有两千多年的历史了。

清水江苗族的独木龙舟活动带有浓厚的宗教文化色彩。龙舟是苗家人的神圣之物。龙舟的制作、保存和比赛苗家人都要进行祭拜等一系列仪式，并有相应的禁忌，反映了稻作文化影响下，苗家人对风调雨顺的渴望，对丰收的企盼。

（二）坚硬过铁的锡伯族弓箭

一个民族文化的产生，与这个民族所处地理环境和经济生活密不可分，文化往往在地理环境和经济生活的基础上派生而出，随后又反作用于这个民族发展的各个历史阶段。

锡伯族历史上的经济类型发展经历过5个时期，即早期的山林型经济和其后的草原型经济、农垦型经济、戍边型经济到今日的市场经济，其间，锡伯族弓箭文化随着社会经济的发展而发生了5次变化，由最初的生产性文化、军事性文化、群众民俗性文化到现代竞技体育文化，再到今日的旅游文化，这5次大的升华综合反映了锡伯族不断适应社会发展和改造客观世界的生命力，也体现着弓箭文化对于锡伯族发展所产生的强大内驱力。

在锡伯族早期先民所活动地区发现的原始岩画中，存在着以放牧、作战、狩猎、舞蹈、雄性崇拜等各类岩画主题，弓箭始终占据着主题，并且出现的频率也最高，弓箭的发明创造对锡伯族先民产生了巨大而无可替代的作用，影响着诸多方面。通过这种工具锡伯族先民开始逐渐战胜自然同时也改变着自己，这种作用和影响一直延续到后世的各个历史时期。

随着生产力的发展，各群体之间的竞争也日趋激烈，这种竞争在争夺土

地、人口、牲畜等各种资源的基础上逐渐升级为战争，由于锡伯族先民游牧狩猎的生活方式以及特殊的地理环境，使得弓箭这一生产工具成为主要的作战武器被广泛应用于军事和战争中。锡伯族自古便是一个人口稀少、力量较为单薄的民族，曾经多次被其他强大的民族和政权洗劫和杀戮，为了争取生存和生活的自由，锡伯族人苦练弓箭技艺，在民族危亡时刻紧紧与弓箭为伴，练就出骁勇善战的本领和奋发向上的精神品质，驰骋在中国东北广阔的原野上。

当今锡伯族史学界公认锡伯族由东胡—鲜卑—室韦—锡伯的顺序发展演变而来。东胡作为锡伯族的渊源，骑射早已是其主要的文化特征。“南有大汉，北有强胡。胡者，天之骄子也”，可见，东胡很早就作为匈奴以东的一个比较强盛的部落联盟而存在，《史记·匈奴列传》曾对北方匈奴、东胡等北方游牧少数民族记述道：“儿能骑羊，引弓射鸟鼠。少长则射狐兔，用为食。力士能贯弓，尽为甲骑。”东胡以狩猎和游牧为主，以大兴安岭为中心活动，强盛时达到东蒙古高原。今日在我国东北出土的众多古代石制箭镞可以看见往日这一骑射文化的兴盛。特定的生活环境孕育出东胡精湛的骑射水平，马背上作战和弓箭的技艺是其长项，因此也引发了公元前 307 年赵武灵王“胡服骑射”的典故。其后匈奴强盛起来，凭借“控弦之士三十万”的军事力量击破东胡，使东胡变为一个历史名词。

随着历史的发展，从东胡中演变出的鲜卑，延续着前者的狩猎、游牧的经济生活和弓箭文化，《魏书》中对鲜卑曾记载道：“俗善骑射，随水草而牧，居无常处，以苍庐为宅，皆东向日。”鲜卑“人人善射，以战为乐，以战死为荣，预战时，族人操弓箭飞身上马，欢呼相应”，鲜卑人曾经特产角端弓，其弓制作精良，威力强大，原材料出自于鲜卑人独有的角端牛，此制弓的技术和材料为当时其他民族所不具备，鲜卑人也以此为豪。在鲜卑故城出土的女乐乐舞俑中有许多开弓张臂的造型，说明弓箭与鲜卑族文化艺术的密切关系；到了后来的室韦阶段，虽出现了部分农业经济，开始了农耕，但大部分依旧延续着狩猎、游牧的经济生活，保持着“长于射猎，喜于射猎”的传统，“幼童四五岁挟小弓短矢，及其长也，四时业田猎”，成年时必须学会制作弓箭、箭镞、马具等，作为生活立身之本。室韦制造弓箭的技术在当时十分高超，《旧唐书·室韦传》中记载：“室韦兵器有角弓楛矢，尤善射”，其“楛矢石砮”文化十分出名，采用楛木制弓，用木化石和脂化石制箭头，有着“坚硬过铁”、“其箭尤长”显著特征，一度成为关东地区骑射民族的文化象征。

到了金末，锡伯部落经历了千余年的发展变化，形成了锡伯部族，开始进入了民族的发展阶段。在元代，锡伯部族受蒙古贵族的统治，由于战争的需要，弓箭在军队中占有举足轻重的作用，有大批锡伯族箭手被编入蒙古军队，凭借骑射的优势、机动的作战方式成为元朝统治的一支重要力量。“男子三艺”（射箭、赛马、摔跤）成为两族所共同的特长，作为一项男子的必修课对待，两民族所共有的弓箭文化也得到很好的交流，其善射者都被称为“莫日根”，在这一时期，蒙古族的文化对于锡伯族的发展也起到了较大的影响，元代弓箭诸多的形态和种类在世界冷兵器中堪称一流，可以看出当时弓箭的制造主要是为了战争的需要，这在一定程度上有力地丰富了锡伯族的弓箭文化。

对于北方少数民族来讲，当时弓箭技艺不过关，在一定程度上就意味着民族或部族的被淘汰和消亡。这种危机感造就了人口稀少、力量单薄的锡伯族无与伦比的弓箭技艺和不屈精神，相传满族在统一东北诸部时所发生的“九部之战”中，努尔哈赤就曾被锡伯族的利箭射穿铁盔，并刺伤颅骨。

1644年清皇帝福临迁都北京，入主中原，但外部沙俄侵扰边境，窃据国土的事情频频发生，内部各地方政权也存在分裂篡权的动向。为弥补兵力不足巩固统治，满族统治者基于锡伯族“骑射精良，语言同”的特点，于康熙三十一年（1682年）用巨资从科尔沁蒙古中将所属锡伯族全数“赎出”，编入“出则为兵、入则为民”的八旗之列，受国家军制管理，在拿清政府军俸的同时服役从征、驻守卡伦，参与戡乱平叛、抵御外辱的各项斗争，成为清朝统治机构的一个重要组成部分。清朝统治者鉴于弓箭在战争中所起的重要作用，大力推崇“国语骑射”政策，教育各族八旗人士“射艺万不可荒废”，通过各种形式强化骑射操练。这种政策使得无论官方还是在民间，“国语骑射”始终在“旗人”中占据着文化领域的正统地位，上升为一种军事文化统治形式。

纵观锡伯族的历史，相当一部分是锡伯族的弓箭文化和骑射技艺所促成的，引起了民族发展的巨大转变，清政府正是利用了锡伯族这股“骑射力量”在实现清政府对于各地的驻防统治等方面起到了极为重要的作用。

清朝统治在其末期走入了衰落，当时科学技术的迅速发展使其失去了在国际上政治和军事优势。弓箭作为一种战略武器失去了清政府的政策支持，在经历千万年的战争洗礼之后终于退出了民族的军事舞台，使近代锡伯族弓箭文化面临着严峻的挑战。19世纪末20世纪初的锡伯族在经历了多次战争、连年的天灾以及无止境的“征兵”之后，人口锐减，从顶峰时期的近两

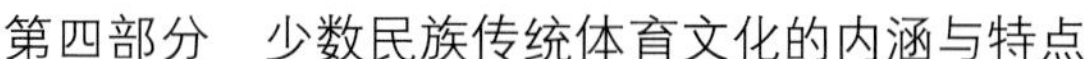

图 210：射箭传统

万骤减到一万零六百余人，经济发展受到严重影响。在“苏丹汗”政权统治时期，“苏丹汗”为达到消除锡伯族反抗力量的目的，不但将官方的弓箭全部销毁，同时也以各种方式将民间所藏弓箭纷纷掠走，失去了工具的支持，弓箭文化的延续受到影响。此外锡伯族的传统弓箭为作战所使用的“角弓”，这种弓箭的制作工艺较为复杂，由多种材料合成，对材料要求较高且难以获得。清朝时期，这种制弓原料多数由内地购入或者直接由内地制造局购入成品，原料的缺乏使锡伯族弓箭的数量也急剧减少；另外，20 世纪初火器在锡伯族中大量使用，弓箭作为生产工具和作战武器的使用范围逐步减少。这一系列的因素都在一定程度上影响到了弓箭文化的传承，但深深扎根于民族文化和民族潜意识之中的弓箭文化并没有就此轻易地消逝于民族历史中，即使弓箭文化的生产和军事性职能消失了，但弓箭作为一种民俗性文化却依旧在延续，虽然民间大规模练箭习武的风俗在一段时间内处于停滞的状态，但在小范围内仍有相当一部分人坚持着这一由祖辈流传下来的珍贵的民族文化传统。[①]

① 锋晖：《中华弓箭文化》，新疆人民出版社，2006 年。

二、表达民众的美好心愿

（一）传递爱情的绣球

绣球是壮族人民在生产劳动、社会生活中创造出来的表意形式，其中渗透着壮族人民的乐观精神和对幸福生活的向往与追求。绣球是爱情的信物，表示爱情甜蜜、婚姻幸福的意义。壮族绣球以圆形为主，这一方面是受大自然鸟语花香的熏陶，另一方面与其原始宗教和道教的影响有关，圆形象征着圆满、幸福、吉祥，寓意着热爱生活、享受今生的美好愿望。绣球的 12 个叶瓣呈橘子、柚子等果瓣状，水果寓意着甜蜜、幸福，叶瓣上通常绣上枫叶、桃花、李花、燕子等图案。枫树是壮族植物崇拜的象征；桃花、李花寓意着桃李满天下、多子多福；燕子是吉祥、如意的象征。填充物通常是稻谷、木糠、豆粟壳或棉花籽等农作物种子，有“爱之花，情之果”的含义，并喻示着“生育兴旺”。同时，稻作文化是壮族人民主要的文化特征，据考古发现，水稻在广西已经有近两万年的历史，人们与水稻有着深厚的感情，将稻糠等作为填充物寓意着期盼丰收、生活富裕的美好祝愿。

绣球原本只是女性在闺房中绣制，作为壮族男女之间传情、定情的信物，随着绣球产业化的发展，绣球原本只象征对爱情的纯洁、守信，经过挖掘、发挥，现已被赋予了友谊、吉祥、美丽等更多含义。现在绣制绣球甚至成为一种旅游观赏景观，由男女之间交换的信物变成了城市之间、国家之间交换的礼物，成为再现壮族文化，甚至中国文化的标志。

就绣球的文化功能而言，传统绣球起到增加审美情趣、沟通情感作用。如今，随着外来文化的不断涌入，特别是为了顺应旅游市场的需求，绣球的传统商品化的绣球图案开始吸收其他民族文化特色，图案趋于多样化发展。绣球叶瓣不仅绣上了一些花鸟和祝词，甚至还增加外国人喜爱的圣诞树、圣诞老人等图案，绣球内的填充物也由木糠、稻谷改变成了木屑。总之，绣球

图211

已然成为产业化发展进程中的一种能换取经济利益的现代商品。[①]

（二）节庆延伸的射弩比赛

在西南各省区，很多少数民族都有使用弩的传统。云南的26个少数民族中，有15个少数民族都用弩进行狩猎，如傈僳族、拉祜族、佤族、苗族、瑶族等居住在山区的少数民族中，射弩高手在云南的少数民族聚居区随处可见。现在少数民族地区的射弩大赛大部分是在节日中举行，能增加民族团结和交流。

近几年限于政府对枪械管理的制度，云南边境地区一些少数民族原本拥有的步枪、气枪都被上缴，酷爱狩猎的他们只剩下了唯一的工具——弩。而对野生动物保护条例的实施，狩猎禁止，使得现今精于射弩技艺的人少了很多，参加民族体育比赛——射弩，为这项民族传统体育项目的传承提供了一个平台，在一些民族村寨，人们利用农闲、节庆日举办射弩比赛，并将传统的射粑粑和肉片改为射靶。

历史悠久的射弩活动在我国众多少数民族中有着深厚的群众基础。开展不同形式、不同规模的活动，对民族的心理、群体意识、个体思维产生巨大

① 吕屏、彭家威：《传统工艺与现代商品—文化产业进程中壮族绣球的传承与变迁》，《广西民族研究》，2008年第1期。

图212：少数民族射弩

的综合作用。随着人们生活水平的不断提高和余暇时间的增多，射弩以其独特的民族魅力吸引了不同民族群众参加，对于推动我国全民健身、增强民族体质，具有一定的重要意义。值得注意的是，射弩运动对于强健体魄，提高呼吸、神经系统机能水平，培育良好的道德情操都具有积极的作用。

1982 年 9 月在内蒙古自治区呼和浩特市举办的第二届全国少数民族传统体育运动会上，云南省代表团第一次进行了射弩表演。

1986 年 8 月在新疆乌鲁木齐市举行的第三届全国少数民族传统体育运动会，射弩被列为正式比赛项目。时至 2010 年，已历经六届比赛，其浓郁的民族特点，深受群众的欢迎。

（三）带来好运的响箭

工布响箭同其他民族体育一样承载着本民族的风俗习惯、宗教信仰及文化心理。每当工布新年来临的时候，当地人一定要举行响箭比赛，不管射中与否，只要参与其中来年就能获得好运气。这在当地已经形成了一种约定俗成的心理机制。

另外，响箭制作和比赛中还融入了藏传佛教的思想。响箭的靶围上装饰着与藏传佛教教义有关的香布、彩布。靶心由红黑白三色构成，分别象征鸡、猪、蛇，代表人的贪、瞋、痴三毒，这个说法来源于藏传佛教中的六道轮回图。所以射响箭就具有了祛除自身缺点，不断提升自我的含义。在望果节等与宗教有关的节日中，射响箭也是重要的活动，具有取悦神灵、祛除灾害、保佑人畜平安、五谷丰登的意义。人们把对自然、神灵的崇拜用一种节日的形式来表达，并把体育也包含在节日娱乐活动之中，也正是通过这种形式，把体育和宗教这两种在本质上根本对立的精神需要混融在一起。

（四）镇邪驱恶的俄尔多

俄尔多是一种与藏民族生产生活密切相关的工具，也是积淀深厚的藏族文化的承载物。由不同编织方法编出的俄尔多呈现出不同的花纹，这些品种丰富的花纹往往具有不同的象征意义。据当地的藏族群众讲述，“麦穗”花纹的俄尔多是模仿麦穗的形状，藏语称为“甲力尼正”（藏语，意为“汉族的麦穗”），这种花纹可能最先产生于甘南的半农半牧区，之后才向牧区传播，甘南半农半牧区的农户种植麦子，当地人认为麦子是从汉族人那里引进的。“麦穗”花纹的俄尔多正是藏汉民族生产交流的物证，同时，这种花纹的俄尔多也寄托了藏族人民对丰收的祈望。从事农业生产的藏族人民特别重视农业丰产，在作物收割之前有祈望丰收的“望果节”，丰收后有庆祝丰收尝新的“香浪节”，藏族人民对丰收的祈望也时刻渗透在日常使用的俄尔多当中。

图 213：西藏林芝百巴镇章巴村调研响箭

“九只眼”的俄尔多藏语称为“七目格赤”，因其主绳上有 9 个貌似眼睛的花纹而得名，在藏族民间，“九”是一个吉祥数字，“九只眼”是模仿藏族的九眼天珠而编，天珠的名称何人所取已不可求证，港澳台叫天珠，藏族叫“丝”，汉族则称“九眼珠”。奥地利藏学家勒内·德、内贝斯基·沃科维茨于 1952 年出版的《来自西藏的史前珠》及 1953 年出版的《西藏的神灵和鬼怪》两本书中，均称为“猫眼石”。关于天珠的传说很多，总而言之都与藏族人民的信仰有关，是一种具有神圣意味的宝石。“九只眼”的俄尔多被赋予了与九眼天珠类似的意味，藏族人民把信仰编织到普通的生产工具之中，这种工具便不仅仅是一种物质生产工具，更是附有了藏族百姓对自然和生活的深厚感情。

在《格萨尔王》中这样描述了英雄格萨尔使用俄尔多的情景：“角如[1]想到已是降伏这些老鼠精的时候了，便在猫眼石花蛇投石袋里，装上羊腰子一般大的三块神鬼寄魂石……角如这样唱毕，便把投石索中的石头打了出去”[2]，“角如便挺立在那里的山梁上，在猫眼石投石索中装入羊肚子那么大一块念神依身的黑石头……”[3]这里的俄尔多带有超凡的法力，它所抛出的石头都是“神鬼寄魂石”、“念神依身的黑石头”，用于镇邪驱恶。在传统上，俄尔多也曾作为法师的法器，作为法器的俄尔多比一般的俄尔多小。在茫茫草原上，暴风雨是主要的自然灾害之一，藏民族也信奉万物有灵，当浓重乌云飘过天空，便认为是雷神过境。藏族的白教法师做法用俄尔多抛洒青稞等食物，以驱赶雷神离开，因雷神是神仙，抛石视为不敬，便抛洒粮食，称为“食子”，带有饷神的意思。格萨尔王用俄尔多驱除妖魔，法师用俄尔多驱赶带来灾难的雷神，在普通藏族群众心中，俄尔多象征勇气和力量，能够驱邪去恶，具有护身符的功能，俄尔多可以保护在草原上独自放牧的牧人不受厄运的侵

① 角如，史诗《格萨尔》中的人物。
② 王兴先、何天慧、马进武、兰却加、坚赞才让：《格萨尔》第一卷，兰州：甘肃民族出版社，1996 年。
③ 王兴先、何天慧、马进武、兰却加、坚赞才让：《格萨尔》第一卷，兰州：甘肃民族出版社，1996 年。

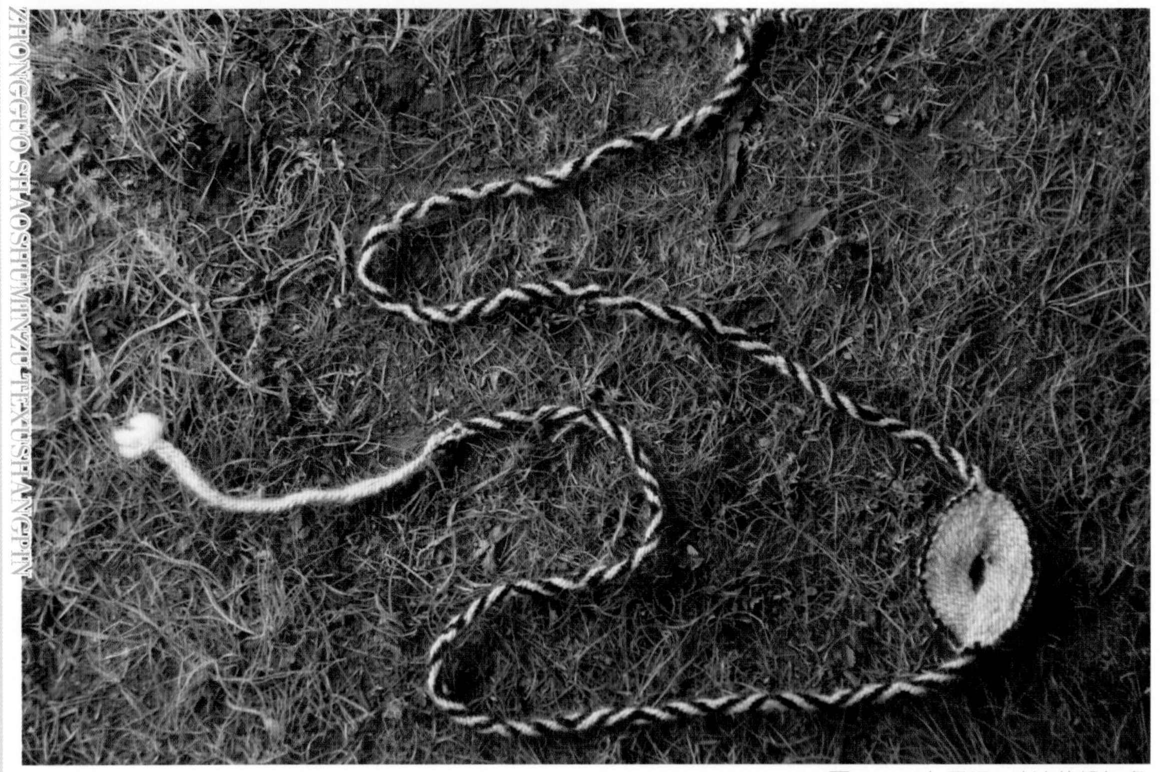

图 214："九只眼" 编法的俄尔多

袭，平安放牧归来。

三、体现独特的民族精神

智慧与力量结合的搏克运动

蒙古高原孕育了一个伟大的民族——蒙古族，他以前所未有的强者姿态创造和传承了最适合自己的生存和生产方式，形成了与此相适应的崇尚自然和豁达勇敢的精神，创造出独特的草原文化。搏克就是其中的代表。生息于草原上的蒙古民族面对严酷的自然环境，深深懂得了适者生存的自然法则。要生存、要发展、要壮大，就要在生存竞争中不断地迎接强大对手的挑战，努力战胜对手。这就形成草原民族不畏强敌、敢于拼搏、以智取胜的精神，并铸就了蒙古民族坚强、勇敢的民族性格。搏克不仅能够非常典型地代表了蒙古族的民族精神和民族性格，而且这项运动本身也在塑造蒙古族人民勇敢、无畏的民族精神过程中发挥了至关重要的作用。这种敢于拼搏、善于拼

图 215：博克表演

搏、志在必得的精神，在推进地区经济快速发展和社会全面进步的过程中得到了充分的体现并必将发扬光大。

搏克比赛中的“一跤定胜负”规则正是公平、公正价值观念的折射，是社会发展自然法则下的绝对公平的产物。从现实意义上讲，“一跤定胜负”的规则，正是告诉我们要珍视“机会”，明白“机不可失，时不再来”的道理。这种定律在竞争激烈的现实生活中，在任何人身上都适用，是优秀传统文化在新时代的延续和升华。

搏克运动作为蒙古民族体育竞技运动，是在北方游牧民族与大自然和人类自身的不懈斗争的基础上应运而生的，并随着蒙古民族的强大而不断发展进步。透过搏克体育运动的层面，我们似乎可以从千百年来草原历史的更迭中找到它所蕴涵的草原文化的精髓。

四、凝聚劳动人民的智慧

（一）行走自如的高脚马

高脚马体现劳动人民智慧，首先表现在它的起源上，后来又融合了诸多土家族的文化因子。关于高脚马的历史起源主要有 3 种说法：

1. 儿童游戏说

“高脚马”，是现在的名称，以前叫做“竹马”或“骑竹马”，现在当地很多人的口头上也还是叫它“竹马”。它与我国北方的踩高跷有近似之处，但又不是“踩高跷”。我们现在的高脚马主要用竹子制成，人踏在竹马镫上，手脚近于摆同边手的配合，一步一步地左右脚交替前进、后退或向左、向右走进。而真正的“竹马”说的是几岁孩童，胯下骑着竹马在庭院内或床的周围来回奔跑嬉戏。这种骑竹马既不属于高脚马范畴，也不是踩高跷，而是儿童嬉戏活动之一。在《后汉书·郭伋传》有最早的对骑竹马的文字记载，说的是在东汉初，扶风茂陵（今陕西兴平东北）有一个任并州牧（东汉建武十一年）的人叫郭伋，字细侯，由于他勤政爱民，官声颇佳。有一次，他到西河美稷一带巡访，有数百儿童骑竹马来迎，并问他何时返回再经过此地，表示还要为他送行，于是便有了“竹马交迎”的成语。这说明骑竹马这项民间传统体育活动，不但有着广泛的群众基础，而且这时已经超出了儿童嬉戏的内涵，并常用于迎接大小官员和贵宾时群众自发的欢迎队伍。

高脚马是何人、何时在什么地方发明的呢？现在已无从查考，但是，高脚马、高跷和竹马 3 件物品，是截然不同的。高脚马与高跷在起源上可能有一定的渊源关系，高脚马多见于南方，是竹制的；而高跷多见于北方，是木制的。高脚马与竹马只是在名称上的混同，在形制和使用方法上都截然不同。

2. 双木续足之戏

高脚，又称高跷，古称“双木续足之戏”，是我国民间传统体育娱乐活动，有着悠久的历史。早在原始社会，人们为了采摘较高树枝上的野果，在腿上绑两根木棍增加身高，闲暇时，则进行嬉戏娱乐，这就形成最早的高脚活动，后逐渐发展演变成古代百戏中的技艺表演。据《列子》记载，春秋时期宋国有个叫兰子的人，善跷技，用比自己身体长一倍的两根木条绑在足胫上，去朝见君主，并为之踏跷而舞。战国时，喜玩跷技的艺人游走各国，高跷发展成为一项杂技艺术。以后，高跷作为一种技艺在历代宫廷中表演。南朝梁武帝时，宫廷49项礼乐中就有“长跷伎”。到了宋代，高跷已在较大的区域流行起来，每逢喜庆节日，城乡艺人便在舞队中踩着高跷，表演各种技巧动作，使观众惊叹不已。到了清代，高跷已成为大江南北最为常见的观赏游艺，并与人物装扮结合，作为艺术节目表演。乾隆年间，著名的秦腔花旦魏长生，把高跷引入戏曲艺术，使高跷实现了向艺术化的方向发展。这样，作为技艺表演的高脚与作为戏曲艺术表演的高脚，都有各自的生命力而长期并行不悖地发展。

3. 生活习惯说

土家族的民间体育项目来源于生活习惯的也很多，比如踩“高脚马”。土家山区多雨，人在路途容易脏脚，为此启发人们做一副木杈高脚或竹筒高脚踩着行走，避免湿脚和冷脚。

从高脚马的名称考察出发，在当地也有人叫做“骑竹马”和“踩高跷”，可见，高脚马、竹马和高跷在产生之初可能是源自同一形式，只是后来随着地域和物质条件的发展发生了变异，体现出明显的区域特征，高跷多在北方，而高脚则出现在南方，因为南方多竹子。

关于高脚的起源，有一个传说，从前一个财主生有一个非常漂亮的女儿，求亲的人很多，财主都没有答应。有一年下场大雪，有半人多深，行走非常艰难。于是财主发了话，谁在大年初一第一个赶到他家求亲，就把女儿嫁给他，很多小伙子都被大雪封山所吓住，没有行动，只有一个勇敢的土家族小伙子，想了一个办法，用竹子做了一副高脚，在雪中行走自如，费了九牛二虎之力，终于在大年初一的早上赶到了财主家，向财主女儿求婚。财主和他女儿被小伙子的勇敢精神和聪明才智所折服，终于答应了他的求婚。于是高脚成了小伙子求婚成功的秘密武器。也就开始盛行一时。

图216：利用高脚马渡河

就湘鄂西地区的高脚马而言，它不仅是体育竞速用品，还可以用于表演和娱乐，传统的有“高脚戏”、“高脚灯”，新出现的有“竹马球”、“高脚交谊舞”。高脚马竞技逐渐推广到全国少数民族体育运动会上，成为正式的比赛项目，而高脚马舞则逐渐成为颇具特色的民族文艺表演项目。现在土家族地区的高脚马表演呈现出景观性、交融性、民俗性、健身娱乐性、地域性交融的特性，民族习性、民族性格得到尽情的展现。

（二）消除鸟害的吹枪

中国的吹枪最早起源于地处以云南文山壮族苗族自治州为中心的中越边境一带。由于当地苗族没有本民族文字，所以历史上缺乏对吹枪的文字记载，以至于无法对其具体发源地进行文献史料考证。但根据高龄苗族老人介绍，苗族吹枪从起源至今已有 300 多年的历史了，现在普遍认可的吹枪历史起源就是依据当地人民的集体记忆和口述来确认的。

相传在 17 世纪中叶，马林地区还是一片原始森林，麻雀、老鼠等经常来糟蹋庄稼。一个叫罗咩平的贵州苗族人由于战乱，举家迁入此处，因为当时该地人烟稀少，又没有御害工具，以至于罗咩平家辛辛苦苦栽种的庄稼白白被鸟兽糟蹋，这令他一家的生活很难得到保障。罗咩平想尽一切办法，都难以消除鸟害。一天晚上，他在焦急中进入梦乡，在梦中他看到一根长管，从管口飞出一物，击中小鸟。第二天醒来，昨日的梦境历历在目，于是罗咩平带领家人到山中寻找梦中的长管，历时几天几夜，却无法找到梦境中的长管。就在将要放弃时，他见到了一种草本植物“通花”，他想能否用花的杆代替长管。他截下通花杆，但不知如何使用。在休息的过程中，他见家人抽旱烟，并将烟渣通过烟杆顺势吹出。罗咩平得到启示，抬头见休息的地方有一种叫“红果”的植物种子，他摘下一粒放入通花杆，憋足气用力吹出，效果很好，他大喜，于是制作了很多支带回家，并取名为“盏炮”。但在以后的使用中，由于通花杆内不光滑和各种植物的种子大小不一，对付鸟类效果不佳，他在生活中不断地摸索出用泥丸代替植物的种子，用薄竹节代替通花杆，这样改进后射击效果相当好，打死了前来糟蹋庄稼的鸟类。吹枪运动就这样在这一带的苗族聚居区传开。后来，也有人用木材料制作枪管。但越南薄竹一直是制作吹枪的主要材料。数百年来，中越边境一线的苗族同胞一直用这种古老的武器来打鸟、打老鼠等，守护庄稼。吹枪现今流传于云南省文山壮族苗族自治州麻栗坡县董干镇的马林、马崩，麻栗堡的黑洞、大园子、水井湾、凹塘、田湾、上弄等村寨，以及越南共和国董奔、龙坪、铳杆等地。在每年的农历初二至初十董干镇举行花山节时，当地的各族同胞都要进行吹枪运动比赛，场面十分热闹。

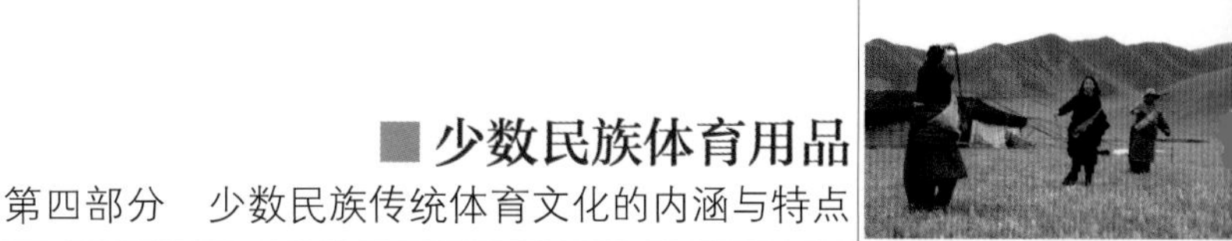

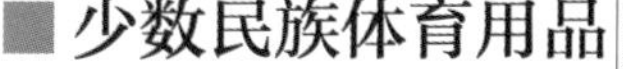

苗族在中国具有古老的历史。在三苗时代，苗族占据江淮地区，与北方尧舜势力对峙；秦汉魏晋时期，苗族先民与中原势力的交接转移到两湖地区、江汉流域；到了10世纪以后，苗族势力退出两湖、江汉地区，转入贵州与湖南西部；清朝雍正年间，三苗一支系“赫蒙Hmong”已经迁入云南东南部，甚至伸入越南、老挝境内，而此时，另一支系苗族人的最大聚居地黔东南正式成为中央王朝直接管理区域；明末清初，“赫蒙Hmong”人进入中越边境一带，渐而进入越南、老挝、泰国、缅甸，成为一个跨境族群。中越边境这一带的苗族同胞就属于苗族支系中的这支——“赫蒙Hmong”族群，云南省文山州的苗族就自称为“赫蒙Hmong”。“赫蒙Hmong”族群就是文化同质并具有心理认同感的苗族支系族群，他们运用相同或者相近的语言进行内部认同。在中国，“赫蒙Hmong”族群与其他苗族支系一起共用这“苗族”这个称谓。

图217：使用吹枪瞄准

苗族长期的频繁迁徙，一般都是迁向中央统治者势力难以伸入的偏远山区。一旦找到一个定居地，他们就会在恶劣的环境中求生存、求发展，竭尽所能来适应新的生存环境。在此过程中，他们通过各种方式进行粮食生产，以维系民族生存的需要。这些经历对苗族民族性格的影响极大，一方面，苗族人民在与自然的长期斗争中形成了乐观、聪慧、活泼好动的性格特质；另一方面，长期的流动使他们惯于接受新鲜事物、创造新事物。从信仰因素来看，苗族中的巫官文化和祖先崇拜使他们在经济生活、风俗习惯、休闲娱乐等方面都较好地沿袭了古老的传统，至今还保持着明显的民族特征。

五、促进相互交流

(一)“野性气味”的打木球

“木球”为何物？第一种观点认为，木球是“毛球”，从牲畜身上‘滚’(抓)下来的毛玩弄成球形。第二种观点认为,《宁夏体育志》记载:“因其球如铆钉状”，而非圆形球体应叫做“铆球”；第三种观点认为，木球其形为木质卯头应称之为“卯球”。“打木球”早期称为“赶牧球”或“赶木球”表明这一游戏活动的不断发展和改进。

木球运动的形成主要分为三个阶段：

第一个阶段的木球玩法叫“打篮子”、“打铆球”。玩法灵活简便，不受场地、器材的限制，每人准备一根用来击球的65厘米长的木棒或木板和一些接球用具如扫帚、箩筐、木锨等即可。“打铆球”时先在场地两端各挖出一坑，直径和深度都约为10厘米，称为“牢坑”。比赛时两队人数相等即可，以民间决输赢的方法——“打沙锅”决出胜负，胜者为攻方，负者为守方。比赛开始守方先在场地上站位防守，攻方一人站在“牢坑”前先打一下向守方喊“磕牢”，随即将球抛起击球。若击准铆球不论击出多远，而守方队员未能在空中将球截击而落地，即为攻球有效，守方队员从落点拾起球掷向“牢坑”进行投杀，攻手“护牢”拦击，如将球击出则用木板丈量“牢坑”到铆球落点之间的距离，并记录丈量的成绩；若攻方拦击失败或掷球入“牢坑”便成死球，攻手出局。各位攻手击球时必须用不同的姿势，常用的姿势有：燕子衔泥、铁把木哈、绞儿钻、隔山掏水、鹞子翻身、木锨插把、越级高、越级棍等。当攻方队员全部被杀出局则双方互换，再经一轮次比赛后开始计算双方各轮次的总成绩，多者为胜，以木板丈量的个数，按双方预先商定的多少个数“喝嗦”惩罚。胜方一人站“牢”前一手持板，另一手拇指和食指钳球仍以开球时“磕牢”的方法将球击远并大喊“拦子”，球一经击出，负队一人须快跑将木球丢进“牢坑’，往返途中要大声呼叫即为“喝嗦”。

第二阶段的木球玩法一般称为“赶铆球”。“赶铆球”是宁夏地区流行较广的一种木球游戏，俗称“赶龙”、“赶狗”等。“赶铆球”玩法更加简易，先在场地两端上各挖一坑，一队占一个坑。“赶铆球”参加人数不限，平均分成两队。两队人员在保护好自己球坑的同时，还要竭力地把木球赶到对方的坑内，以木球进坑的数量计算胜负。

第三个阶段是木球成为一项运动，有了较为规范的比赛形式。“打木球”的球场长 30 米、宽 20 米，有一中场线，两边底部线中部各有一宽 3 米，高 50 米的木制门。比赛时双方各以同等人数出场，在底线处由裁判员召集双方各一人作“越级高”（端线发球）击球，以击球距离远近挑选球门，然后在中线开球比赛。每场 10 分钟，以进球多者为胜。比赛结束时，负方需罚“喝嗦儿”，即由胜方队员在球门处用棍将球击出，负方队员从端线跑向球落地，将球捡回，来回途中需发出“噢，噢”声，中间不准停歇，否则重罚“喝嗦儿”，也有在来回途中以单足蹦跳加“喝嗦儿”来完成。

（二）过年过到二月八，陀螺打到青草发

云南景谷傣族彝族自治县是多民族聚居区，多种文化传统长期共存，各民族的主要节庆活动中都有陀螺的影子，表现出各少数民族间密不可分的认同关系。

彝族在农历二月八的彝族新年，一般休息三四天，在节日里，人们穿新衣，打陀螺、荡秋千、吹芦笙、弹三弦、对歌、跳笙等，彝族打陀螺多为平

图 218：打木球场景

头陀螺，一般用高10—14厘米、直径8—15厘米的紫柚木制作（紫柚木：密度大、质地坚硬），上半部圆柱体为腰，下半部圆锥体为脚。

傣族在新年期间和四月中旬堆沙节进行跳白象、打陀螺、堆沙、跳象脚鼓等活动。所用陀螺与彝族相同。

拉祜族在农历二月八过的是插花节，男女青年上山采花，将花插在鼓房里，各家携带黄色糯米饭和酒菜到鼓房祭祀，并进行打陀螺、跳笙、对歌等活动。拉祜族打陀螺是一人放，众人打。拉祜族传说：种棉花不结桃，先祖要他们打陀螺，把陀螺砸开花，棉花就开花结桃了。所以人们祈愿棉花丰收，人人都爱打陀螺。

佤族打鸡棕陀螺一般在新米节、春节，各村寨相互邀约分组进行比赛。从六七岁的男孩到四五十岁的中年男子，都很喜欢打陀螺。佤族的陀螺制作十分考究，有高脚陀螺也有矮脚陀螺。形状似鸡棕，用硬质木头制成，圆形，高约7–8厘米，直径约6厘米，头大身细，旋转快，

瑶族打陀螺使用扁平的“奶盘陀螺”，游戏时分远打和近打两种，近打是由甲方先放一只陀螺，乙方则在4米内用旋转的陀螺去撞击甲方的陀螺，击中后仍然旋转为胜；远打是甲乙双方要先商定距离，10米或8米，由一方在划好圆圈内把全部陀螺放转，让另一方在规定的距离外逐个用陀螺旋打，以

图219：打陀螺

击中多个陀螺和陀螺旋转的时间长者为胜方。第二轮比赛时放陀螺和击打的双方换位，然后以击打的数量和旋转的时间来决定胜负。

关于打陀螺的起源，当地民族都有相似的民间传说，自然而然形成了一些共同的文化表现，形成了具有当地特色的“打”陀螺文化传统模式，也形成了同一个爱好陀螺文化的社会群体。

六、锻炼身心，弘扬体育精神

少数民族传统体育项目在民间有着深厚的基础，在悠久的历史发展过程中不仅丰富了少数民族民众的生活，并且在游戏趣味的同时锻炼身心、增强体质、陶冶情操。因此，很多少数民族传统体育项目已经逐步走向体育比赛的发展方向，将少数民族体育精神推向了新的发展时代。

(一)公平、科学的博克运动

作为一种社会文化活动，搏克不仅能够最大限度地代表蒙古民族的价值倾，而且它也是自然和谐的草原环境造就的群众性体育项目，深受蒙古民族的喜爱和推崇，它之所以能够有持久的生命力，是和这项运动本身所折射出的科学、合理性分不开的。

1. 公平、公正的竞赛理念

公平、公正精神是现代体育运动追求不懈的目标，并且随着体育运动的发展而不断发扬光大。对于搏克而言，公平、公正精神在其身上得到了完美体现，具体表现在以下几个方面。

(1)搏克参赛主体的公平、公正性与机遇面前人人平等。在搏克比赛中，人人可以参加，不分贵贱贫富，即使是普通的牧羊者也可以与著名的搏克手一较高下，不分种子选手和非种子选手，不分男女老幼，都可参加搏克比赛，而且比赛不分体重级别，规则简单，只要报名即可参加比赛。这一特点既决定了搏克运动广泛的群众性，为广大群众参与搏克比赛提供了一个更大范围的公平竞争的机会和平台，同时也体现出在参与竞争中人人平等这一最基本的社会法则，为我们揭示出一个永恒的真理：“物竞天择，适者生存”。无论是在与自然的斗争中，还是与对手乃至自身思想的斗争中，谁都没有机会自由地去选择对手，只能去选择战胜对手的方法。这正是存在于现实生活中的绝对公平原则，也符合当今市场经济“优胜劣汰”的竞争规则，是古老文化与现代精神的完美契合。

图 220：草原上盛大的博克比赛

（2）竞赛规则的公平、公正性。搏克最大的规则特点就是“一跤定胜负”，这在当今体育界看似不合理的规则正是体现这项运动合理性的精神实质所在。蒙古族人民在长期与自然界直接对抗中，以及自身部落间的激烈竞争过程中，形成了不畏强暴、善于捕捉时机和敢于胜利的民族性格，历史也证明并赋予这种性格或精神很高的价值意义。

（3）参赛主体获得回报的公平、公正性。搏克运动中，只要参加比赛的选手即可获得一份奖品，这正是对参与精神的鼓励和认可，也是现代体育精神中“重在参与”原则所追求的目标之一。搏克赛奖品多为实物，有骆驼、马匹、马鞍、奶牛、绸缎等，有的多达九九八十一份。

2. 搏克运动的科学性

（1）搏克运动相对现代体育运动的高度可接受性。现代体育运动复兴以来，体育精神经历了从挑战自我、追求人的身心协调和全面发展到追求运动竞技的人性化、人类文化的多元和谐、人与自然和谐共存的历史演变。在民族体育大家庭中必须提倡一种更为人性化、更为团结的精神，那就是：“参与比获胜更重要。”搏克运动以其规则简单、不分体重级别、场地要求低和普遍奖励的原则赢得了大众的喜爱，使其成为极富群众基础的运动项目。简单的规则任何人都能掌握，便于操作；不分体重级别任何人都能参与，便于

组织；场地要求低任何地方都可以开展，便于推广；普遍奖励任何人都可得奖，便于及时普遍鼓励参与。目前看来，还未曾有任何一项运动能有这样的普及条件，难怪草原人民对搏克运动那样的挚爱，他们对搏克如醉如痴的迷恋一点不比现代狂热的球迷逊色。

（2）搏克运动是智慧与力量的结合。前面提到搏克比赛“一跤定胜负”的规则使这项运动更具偶然性和挑战性。这项运动中的强者，必定是具有良好的心理素质、超人的搏克技巧和充沛力量的人，单纯力量型的选手无法成为搏克运动中的“常胜将军”。因为对于任何选手，机会只有一次，必须以沉着冷静的头脑和力量与智慧的完美结合来换取真正属于自己的胜利，不可存有任何侥幸心理。尤其是在面对“不分体重级别”的规则面前，弱者会尽可能地利用技巧和战术放手一搏，强者却需要捍卫自己地位，所以经常表现为小心谨慎，心理压力巨大。因此，以小胜大、以弱胜强的经典战例屡见不鲜。

（3）搏克运动着装所透视出的科学、合理精神。盛行于草原上的搏克运动历来以其损伤机率低而受到广大民众的喜爱，其中搏克着装的科学性和合理性功不可没。搏克的坎肩“卓都格”，不但体现了蒙古族文化特色，而且对运动员起到了保护作用。短衣紧袖、贴身样式、香牛皮质、多层皮包边、金属钉加固的跤衣既结实又限制了弹性，从而也就限制了肩关节的不必要的大活动。对手们抓到把位后利于做动作，当两臂外展时跤衣是宽松的，当内收用力时跤衣紧紧裹在身上，加固了关节、肌肉、骨骼，保护了肩关节、锁骨、背阔肌、腹直肌、腰椎。搏克的白色跤裤肥大宽松，不易吸收热量，避免选手在夏季的那达慕上过多出汗，有利于技术动作的发挥。另一方面，宽大的搏克跤裤“班斯拉”有利于隐蔽运动员的招数，同时也能够避免为勾、绊等动作所伤。搏克的跤靴是长筒蒙古靴或马靴，靴帮高，靴内宽松，靴内穿厚袜子。在草地上做以前脚掌为轴的各种转体运作时，行动自如地避免了膝关节、踝关节的扭伤。中国式摔跤中常见的膝关节内侧韧带拉伤，在搏克项目中是很少出现的。

（二）集体协调的独木龙舟竞渡

苗族的独木龙舟竞渡最为突出的一个特点就是站立式划桨。所有的桡手和舵手都分别站在两边的子舟或母舟中，随着号子，桡手整齐地划桨，站立式划桨的原因大概有两点：一是子舟的舱口过窄，不能坐下划桨。二是桡手人多，站着更能发挥出力量。但对于桡手的平衡能力和集体动作的整齐划一要求高。因前后两人的间距小，一旦有人划桨的动作出现偏差，就会影响其

图 221：独木龙舟竞渡

他成员而发生混乱。

每条独木龙舟上有 32 个桡手，分别站在两侧的子舟，一边 16 人。子舟有 4 个船舱，大小基本相同，每个船舱内站 4 个桡手。

以左侧桡手划桨技术进行分析：赤脚站立在舱中，右脚屈膝在前，左脚伸直在后，双脚向左偏 45 度角。右手正握桨柄的顶部，虎口向上。左手虎口向下反握住桨柄，两手的间距为 80—90 厘米。

行船时，桡手上体直立，面向正前方。

比赛时，桡手上体前倾，面向左侧；同时，全身下蹲，两臂伸直，尽量将桨深插入水中，用力划一下桨，当桨划至与身体平行时向后上方提桨出水，整个动作呈波浪形轨迹，喊一声“嗬——”如此反复。

舵手划水动作与桡手相近，但举摆舵的幅度较小。

通常，每条独木龙舟有 4 位或 5 位舵手。其中一位舵手站立于母舟尾部的舟面上，其余几位站于母舟的最后一个舱中。行船时，前几位舵手常将舵横在舱口上，人坐在舵上；最后一位舵手则直立船尾掌舵以控制方向，同时向桡手发出调节桡手划桡节律的号令。比赛时，其余4位舵手随着口号划船。

参加龙舟比赛的桡手都是从寨中筛选出来的青壮年，年龄在 35—65 岁之间，有良好的体力和耐力。但如今，随着外出务工人员的增多，寨中男性青壮年人员不足，对年龄和资历的要求已经不那么严格了。

（三）锻炼眼力与心态的射弩运动

射弩技术是指射手完成射弩运动项目所需要做出的一系列技术动作的总称。

射手击发前的准备工作，包括拉弦和置箭。拉弦时，射手将弩置于体前，屈膝半蹲或坐在凳子上，用双脚踩住弩的弓片或将弩身顶住腹部，然后双手握住弩弦的中部，均匀用力将弦拉入弦槽。然后，双手将弩拿起，水平正对发射方，一手托握弩身下部，一手将箭置于弩槽中。

目前射弩比赛主要分立姿和跪姿两种方式。但从准备到瞄准、发射的技术是基本相同的。

1. 立姿：两脚全脚掌着地，身体站立，两臂悬空，双手托举弩身，弩身

不得接触身体的其他任何部位。

2. 跪姿：一腿屈膝、全脚掌着地，另一腿弯曲，膝盖和前脚掌着地并与前腿成三角支撑。臀部可坐在膝盖着地之脚后跟上，脚跟和脚掌的中心垂直线左右倾斜不超过45度。持弩手势同立姿，托举弩身一肘可放于膝上，弩身不得接触身体任何部位。

图222：立姿射弩

射弩时，最为关键的动作是瞄准。瞄准就是让视线和靶上的中心相吻合，从而形成瞄准基线。在视线与靶心相对位置基本吻合时，肩、肘、手要连成一条线；扣扳机的手稍后移，右臂弯曲成90°角，同时右手腕放松，食指扣在扳机上，其余四指自然弯曲。注意力高度集中，两臂平举对准靶心，屏住呼吸，待姿势固定之后，人体处于静止状态，开始瞄准。在使用安装瞄准具的弩时，由眼睛通过缺口（照门）、箭头（或准星）与瞄准点三点连为一线；无瞄准具的弩则由眼睛顺弩身通过箭头和瞄准点连为一线。此技术是射弩技术的关键环节，运动员瞄准姿势的正确与否直接影响运动成绩，同时也受运动员心理因素的影响和制约。当瞄准线接近瞄准点时，开始预压扳机，并减缓呼吸。当瞄准线指向瞄准点时，屏住呼吸，继续增加对扳机的压力，食指第一关节均匀正直地向后扣压扳机，其余手指力量不变。直至将箭发射出。若瞄准线偏离瞄准点或不能继续屏气时，应既不放松也不增加对扳机的压力，待修正或换气后，再继续扣压扳机。

图223：跪姿射弩

（四）符合力学平衡的打陀螺运动

持陀螺非常讲究，主要是为了更准地控制陀的出手、陀的飞行方向以及陀的稳定性。持陀时右手的五指自然分开握住陀身，陀身卡于拇指与食指间的虎口位置，拇指和食指握于陀身上端，其余各手指指尖要紧贴在陀上，手心空出，由虎口上方引出鞭绳。攻击时全部采用交叉步大力击陀。防守时持陀手外翻，左手持鞭杆且从右手下方穿过。在游戏方法上，守方不论是死陀

图 224：打陀螺

还是活陀，攻防都要尽全力击打，否则就是对对手的不尊重，这也是跟当地民众好以诚相待、忌投机取巧的民族性格相关联的。

在全国范围内，只有云南打陀螺的人对陀螺进行调校，景谷人调制陀螺的技法首屈一指，对于如何制作、挑选好的陀螺，并且修正陀螺的动态平衡点，景谷人历经上百年的传统工艺传承拿捏得非常精准，他们将陀螺放在手心上旋转，用手感觉陀螺的细微摆动，并利用当地山里产的一种胶泥来配重，找到陀螺的平衡点，再对配重点一侧的锥体部分进行刮削，不断地减轻配重，反复重复这个过程使陀螺达到动态平衡。

（五）提高呼吸系统机能的吹枪运动

随着社会的进步，吹枪逐渐被生长素药液类的长效趋避剂或造型驱赶器等更先进的工具取代，人们只在农闲的时候，用自制的吹枪外出打兔子、打鸟等，或在节庆时用于比赛或游戏等娱乐活动。今天吹枪被挖掘、整理成为现代人们用于体育竞技比赛的健身器具，吹枪的使用方法也有一定程度的演变。

首先，吹枪的动作有所演变，古代人们吹枪的动作姿势各异，或站、或蹲、或卧。人们是根据临场情况，采用不同的姿势和自己习惯的动作来瞄准目标。在传统娱乐活动进行的吹枪比赛中，要求参赛者按照大家统一商定后

的姿态进行，但对动作细节没有严格规定。现代体育吹枪已成为一项竞技运动，在比赛中对动作姿势有严格的规定，如：站姿，要求身体直立，两手前后握住枪管，枪身不得接触身体其他部位。跪姿，要求一腿屈膝、全脚掌支撑，另一腿弯曲，膝盖和前脚掌同时支撑于地面。臀部可坐在膝盖着地的脚后跟上，大腿和臀部不得接触地面，臀部和脚跟之间及膝盖下不得放任何衬垫物。一手托握住枪体前端，另一手握住枪柄，肘部可放在膝上，枪身不得接触身体其他部位。这是为了规范吹枪技术动作，以便人们在相同条件下同场竞技。

其次，射击目标也有所演变：古代吹枪的射击目标是以动物活体作为射击对象。动物活体目标不可能较长时间地保持相对静止状态，这要求人们要有丰富的实践经验，并具备反应迅速、判断准确、动作灵敏等应变能力。以娱乐为主的传统吹枪是把粮食或肉食等作为目标靶，在规定的时间和弹数内，以中靶数最多的人为胜利者，并把射中的粮食或肉食作为奖品颁发给参赛的人们。这种娱乐性的比赛，要求参赛者要有过硬的吹枪本领，表现出沉着、冷静、自信等优良品质。由于其目标是实物，又会调动观众和参赛者的热情和积极性，因此，此类比赛具有很强的趣味性和娱乐性。为了便于计算成绩、使用卫生，今天，传统吹枪已经演变成技术相仿的吹箭。它借鉴了射箭、射弩等竞技项目的比赛规则，射击目标是用泡沫做成的边长 60 厘米的正方形箭靶，在箭靶上贴一张同样大小的靶纸，靶纸外形最小尺寸为 0.26 米 ×0.26 米，10 环至 3 环外直径依次为 0.03 米、0.06 米、0.091 米、0.122 米、0.152 米、0.182 米、0.214 米、0.251 米，最外环为 3 环，每两环为一种颜色，由内向外依次为黄、红、蓝、黑。

吹枪起源于人们日常生活，为苗族地区的人民所广泛利用，又在其他各民族中不同程度地有所传播。吹枪的形式独特，具有很强的趣味性，今天，它逐渐从原来单纯的防御工具变成了娱乐竞技运动。此外，长期从事吹枪运动，可以提高人体呼吸系统的机能、形成稳定的心理素质、获得良好的肢体平衡能力。吹枪从防御器械到娱乐工具，再成为今天的竞技比赛、健身器械，已经历了 300 多年的历史，正是由于吹枪广泛的群众基础和生动活泼的形式，它才在这漫长的时间中得以传承、发展。

现代吹枪也称“吹箭”，吹箭的比赛场地应设置在室内，以减少风对吹针弹道的影响。场地地面应平坦，长度不少于 30 米，宽度可根据所设靶位数确定。运动员应位于靶位线后射击相应靶位。现代吹枪分立姿和跪姿两种姿势。

1. 立姿的正确姿势是：两脚前后开立，比肩稍窄，两脚垂直，前脚脚尖正对靶面，后脚脚后跟在箭靶与前脚的连线上。两脚前后距离以身体刚好能稳定站立为准。重心位于两脚之间，立腰、展腹、展胸、稍抬头。

2. 跪姿的正确姿势：前腿全脚掌着地，成弓步跪立；后腿屈膝、前脚掌着地，前脚、后脚、后膝成三角支撑。臀部可以坐在膝盖着地的脚后跟上，大腿和臀部不得接触地面。臀部和脚跟之间及膝盖下不得置放任何衬垫物。上体一般以直立为好，直立有利于呼吸顺畅，便于腹肌压迫腹腔里的气体，便于发力，劣势是两肘悬空，稳定性不好。也可将一肘放于膝盖上，这样增加了握枪的稳定性，便于瞄准，劣势是不利于腹肌发力，气力小于直立时的发力。

比赛前要将箭装入吹管，装箭的正确方法是将箭管水平放置，然后将箭水平放入吹口，以箭尾刚好进入吹口为佳。装箭前检查箭管内壁是否清洁干燥，如有杂物或水汽，可用枪管内壁大小的干棉花装入吹出即可。

握枪姿势对于吹箭的准确性至关重要，正确的握枪姿势可增加枪的稳定性，不影响瞄准和肌肉放松。正确的握枪方法是：前脚一侧的手臂屈肘握枪的重心处正下侧，大拇指和弯曲的中指左右夹住枪的两侧，食指伸直从正下方向上抵住枪的下方。另一只手用大拇指和其他四指抓握住枪的吹嘴和枪管接口处，并向身体方用力抵住吹嘴，以增加枪的稳定性。两只手的用力方法：一般前边一手向前用力，后边一手向后用力拉住枪管，用力大小相等，增加枪的稳定性。

瞄准是吹枪技术中最难的一项技术，它不像其他的借助外力射击类枪，其他类枪有瞄准器或者瞄准镜，而吹枪没有，吹枪是借助体内发力，而且枪管位于身体纵轴中心线上；用嘴接触枪管，枪管存在震动性；因此，吹枪的瞄准难度很大，只有配合正确的握枪姿势、稳定的心态，多训练，才能在比赛中取得好成绩。

瞄准法分单眼瞄准法、双眼瞄准法。

单眼对称瞄法：先利用一只眼睛瞄准，记住该瞄准点；用另一只眼瞄准，记住另一点瞄准点，靶心应在所瞄的两点连线的中垂线上，三点构成一个等边三角形。实际瞄准时，靶心可能与两点连线在一条直线上，三点如果不在一条直线上，则构成一个等边三角形，靶心就是正三角形的顶点。瞄准点的位置要视吹枪者的力量大小而定，力量大者，瞄准点在靶心十环下；力小者，瞄准点在靶心十环上；力量相当者，瞄准点在靶心十环左右两侧。按

图 225：吹射吹枪

照比赛距离，一般左眼瞄点在靶心十环右侧，右眼瞄点在靶心十环左侧。在吹枪时，要以一个瞄准点为基点，瞄住一个点，然后进行吸气吹射。

双眼虚线瞄法：是以双眼的主视力瞄枪尖一侧和靶上一点，并记住该点；同样的方法瞄枪尖的另一侧，记住该点；以靶心十环为对称点，瞄住一点进行吸气吹射。

无论是单眼瞄法或双眼瞄法，都要依靠队员的本体感觉和平时训练的经验积累。在竞赛中，比赛距离是固定的，在平时训练过程中，要根据自身力量大小来判断瞄准点，一般吹射时用最大气力，这样，瞄准点是自身的固定点。另外，在新的比赛场地，要根据自身状态调整，在试射中要找到瞄准点，并记住此点，便于在比赛开始后能第一箭射出好成绩，以免影响比赛时的心情。

第五部分

少数民族体育用品传承状态

一、少数民族传统体育运动的开展情况

随着少数民族传统文化受到越来越广泛的关注，作为其重要组成部分的少数民族传统体育运动也得到越来越充分的发展。其中少数民族运动会是展示各民族各项具有特色的少数民族传统体育运动的最有力的舞台，除此之外，在本民族、本地区中的流传以及衍生成文化产业向外推广都是少数民族传统体育运动开展的方式。在本次调研的11个项目中就涉及全国少数民族运动会正式项目或表演项目、专项比赛项目以及在本民族中具有强大号召力而广泛流传的项目。

（一）已成为全国及地方少数民族传统体育运动会正式项目，各地设立了民族体育训练基地

1. 健身娱乐的陀螺运动

在1983年1月陀螺项目被列为景谷县少数民族运动会竞赛项目后，经过推广、普及、实践，规则逐步得到完善。思茅市群体科师必灿同志曾多次到景谷参加培训班，观看陀螺比赛并给予指导，并随县体委工作人员到乡镇了解、收集陀螺竞赛规则，通过思茅地区多次推荐，1989年9月云南省第四届少数民族传统体育运动会上正式把陀螺列为竞赛项目，经云南省多次建议"少数民族体育内容丰富，应挖掘整理使之有展现机会"，国家体委、国家民委研究后决定，1995年第五届全国少数民族传统体育运动会正式把陀螺列为竞赛项目。2004年全国第五次体育场地普查显示，景谷全县有陀螺场125块，到2008年扩大到1600多块，从1988年开始至2009年已连续举办了22届春节"陀螺赛"。益智乡中心小学将陀螺引入体育课教学内容，景谷县体育局在市体育职业中学、市民族中学建立陀螺、射弩、吹枪等民族体育项目培训基地，把民族体育项目内容引进学校的举措取得了良好的效果。

图226：北京市陀螺邀请赛

2004年北京市设立陀螺项目训练基地。

普洱市体育运动学校2008年开设陀螺专项班，陀螺被云南民族大学自主招生列入特长项目。

2008年江苏省设立陀螺项目训练基地。

2010年甘肃省、宁夏回族自治区也首次将陀螺

项目列入省、自治区少数民族传统体育运动会竞赛项目。

从1995年第五届全国少数民族传统体育运动会上，打陀螺这一民族传统体育项目成为正式比赛项目开始，到2007年的第八届全国民运会，参赛代表队从12个发展到18个，奖牌分布在15个省、市、自治区和专业体协，获奖队员从十几岁的中学生到四五十岁的中老年人均有，由此我们可以看出，打陀螺很受各省区青睐，而且简便易学，技战术提高快，适宜人群广泛。

2. 富有传统的射弩运动

由政府或民间组织举办的全国少数民族传统体育运动会射弩比赛及一些单项比赛是目前仅有的社会活动。自2007年第八届全国少数民族传统体育运动会开始，射弩比赛将由民间个人（主要来源于民族地区）生产的弩与由企业规模生产的弩分开，设立民族传统弩（简称民族弩）和民族标准弩（简称标准弩）两大类，对于保证比赛的公平、公正性起到很好的作用。而在此之前，两种弩混在一起参加比赛，早期运动员技术水平不高，两类器材从成绩来比较，差异不大，随着制造工艺水平和运动员技术水平的提高，差异逐渐明显，使得民族弩处于劣势。更多人以标准弩替代传统弩参加比赛，差异的存

图227：射弩比赛

在是因为作为规模生产的企业，对所生产的产品有统一的标准，含金属和现代复合材料的民族标准弩，它的精度较由传统工具、手工制作的弩更高，使用更便捷。而传统弩受制作工艺和材料地域的制约，不便于推广。现行方式较好地解决了存在的问题。为保证民族文化的传承发挥了积极的作用。

除此之外，作为民族传统体育项目，弩保持着它所独有的特色，传统的制弩工艺也得以传承至今。目前在全国范围内，因有动物保护政策的实施，除在边远的少数民族地区仍有射猎小动物的民间实地活动，在个别娱乐场所还有射弩活动外，弩因其所具有的危险性，已是国家明令禁止的外出携带物品。但在西南少数民族聚居的村寨，青年男女仍然都喜好传统射弩活动，每逢当地传统的民族节日，射弩必是节日中的一项活动。在一些村寨，几乎所有家庭都有弩，除参加集体活动，平日还在自家的屋前进行练习，弩多为自己制作，大多数人没有将所做的弩作为商品出卖。

为参加全国民族体育比赛活动，一些省区会联系购买一批弩，但数量有限，目前每把弩价格在600—2000元之间，弩箭价格每支箭在10—30元之间。除此之外，为参加省级以上的比赛，弩所用的弦多由进口材料替代传统弦，由此使得一把弩的实际价格会更高。

3. 激烈对抗的木球运动

木球运动所需器具简单，规则明确，容易掌握，有较强的游戏性、娱乐性和对抗性，能有效提高青少年的力量、速度、反应和身体的灵活性，是一项娱乐性、趣味性很强、完整成熟的民间体育项目。

1982年，全国第二届少数民族传统体育运动会上，其表演被认为是运动量大、对抗性强、简便易行、易于开展的群众体育项目。

1986年，新疆第三届少数民族传统体育运动会和宁夏回族自治区第一届少数民族传统体育运动上，木球由多个省、市、自治区代表团作为表演项目。

1991年，国家体委和国家民委将木球正式列为比赛项目。

1995年11月在云南昆明的第五届全国少数民族传统体育运动会举行的木球比赛中，对球和击球板等进行了改进，球门形状改变并加大，比赛用球内为木芯，外裹红色橡胶，击球板两部分以黑白颜色区分，使得更利于观众识别观赏，所用材料也使击球板的损耗降低。

在此之后，木球运动成为许多学校的体育锻炼项目，尤其在木球起源地宁夏回族自治区，木球更是成为学校民族教育的必备内容。比如，位于吴忠市区南7公里处的马莲渠乡素有“木球之乡”美誉，当地的马莲渠中学结合当

地实际，充分挖掘地方资源，对学生进行生动鲜活的教育，将木球运动开发成校本体育课程。目前，学校是吴忠市木球训练基地，木球队多次出征省市比赛，屡有斩获。在宁夏，像马莲渠中学一样，将木球开发列为校本体育教育课程的学校还有很多。可以说，木球运动已经成为宁夏回族地区民族教育的一项重要内容。

4. 速度对抗的高脚马运动

由于高脚马不受场地、季节、人员的限制，深受湘鄂西一带人们喜爱。高脚马运动能强身健体，在全民健身活动中，不但丰富了人们的文化娱乐生活，而且有很能高的艺术欣赏价值。

高脚马作为防湿代步工具的功能已经消失，而作为嬉戏娱乐的方法却仍然在民间风行。在民族体育工作者的积极努力下，经过挖掘整理和改造，特别是植入了现代体育竞争的精神价值，制定并完善了竞赛规则，引进民运会竞赛的组织制度，使高脚马运动不断完善和发展，首先成为湖南省民族体育运动会的一道亮丽风景，继而走进全国民运会，实现了现代化转型，得到更为广泛的生存空间和发展机遇。

高脚马运动的发展很快。湖南省在 1985 年首届少数民族传统体育运动会中，将高脚马列为正式比赛项目，制订了《高脚马竞赛规则》，进行竞赛和对抗两项比赛。所谓竞速，就是看谁跑得快，可在平地或田径场上进行。比赛的距离有 50 米、100 米、200 米和 4 × 100 米接力跑。所谓对抗，就是我们常说的"撞架"，在现定的场地上，骑在竹马上，各自在规则允许的范围内运用各种攻防技巧，将对方撞倒下地或打下高脚马，自己仍骑在竹马上为胜利。

1999 年 9 月湖南省将高脚马作为表演项目参加了全国第六届民族传统体育运动会，并获得金奖。2003 年高脚马被列为全国民族传统体育运动会正式比赛项目。并更名为"高脚竞速"。

高脚马的比赛，除了竞速和对抗外，还可以进行越野、障碍和竞艺比赛。所谓越野赛跑，就是在郊外赛跑，需要跨过溪沟、通过泽沼或稻田、走过沙滩、穿过小林等，有上坡，也有下坡。

图 228：高脚马运动

所谓障碍赛跑，就是在竞速的途中设几个障碍。所谓竞艺，就是踏在竹马上，在规定的场地上，在不下马的条件下比谁骑的姿势多，姿势优美、难度大等。

5. 徒手搏击的搏克运动

1953年，在天津市举行的首届全国少数民族运动会上，来自锡林郭勒草原的僧格在摔跤比赛中获冠军，成为新中国成立以来全国性赛事第一个蒙古族冠军。在1956年全国首次健将运动员选拔赛上，僧格再次在100公斤级夺冠，苏德那木在87以上公斤级夺得第一名，本布格伊达木在74公斤级中夺得冠军，小其木德在57公斤级中获得冠军。以上4人获国家“运动健将”称号。搏克手以精湛的技艺震惊了中国跤坛，同时也使搏克这一蕴涵古老草原文化的民族体育运动扬名国内外。由此古老的搏克运动走出了内蒙古草原。为增进各民族之间友好往来架起了友谊的桥梁。国际体育社会学会执行委员、解放军体育学院刘德佩教授多次来内蒙古草原进行调研，1992年主持了首届全国搏克研讨会，指导搏克推广工作，肯定搏克运动的美好前景。他说:“调研中我们惊喜地发现，蒙古式摔跤在那里的普及程度，无论是广度、深度还是各级竞赛的频数，大大地超出了目前我所掌握的任何一个民族体育项目。真可谓是一个源远流长、基础雄厚、生机勃勃的少数民族传统运动项目。”

为了使搏克早日进入现代体育行列，成为全国比赛的竞赛项目。以锡林郭勒盟原政协副主席李·巴特尔同志为代表的几代人进行着长期艰苦的努力，集毕生精力从事搏克研究和推广发展工作，并为搏克的推广发展做出了重大贡献。1990年，搏克被确定为全国少数民族运动会正式比赛项目，1992年搏克正式成为全国农运会表演项目，1996年成为上海第三届全国农民运动会正式比赛项目。1997年国家体委在北京举办国际中国式摔跤邀请赛，把搏克列为比赛项目。1998年搏克挺进沈阳亚洲体育节，在沈阳成功举办了国际搏克赛，有美国、法国、意大利、蒙古等11个国家17个地区代表队参加比赛，成为水平最高、规模达到空前的国际大赛。对此，国际奥委会副主席、国家体委副主任何振梁先生给予高度评价。

也许正是能体现古老的民族传统、鲜明的民族特色、深刻的哲理和现代体育精神，让搏克在20世纪末21世纪初焕发出特有的魅力，拥有着旺盛的生命力。它不但受到蒙古族群众和全国各族人民的喜爱，还吸引了许多外国朋友参与。2002年以来，搏克多次在法国、日本、蒙古表演，引起出人意料

图 229：搏克比赛

的反响。近年有俄罗斯、意大利、海地、波兰、美国、日本等国家的代表团或运动员，专程来我国学习搏克，参加训练和比赛。2003 年，国家体育总局决定，把搏克列入到中国式摔跤的全国锦标赛、冠军赛中，相继在北京、山西、山东、上海等地举办全国搏克锦标赛和冠军赛，加速了搏克运动在全国的进一步推广。随着改革开放的逐步深入，为推动搏克运动的发展注入了新的活力，在各地举办那达慕、多种形式的邀请赛、运动会。如 2000 年，首届“金元杯”搏克大奖赛，奖金总额达 14 万元，冠军搏克手可获得 2 万元现金。此后锡林郭勒盟多伦县连续 3 年举办了搏克大奖赛，正蓝旗也举办了 3 次国际性搏克大奖赛，邀请世界各国搏克手前来参加。赤峰市、巴彦淖尔市、呼和浩特市和吉林省前郭尔罗斯县也先后举办搏克大奖赛。西乌珠穆沁旗人民政府于 2004 年 7 月 28 日在巴音乌拉镇举办了有 2048 名搏克手参加的大奖赛，奖金总额 50 万元，冠军搏克手可获得 10 万元奖金和“金江嘎”。2048 名搏克手在同一时间、同一地点进行搏克比赛。这一壮举同时载入世界吉尼斯纪录，为蒙古族传统体育树起了一座历史丰碑。2004 年，内蒙古自治区教育厅宣布把搏克运动列为全区大专院校和中小体育运动会正式比赛项目。从此搏克这一古老的民族体育运动进入了高等院校，走上了教、学、研与推广发展相结合的道路。搏克走进学校，有极其重大而深远的历史和现实意义，可以称之为搏克发展史上的又一个里程碑。

随着草原旅游业的发展，也为搏克发展推广提供了一个广阔的空间，各级旅游管理部门、旅行社、各大旅游景区都把挖掘弘扬蒙古民族文化作为一个首要任务和品牌来向外推。搏克自然成为草原旅游主打旅游产品之一。每到旅游旺季，在美丽的内蒙古草原上，几乎每天都有搏克手向来自天南海北的游客展示搏克的魅力与风采。搏克学校、搏克俱乐部、搏克协会、搏克培训中心、搏克馆如雨后春笋般涌现出来。搏克运动凭借旅游这一渠道向世人展示它的风采。

(二)已成为当地独具特色的竞技性游戏

1. 草原上的俄尔多竞技游戏

俄尔多作为一种放牧工具在牧民生活中如此重要，以至于每个牧民放牧时都会随身携带。而在放牧的闲暇时光，牧民们也会三五成群地聚在一起，比赛使用俄尔多的技能。根据藏文史书中记载，旧时牧民比赛俄尔多，主要有两种形式：一是把四五个牛角叠放起来，上边再放上一个石块，俄尔多打出的石头要把上边的石块打掉在地上，而牛角堆不垮掉为胜。二是打染成红色的牛尾巴，在规定的距离内也是看谁打得准。而现在流行在牧民中的比赛，有时是比赛石头抛出的准确度，击打行进中的牛角，或者是固定的标靶，击中者为胜。有时又是比赛石头抛出的远度，比赛时，参赛者无论多少，也无论老幼，大家站成一排，以抛石最远者为胜，一般最远距离可超过300米。

鞭子飞旋的速度，石头抛出的声响，是牧民放牧时欢乐的游戏。每当有人在较量使用俄尔多的功力时，总能吸引很多牧民们的目光，当出现精彩的抛石时，又会引起牧民的喝彩和掌声。鞭声石影，一直是草原上独特的风情。

俄尔多作为一项带有竞技性游戏，不仅可以娱乐群众，还可以锻炼手臂和肩部肌肉，促进手眼协调能力的发展，具有较高的健身价值和民族文化内涵。因此在甘肃及其他藏区，多次将俄尔多纳入地方民族体育运动会项目。如在1982年，曾经由甘孜州体委在康定县新都桥举办过俄尔多选拔赛，参加第二届全国少数民族运动会的表演。

图 230：牧民比赛俄尔多

据了解，甘肃省、合作市都曾经举办过俄尔多的比赛，比赛时在一定距离上安放一个目标（靶），靶纸大小 2 米 ×2 米采用，直径为 1.5 米、10 环的圆环靶，靶距离限制线 50 米。参赛者各持俄尔多站在限制线后，按先后次序比赛，助跑甩和原地甩均可（助跑甩俄尔多，不能跨过限制线）。每个运动员打 10 次，依中靶多少次决定名次。甩俄尔多时上身任何部分不得接触起甩线内的地面。俄尔多比赛还有一种方法是比距离，甩的远者得胜。比赛可以采取团体或个体进行。

据今时间最近的是玛曲县分别在 2001 年、2002 年举行的玛曲民族运动会上曾经举办过俄尔多的比赛，当地民众称为“抛尕比赛”。由全县的每个乡选拔出 3 个代表参加，比赛用具（俄尔多和石头）都没有硬性要求，一般都是运动员自带的。比赛时设立一个 1 平方米的木板作为目标物，中心为红点，外面为黑色的圈。开始时运动员距离目标物有 30 米，但很少有人击中，于是改成 15—20 米。每位选手有 3 次机会，最接近目标的前 15 名运动员有奖励。

辽阔的大草原和朴实聪慧的藏族人民创造了俄尔多。世事流转，藏族文化也经历着历史变迁，但俄尔多仍然是当今牧民放牧的必备工具，鞭声石影，仍然是当地牧民生活的重要元素。但是目前，已有诸多因素影响了俄尔多的制作工艺和使用方法的传承和发展，俄尔多的使用率已经有十分明显的下降，这些因素是多方面的：

（1）草场被划分承包到户，每户都设置了铁丝护栏分解阻隔，牧民不再远距离游牧，而是在分割好的草场内轮牧，畜群不再像过去一样远距离走动，而是被约束在固定范围内，不需要俄尔多约束其行动的方向，这种做法解放了牧民劳动力，俄尔多的使用也只限于在轮牧换草场时，将畜群赶到另外一块固定的草场。

（2）国家鼓励牧民定居，并给予了巨大的支持。玛曲县等地都陆续在城镇中建设了“牧民定居点”，大批牧民将草场承包出去，向城区搬迁从事其他行业，生活在牧区的人口数量下降，使用俄尔多的人也减少了，造成俄尔多工艺的传承主体大为减少。

（3）放牧工具的现代化，摩托车大量走进牧区，其放牧的速度快，效率高，利用其声音也可以驱赶畜群，还可以做平时的交通工具。摩托车的出现挤占了地势和束缚了俄尔多的生存空间。但是在半农半牧区像夏河县的一些高山草地，山上有石头，地势陡峭，摩托车无法驶进，人们使用俄尔多放牧反而更加方便，因此未被取代。

（4）猎物的消失，牧民曾用俄尔多来打击侵扰畜群的草原狼，但是近年来野生动物已经非常少见，能见到的只有性情温顺不伤畜群的旱獭，牧民的畜群趋于安全稳定，俄尔多的打击猎物这一功能消失。

（5）教育事业的发展，牧区的孩子大都被送往学校读书，由于居住分散，学校往往实行寄宿制，孩子们因上学住校与牧区生活接触减少，父母也多希望他们将来从事其他工作，不再特意甚至不传授俄尔多的制作和使用方法。俄尔多很可能从年青一代的记忆中消失。

（6）当地作为民族民俗旅游区，许多藏族的生产生活用具被开发成旅游商品，但是作为最乡土的俄尔多没有引起足够的注意，在夏河 11 家纪念品商铺，只有一家销售俄尔多，一年也只能卖出一两条。俄尔多在新时代没有产生新的发展利用，不能扭转甚至不能阻挡在生产力发展状况下，俄尔多走向消亡的态势。

2. 娱乐身心的响箭竞技

1982 年的内蒙古第二届中国少数民族运动会上，西藏代表团的响箭给人

们留下了深刻的印象，从此以后，每届少数民族运动会上，响箭都是西藏代表团的表演项目。对响箭的推广起到一定的作用。为了弘扬民间优秀传统文化，1997 年林芝地区成立了响箭协会，着力于规范和推广响箭运动，标志着响箭的发展进入了一个新阶段。目前，全地区共有 6 个分会，会员达 200 多人。2007 年，林芝工布响箭被列入第二批自治区级非物质文化遗产项目名录，现在正在申报国家级的非物质文化遗产项目名录。

如今射响箭已经成为工布人日常生活中的重要组成部分。行走在工布地区，经常可以听见响箭鸣笛般的清脆声。每逢大型的庆祝节日，例如工布新年、望果节、“五一”劳动节、“五四”青年节、晒佛节等，举行响箭比赛更是必不可少的一项庆祝活动。在林芝重要的景区和公园内，基本都有射响箭的旅游项目，使游人也能在旅途中调节身心，娱乐心情。在著名的鲁朗景区，射响箭已经发展成其中比较重要的旅游项目。响箭和旅游的结合不仅展示了具有民族特色的文化，还给当地创造着经济效益。

图 231：响箭比赛

（三）本民族中具有强大号召力而广泛流传的项目

1. 悦情娱乐的绣球运动

在近代，抛绣球活动依然在壮族民间广泛开展，不仅成为传统体育比赛项目，走进学校、走进体育中考考场，还作为壮族以绣球为媒的文化代言走向旅游市场。今天，随着中国经济的快速发展，特别是第三产业的迅速崛起，绣球活动不仅依然是民俗活动的重要内容，而且已经被打造成一种文化产品，被包装和推广，成为一种富民兴边的环保无烟产业。资料显示："靖西县旧州街是有名的绣球一条街，每年生产绣球达 12 万个以上，绣球收入达 120 多万元。"[①] 中国企业报 2007 年 4 月 24 日报道："旧州村的绣球制作在飞速发展，全村 300 多户人家就有 500 多人在从事绣球的生产制作，年产量高达 15 万只，每户人家仅绣球收入就超过了万元，全村仅绣球一项的收入高达 300 万元。"[②] 新华社网报道：广西"绣球之乡"2000 年制作过超大绣球供给日本国立民族博物馆收藏。为迎接澳门回归，广西分别制作了直径达 1.97 米和 2 米的超大型绣球作为会议喜庆；为庆祝北京 2008 年申办奥运成功，制作了直径达 2.2 米的超大型绣球运往北京；2004 年以来，为迎接每一届的"中国——东盟博览会"在广西召开，每年制作多个直径 2.5 米的超大绣球，悬挂在不同的会议场所。在上海世界博览会上，广西为博览会制作了 20000 个绣球作为礼品送给嘉宾。目前，绣球已经成为装饰品、礼品、旅游纪念品和体育产品的重要内容，在第三产业中显示出了巨大的社会价值。

图 232：绣球产品

抛绣球在体育领域同样扮演着重要角色，2006 年抛绣球项目被列为广西中考项目，极大促进了绣球活动在学校和社会健身领域的开展，为提高国民身体素质做出了积极贡献。随着

① 黄约、赵晓香：《打造靖西壮族绣球文化品牌的可行性研究》，《广西财经学院学报》，2008 年第 1 期。
② 黎鼎华：《广西靖西小绣球舞动经济大旗》，中国企业报，2007 年。

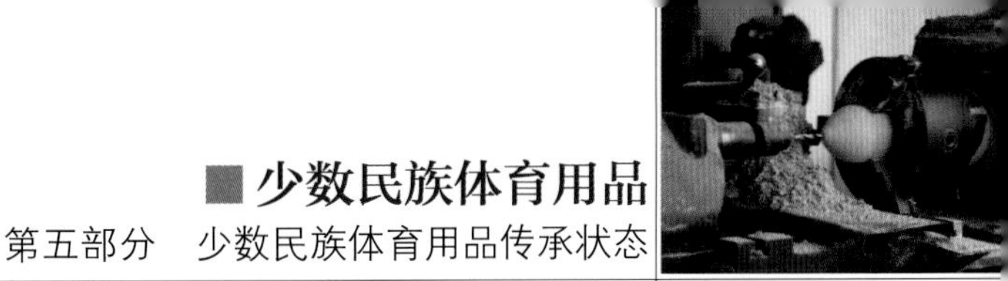

社会的发展，传统的绣球被赋予了更深厚、更长远、更具有发展潜质的文化内涵，在促进地区经济发展，提高人民生活水平和健康水平，建设稳定、祥和的社会环境等发展方面发挥出了积极的作用。

2. 传承悠久的锡伯族弓箭运动

鉴于我国传统弓箭文化的发展状况，伊春光先生及其团队于2003年创立中华传统弓箭第一品牌“锡力旦”，以弘扬优秀民族传统文化为宗旨，从事中华传统弓箭文化研究及相关文化产品的生产，在没有任何经费来源的情况下创建传统弓箭制作社，传承我国悠久的制弓技术，并在新疆“锡力旦”国际贸易有限公司的全力支持下，创建我国第一个传统弓箭文化研究网站，于2005年成立了“锡力旦”传统射艺俱乐部，并且在2007年代表自治区参加了由国家体育总局在青海省举办的新中国成立后首届传统射箭比赛，荣获比赛中唯一一个“优秀组织奖”，并获得射箭比赛第四名。他们不仅出版了我国第一部弓箭文化学术专著《中华弓箭文化》，还与诸多博物馆、考古所及大学文化研究所建立密切的交往，构建文化研究平台，以强烈的责任感和严谨的研究态度对待着我国传统弓箭文化的传承事业，使我国传统弓箭文化孕育的民族精神在今日能够继续发扬。

3. 清水江上的独木龙舟竞技

苗族的独木龙舟及“独木龙舟节”以其独特的传统制作和融信仰、禁忌、服饰、歌舞为一体的独特文化现象，受到越来越多的关注。

根据调查，目前，整个清水江两岸共有46条龙舟，其中包括2009年大冲村新做的一条龙舟，2010年杨家寨和巴往寨所做的两条新龙舟。四新村的龙舟年代最久，约150年。

为了保护独木龙舟文化，1988年成立了施洞独木龙舟协会，由有龙船的村寨各推举出一位德高望重的寨老组成。成员均为男性，常务机构有7名成员。成立后，每年负责组织各个村寨参加龙舟比赛，宣传并负责筹集龙舟节活动所需经费。

目前，宣传独木龙舟文化的一个重要途径就是一年一度的独木龙舟节。

独木龙舟节在每年的农历五月二十四至二十七举行，共4天。活动地点依次是：五月二十四，平寨；五月二十五，塘龙；五月二十六分别在铜鼓、榕山、六合3处同时举行；五月二十七，方寨。

20世纪50—60年代的独木龙舟节，每年有20—30条龙舟参加活动。“文化大革命”时期，大部分龙舟被毁，被毁约有30余条舟，占总数的一半以上，龙舟节一度停办。20 世纪 80 年代中前期，独木龙舟节恢复举行，每年有 10 余条参加。受资金的制约，一些在“文化大革命”时期被毁龙舟的村寨已无力重造龙舟。而随着外出打工人员的增多，龙舟节的气氛也日渐减弱。为了大力支持传统龙舟活动的开展，推动地方旅游事业的发展，近年来台江县旅游局等政府机构都会给予龙舟协会 2—3 万元资助，下水的每条龙舟给 1—2 千元的鼓励，获奖的则另有奖励。每年整个活动大约花费近 20 万元。

为显示一个村寨的形象，有的村寨在独木龙舟节前会招回外出务工人员参加龙舟竞渡活动。盛时节日期间有中外游客数万人，除清水江面上的龙舟竞赛活动外，沿岸空旷地带，踩木鼓、对歌、赛马、斗牛、斗鸡、篮球赛和民间商贸等活动也伴随举行。

2010 年，台江县旅游局出资，施洞镇政府组织举办了施洞独木龙舟比赛，共有 21 条龙舟参赛。其中八埂村的龙舟是时隔 30 年后再一次下水。

独木龙舟文化融合了苗族的竞技、祭祀、服饰、歌舞和饮食文化，是中华大地龙舟文化的一朵奇葩，独木龙舟节于 2008 年被列入民俗类国家级非物

图 233：龙舟比赛

质文化遗产名录。独木龙舟竞渡作为贵州苗族特有的传统活动，已经多次在全国龙舟竞赛活动中进行了展示。2009 年 7 月，在麻江县下司镇举行的全国龙舟邀请赛上，有 6 只独木龙舟参加了表演赛。

现今全国龙舟比赛所用的龙舟多是用木板拼接而成的，还有的龙舟材质为玻璃钢。而清水江流域的独木龙舟，其主体是用一棵杉木刳成，3 棵合并成一体。独木载物以刳木为舟最为实用，目前虽然造舟工具已有大变化，但它也是古代先民造舟的再现。随着商品经济的发展，清水江苗族独木龙舟文化受到了强烈的冲击，呈现诸多的亟待解决的问题。

二、少数民族体育用品制作工艺传承的现状

因为少数民族体育用品目前尚处于手工制作阶段，故其传统工艺皆由民间艺人传承着，在本次的调研项目中，大部分项目都有专门且为数不多的传承人，也有些项目属于尚处于集体传承的状态，例如俄尔多，作为必备的放牧工具之一，几乎每家每户都能自己制作，而其他制作工艺较为复杂的少数民族体育用品，则需要技艺精湛的艺人们来传承。

（一）个人喜好所形成的传承方式

1. 吹枪制作的传承

吹枪非物质文化遗产传承人之一罗洪明，男，1967 年出生，是云南文山州麻栗坡县董干镇马林村的村民。1992 年 10 月，罗洪明在文山州第六届民运会上获得全能第二名；他在 1998 年 11 月云南省第六届民运会上，获得吹枪跪姿第一名，立姿第二名，全能第二名；在 2002 年 11 月云南省第七届民运会上，获跪姿第一名，立姿五名，全能第二名；又在 2005 年 9 月文山州第七届民运会上，获得跪姿第一名，立姿第二名，全能第一名；在 2006 年 9 月云南省第八届民运会上，罗洪明获立姿、跪姿、全能三项第一名的好成绩。

图 234：吹枪传承人罗洪明

2. 锡伯族弓箭制作的传承

锋晖是新疆师范大学中华传统射艺研究所所

长，新疆师范大学民族理论教研室教师，著有《中华弓箭文化》。近年来锋晖一直致力于发展锡伯族传统射箭运动。

锋晖是从察布查尔锡伯自治县（以下简称察县）来的锡伯族人。在20世纪70年代，察县就有着“中国箭乡”的称号，曾培养了大批优秀射箭运动员，其中包括60多位国家级健将和3位国际级健将，如今，这里虽然保持着较好的现代射箭运动的氛围，但作为锡伯族文化的重要组成部分——传统射箭，正在逐渐走向没落。

出生时，父亲以“箭锋之晖”的寓意给他取了这个汉人名字，锋晖的锡伯族名字叫穆特慕，意思是“射箭能手”，冥冥中锡伯族弓箭便与锋晖结下不解之缘，锋晖也尽自己的一切努力为继承和发展锡伯族弓箭技艺与文化作出自己的贡献。

射箭是锡伯族的一项历史传统，清代尤其盛行，并在锡伯族中形成了独特的弓箭文化。锡伯族是渔猎民族，弓箭既是一种生产工具、作战武器，还是一种健身器材，后来，弓箭还甚至被演变为一种乐器。在精神层面，弓箭被锡伯族视为一种吉祥物，在锡伯族家庭中，生了儿子，就要在喜利妈妈（锡伯族人供奉在家中用于保佑子孙后代的神灵）身上挂一把小弓箭。孩子长到三四岁的时候，要参与射箭游戏。成年时，年轻人必须在通过射箭技术考核后，才可以成为士兵，得到30—40亩的土地。而每个村子里，会有一个主管射箭活动的教练，教练被称为伯利达，负责对本村十三四岁的少年进行射箭训练，开展男女老少都参与的射箭比赛。

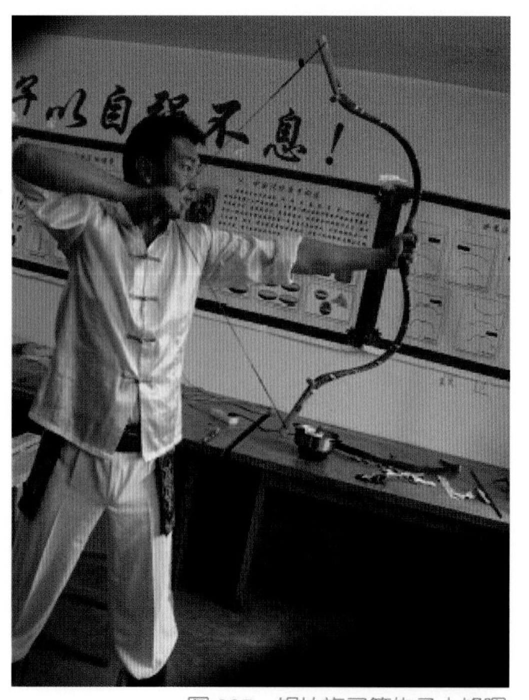
图235：锡伯族弓箭传承人锋晖

据锋晖介绍，和传统射箭相关的制度最终难以坚持下来，这种文化传统最终在民间也难以为继，最主要的原因是器材的流失。清代时，弓箭作为战备物资得到源源不断的补充，而从1864年开始，历经了伊犁事变、沙俄入侵、国民党统治等世事沧桑后，察县原有的弓箭大量流失，损失最惨重的是在“文化大革命”期间，大量传统弓箭和锡伯族西迁后的档案都被焚毁。

锋晖是上大学时对锡伯族传统射箭开始感兴趣的。在他看来，传统弓箭和现代弓箭的材料形制不同，射法不同，在射箭的过程中，带给人的感受也

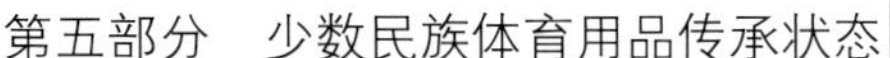

不同。现代弓箭更多突出了器材的精确性，而传统弓箭射法简单，却对人的内心提出了更高的要求——“姿势要端正，要用心、全神贯注，射以观德，不仅是射箭之道，更是人生之道”，传统弓箭射法对于人精神世界的塑造远远大于现代竞技弓箭。

大学毕业后，锋晖一直致力于传统弓箭制作技艺的恢复与传承工作。锡伯族要恢复传统弓箭，首先要解决的是器材问题。在流传下来的史料中，传统弓箭的制法记载得很模糊，而手工艺人的说法各有不同。锋晖参考以前的资料做了很长时间的试验，直到2006年才真正做出一把传统弓箭。在这个基础上，他和北京的技术员一同改良弓箭，以现代材料制作传统形制的弓箭，费用降低了10倍。

除躬身实践外，锋晖在理论研究上更是贡献卓越。锋晖成立了新疆师范大学中华传统射艺研究所并撰写《锡伯族弓箭文化》，在各种场合宣传锡伯族弓箭文化。另外，他正在撰写《传统射艺教程》，希望能在新疆师范大学开设相关的课程。此外，每隔两周，在红山室外射击场，他还用新研制出的改良弓箭，向感兴趣的人进行传统射箭的培训。

在锋晖看来，研究所、文化公司和社团三者互动是最理想的形式，它能共同促进锡伯族传统射箭运动的发展。

（二）家庭式作坊的传承方式

1. 响箭制作的传承

响箭的制作中，毕秀和箭靶的制作工艺保存得比较完好。而传统弓箭的制作已经很少了。

在此次调研中一共采访了4位制作响箭的民间艺人，巧的是，他们都是退休在家的小学教师，以家庭式作坊进行制作。目前很多民间艺人的手艺都是从父辈或老一辈艺人那学习而来，只是用业余时间制作毕秀，并没有形成专业化、规模化、产业化的毕秀加工。现在当地愿意学习毕秀制作的年轻人很少，主要的原因是毕秀制作并不能成为家庭收入的支柱。其次毕秀是一项精细的手工艺活，需要建立在学习者浓厚的兴趣爱好基础之上，而当地的年轻人更期待从事其他的职业，认识不到这项手工艺所蕴含的文化艺术价值。况且毕秀制作还没有形成专业、系统的销售规模，更像是民间艺人的个人喜好，在没有当地政府组织、策划的前提下，毕秀制作的发展空间也非常有限。

现在传统的箭靶制作工艺虽然保存完好，还没有被现代工艺冲击，但是

图 236：米林县毕秀制作人巴鲁

图 237：米林县米林镇热嘎村毕秀制作人前央罗布

图 238：米林县里龙乡堆米村响箭传承人平措次仁

制作人数量少、年龄大、传承人少的问题依然使箭靶的制作面临失传的危险。

弓和箭的制作工艺是整个响箭构成中保护和传承最令人忧心的部分。现代的弓箭基本上取代了传统弓箭的制作，传统弓箭已经失去市场。另外，传统的弓要选用特种竹子制作，箭杆中还需要鹰毛，这些材质现在已经很难得到。除非有人定做，否则很少会有艺人再制作传统的弓箭。

2. 弩制作的传承

古代历史文献保留了大量关于弩的珍贵资料，为我们认识中国传统弩有了很大的帮助。但各种类型弩制作的记载却不多见，特别是对于目前仍流行于民间的少数民族传统弩制作工艺的介绍则更为稀少。各地弩的制作人以个体方式存在，对于每位工匠制作的思路和技艺属于未写出的知识或者“意会知识”，其主要承传方式是观察，言传身教。

作为全国民族体育比赛所用的传统弩，其生产地，主要是云南省的孟连和怒江等地区。各少数民族的制弩方式基本相同，但怒江地区的傈僳族制的弩全部是木材，普洱市孟连县的佤族则是以木和竹相结合，我们以

图 239：弩传承人岩木元

孟连佤族弩工匠 的制作工艺为本次田野调查拍摄对象。

位于云南省西南部的孟连傣族拉祜族佤族自治县，当地佤族岩木元老人曾是一名出色的猎手，他从 12 岁开始制作弩，已有近 40 余年的历史。青年时期他曾是一名侦察兵，多年的军旅生活练就了他吃苦耐劳的良好素质，以及勤劳聪慧的技艺。他靠自己的观察，模仿别人的作弩，逐步掌握了弩的制作工艺，过去各种制弩材料都是他自己进山去采伐，经他所做的弩，不仅提供当地开展射弩比赛所用，还外销省内外。他本人也曾作为普洱市的代表参加省少数民族传统体育运动会的射弩比赛。近几年，他作为地方民族体育代表团的技术人员参加各级民族体育运动会，为保障运动员获得好成绩，常常昼夜对比赛器材进行维护，获得了社会的好评。一谈到弩的制作，当地民族宗教局、体育局的领导就提到岩木元师傅，赞扬他所做弩的质量在该地区的几个工匠中是最好的。我们前往岩木元师傅家进行弩制作的拍摄，恰逢他在为外地的订货而赶制一批弩，一天大约能做 5—6 把弩，由于弩的原材料要有一干燥的过程，因而在他的库房和院子里长年存放大量材料，以此保证制弩的需要。在我们拍摄的间歇，他还在抓紧制作，每一把弩都是经他用传统而简陋的工具（砍刀、锯子、尺子、电钻等）做出来的，通过对成品弩具的认真调试，保证能够提供给使用者合格满意的产品，看得出，信誉对他是很重要的，这也

图 240：俄尔多制作人卓玛吉

为他带来了更多的经济效益。

3. 俄尔多制作的传承

俄尔多的诞生是藏族人民为了适应生存环境的独特创造。俄尔多不仅选料是就地取材，其具体的编织工艺更是饱含着藏族的传统文化和藏民的智慧。在藏族牧区，俄尔多的使用非常普遍，几乎人人都会编织。但是在当下，工艺制作传承者以老年人为主，基本是在家里完成。

（三）公司运行的传承方式

1. 高脚马制作的传承人

在本次重点调查的恩施土家族地区，高脚马的传承人主要有两个：段远朋，59 岁，土家族，芭蕉乡寨湾村人，现在住在芭蕉乡中学里，制作学校体育课所需的高脚马。他能够完整独立制作高脚马，从小受到父亲的影响，开始是在老家寨湾做，后来被请到学校来专门制作。向启发，48 岁，芭蕉乡寨湾村人，以务农为主，闲暇时候制作高脚马。他通常和段师傅一起配合完成，很少独自编制。

图 241：高脚马传承人段远朋

恩施市民族宗教局为规范高脚制作，成立了公司，注册了“竞竹牌”商标，形成了一个“公司＋农户＋民族宗教局 把关”的模式，并聘请了段远朋、向启发两位师傅。这两位师傅是现在当地制作高脚马技术比较好的人，受到学校、相关部门的重视，他们也积极主动的制作高脚马，并向外销售，在当地有一定的名气，是高脚马制作的主要工匠。在2010年春晚上的《山乡春来早》舞蹈节目中所用的高脚马道具，就是由他们俩制作加工而成的，这是他们多年来的骄傲，也是他们的技艺得到认可和宣传的一种表现形式。他们的技术比较娴熟，并且已经只有以他俩为代表的少数人会了，但他们还没有被正式授予民间工艺传承人。一种技艺能否继续传承下去，作为师傅的传承人是很重要的，必须采取相应的措施加以保护，用民间工艺传承人的作用来鼓励和宣传，让更多的人来关注和重视，这对高脚马技艺的传承、民族体育文化的传承都将起到非常重要的作用。

对于高脚马的传承，对后人能否将这一技艺传下去，段师傅表示出很担心，他说：到学校进行过一个星期的教习，但没有一个学生学会的，现在的年轻人不愿意学。对于他现在所在的芭蕉乡初级中学来说，很多教体育的老师会做高脚马，但是由于有这位老艺人在这里，他们也就很少做，所用的高脚马有什么问题都是直接拿过来让段师傅处理的。

2. 陀螺制作的传承

在普洱、景谷地区有几家制作陀螺的家庭作坊，但都成立了自己的公司，向云南甚至是全国售卖陀螺，其中“少春陀螺系列精品行”是比较突出的。工匠李少春，傣族，自小随父亲李学锐学做陀螺，2003年，全国第七届民运会代表云南省夺得陀螺项目男团冠军，2007年获男团第五。2001年在景谷县城开设一家陀螺店制造、修补和销售陀螺，年生产、销售陀螺2—3千个，以其名命名的少春陀螺店是景谷陀螺生意最好的一家。

（四）以村寨为整体进行制作的传承方式

目前，国内关于苗族独木龙舟制作的记录很少。1999年至2001年间，日本NHK电视台曾在黔东南苗族侗族自治州台江县施洞镇旧州村拍摄过苗族独木龙舟的制作过程，但由于种种原因，他们并没有全程跟踪拍摄，我们也无法完整见到他们所获取的资料。

我们选定贵州省黔东南苗族侗族自治州台江县施洞镇偏寨村杨家寨作为这次独木龙舟的制作场地。

杨家寨隶属于施洞镇偏寨村，距施洞镇2公里。目前共有114户，517口人。除少数人家姓廖外，其余全部姓杨。村寨濒临清水江，人们的生活悠然恬静。杨家寨人热情好客、勤劳朴实、十分团结。

一条独木龙舟如维护得当，可有上百年使用期，当地没有专门以制作独木龙舟为生的工匠。大多数木匠以建木楼和造船为业，随着砖瓦结构房屋取代木质结构，很多工匠已转行做银饰制作。独木龙舟的制作是一项庞大的工程，需要一个制作团队，通常按龙头和舟体分工由几个师傅带领助手分别进行。

杨家寨原有的独木龙舟，是“文化大革命”后第一批制作的，至今已有31年的历史。老龙船的制作师傅是杨家寨人，叫杨秀付，今年已经78岁高龄了，因年事已高而无法承担新龙舟制作这项庞大、琐碎和辛苦的任务。

新龙舟舟体的制作工匠来自于施秉县马号乡金钟村大冲寨，名叫张江德，今年60岁。他是做渔船出身的，没有专门学过龙舟制作，只是看过别人制作，自己便边做边悟。2009年10月曾为大冲寨做过一条独木龙舟，那是他第一次独立制作龙舟。这次，他将今年22岁，高中毕业后一直在建筑工地打工的大儿子张开强带来做助手。

图242：陀螺传承人李少春

设计和制作大龙头的师傅是杨再良和杨再杰兄弟俩，哥哥杨再良今年 36 岁，是当地著名的银匠，他自 1994 年开始跟姑父学习银饰制作，如今已在凯里和施洞等地开设多家“阿娜依银饰坊”连锁店；弟弟杨再杰今年 24 岁，初中就开始学习银饰制作，已经 11 年了。此次协助哥哥主要负责龙头配件的制作。杨家七代是木匠，如今苗家的木质房子越来越少，所以这一代人大都改做银饰加工了。

设计和制作小龙头的师傅为杨家寨的杨再良和杨再冲（总体设计及龙头主要由杨再良完成，龙身由杨再冲完成）。杨再冲今年 40 岁，从 1988 年开始学习制作龙头，曾经为当地和上海、宁波、海南等地的仿古建筑做过大小多个龙头。

杨家寨新龙舟的制作团队由一个制作舟体的师傅、一个制作大龙头的师傅和一个制作小龙头的师傅以及十几个青壮年杨家寨人组成。杨家寨的苗家男子几乎个个都有手艺，在整个制作过程中，不分老幼，时常有人到制作场地关注进程。

图 243：制作大龙头的杨再良

图 244：壮族妇女在制作绣球

（五）向产业化发展的传承方式

在绣球工艺制作及产业化发展进程中，以黄肖琴、朱祖线为代表的工艺精英起到了非常重要的作用。黄肖琴不仅以自己精湛的刺绣工艺赢得了众多的荣誉，而且还广收门徒，培养了一大批绣球工艺制作者，为绣球的产业化发展打下了基础。

正是由于这些绣球工艺精英的出现，使原来的学艺方式由家族传承式逐渐过渡到参加协会、培训班或向师傅学艺的方式中。也使得原本零散的零售销售方式过渡到向销售商批量生产供货的销售方式，形成了产、购、销一体化的产业化发展模式。这些绣球精英们掌握着丰富的地方性知识，在村落中传承着地方民俗文化，他们作为绣球工艺传承的生力军，为延展壮族绣球文化做出了积极贡献。

三、少数民族体育用品的改良及生产的现代化

随着科技的发展和技术的改进，传统的少数民族体育用品难免受到现代化的冲击，在现代技术条件下，少数民族体育用品的制作发生了或多或少的嬗变，这对于少数民族传统体育运动的开展和少数民族体育精神的传承都有重大的影响。同时，现代化的技术手段使得少数民族体育用品可以实现大量生产，从而将少数民族体育用品推向了市场流通领域。

（一）吹枪传统工艺与现代工艺的比较

吹枪运动经过 300 多年的传承，技术得到了较大的发展。自 1990 年吹枪首次在云南民族运动会上亮相以来，直到 1998 年云南省第六届民族运动会才把吹枪列为正式比赛项目；到了第七届云南民族运动会，吹枪已经连续两届作为云南少数民族体育运动会的竞赛项目，为吹枪运动推向全国奠定了基础；到云南省第八届少数民族体育运动会，吹枪已演变成与之技术相仿的吹箭，改变了它不易推向全国的难点，使吹枪技术得到了更进一步的发展。1999 年，中华人民共和国第六届少数民族传统体育运动会在北京、西藏同时举行，苗族吹枪运动被列入表演项目第一次亮相京城。

通过下表，我们可以清楚地将传统吹枪工艺与现代吹箭工艺进行对比，并从中发现两者的差异和优缺点。

表 3 传统吹枪和现代吹箭工艺对比

工艺种类 比较项	传统工艺	现代工艺
制作材料	限用越南空心薄竹、木质材料制成，弹丸用黄泥做成	材料多样化：铝合金、塑料、碳素纤维、不锈钢、玻璃纤维树脂等。子弹已是塑料尾翼和钢针合成的箭，所以叫“吹箭”
组成结构	枪托、枪管、泥弹丸	枪管、箭针
连接结构	红恩桃树皮或褐果树皮套	丝扣连接
工艺流程	传承人手工制作	机械加工
工艺特点	制作慢、规格不统一、非标准化	制作快、规格统一、标准化程度高
器具特点	受环境影响大，枪体易受腐蚀，子弹杀伤力弱，不易保存，实用性强	受环境影响小，枪体耐用、抗老化，子弹杀伤力大，竞技性强

就传统吹枪而言，目前并没有过多地步入市场化，它依旧以非物质文化

遗产的形式保留在少数传承者的手中，并且，这样的传承链正在慢慢断裂。由于现代吹箭携带轻便、购买便利等诸多优势，现代竞技比赛中所使用的大多数是现代吹箭，已经很少见到传统吹枪的身影。加之，传统吹枪的枪管需要使用越南薄竹，获得大量的原材料便需费一番周折，使得它的市场化之路前途渺茫。

通过将传统吹枪的遗产化和吹箭的市场化相比较，我们可以总结出几点规律：首先，传统吹枪的形式与器材有较大的局限性；其次，除国内市场外，国际合作也是吹枪项目不可忽视的着陆点；第三，国家的支持和企业自身对民族体育事业的大力支持是吹枪市场化道路上的助推器。但同时我们也要看到，吹枪的市场化发展还是相对缓慢，一方面，这与民族差异有关，但另一方面，吹枪价值的市场化阐释缺失也是关键因素之一，吹枪价值的市场化阐释势必给吹枪走向更广阔的市场打开一扇大门。

此外，吹枪运动的观赏性和娱乐性在民族文化、民族旅游行业里也拥有较高的开发价值，而将吹枪作为一种民族旅游商品加以挖掘开发，仍然拥有广泛的发展空间。

（二）响箭传统工艺和现代工艺的比较

现在传统工艺的弓箭被慢慢淘汰，逐渐淡出人们的视野，能做传统弓箭的艺人也越来越少，弓和箭杆的传统工艺制作面临失传的危险。主要原因有以下几个方面：一是由于社会的发展和全球化的冲击，国际化标准的比赛使传统的响箭器材发生了重大改变，箭手们的弓箭都从韩国、日本等地进口。现代弓箭射程精准，有不同的磅数，可以根据个人力量大小选择。这些都是传统弓箭比不了的。二是传统的竹制弓箭选材必须选用墨脱的箭竹，这种竹子运输成本高不说，更主要的是现在已经限制砍伐，材质不易获取。三是很少年轻人愿意学习弓箭的制作，导致传统弓箭制作没有后备力量。

现在传统工艺保存最好的就是毕秀和箭靶的制作，箭靶和过去的制作方法一样，基本没有什么变化。而弓箭已改为进口的成品。

就毕秀而言，制作也发生了一些变化。从形制上来说，以前的毕秀形制比较大，箭头底部直径一般为 4 厘米，整长 9.5 厘米、头部直径 1.8 厘米。而现在的毕秀比较小，底部直径 3.5 厘米、整长 7.5 厘米、头部直径 1.5 厘米。从外观上来说，以前毕秀头部和心形孔内不涂颜色，现在会在毕秀头部和心形孔内会涂上红色等颜料以求美观。从制作方法上来说，传统毕秀制作需要两人配合着把整个木头从中掏空，制作技艺要求比较高。主要的问题是效率低，一天只能做一个。现在毕秀的制作只需一人即可完成，主要是将毕秀劈成两半从中间掏空再黏合，效率高，一天能做 4 个。从工具上来说，制作传统毕秀的工具主要是掏刀，现在主要有刨子、切刀、掏刀、锉刀、大小圆锉、削刀、砂布。从配件材质上来说，过去毕秀底部用牛皮固定防止裂开，现在改用橡胶皮。过去的牛皮主要用牛胶（用牛皮熬制）黏合，现在的橡皮胶用 502、哥俩好等市场上容易买到的黏合剂黏合。

过去弓箭用墨脱的竹子（箭竹）经过泡、压、绑等一系列繁复的制作，现在弓箭直接从韩国、日本、美国进口。

据了解，林芝工布地区的毕秀大都是家庭经营模式。仅仅是当地人在农闲之余的一项副业，并没有形成规模化的经营模式，买家主要是工布地区热爱响箭运动的人。

箭靶（包括靶心和靶围）和毕秀一样，也以家庭为单位进行制作，销售规模不大，多是以客户预定的方式来制作。根据材质质量的高低和制作工艺的精细程度，一个靶围一般可以卖到 5000—6000 元。目前市场上并没有专门的箭靶营销，而是采用向艺人订购的形式。

前面我们提到，传统的竹制弓箭已经被高质量的现代弓箭所取代，经过几年的时间，现代弓箭的销售已发展为成熟的商业运营模式。现代的弓和箭杆大都从日本、韩国进口，有的则直接从上海购买。价格根据质量从 2000—10000 元不等，一般可用 5—6 年。

（三）锡伯族弓箭传统工艺与现代工艺的比较

新疆锡伯族传统角弓制作非常复杂，需要准备牛角、竹木、鱼胶、丝绵、原漆、牛筋、鹿筋、动物骨、皮革、金属丝等多种材料。而且对材料的要求也高，并存在一系列严格的锡伯语（满语盛京方言）工艺术语。其躬身分为 3 层，内胎为竹木、外贴牛角、内贴牛筋，两端安装高硬度木、角合成的弓梢，各部分以牛津缠绕，有 11 道制造流程，230 道制作工序。据了解，在清代制造一把角弓大约需要一年的时间。现在，因为难以获得达到传统弓标准的诸如牛角、鱼胶、丝绵、原漆、牛筋、鹿筋、动物骨等材料，使得很多艺人的仿造工艺均以失败告终。

锋晖凭借自己丰富的知识和多年不懈的实践，对传统角弓制作不断进行尝试与创新，现已用传统材料成功制作出了性能优良的锡伯族角弓。

（四）陀螺的现代制作工艺

现代制作陀螺材质除了木、竹之外还有塑料、金属及混合材料，形式有实心的，有空心的，还有加入填充物的。现代陀螺制作已经融入了现代科技成果，出现了加入离心开关和发光管的发光陀螺、加入电子芯片和蜂鸣器的音乐陀螺、靠磁场作用旋于空中的磁悬浮陀螺等各式各样的陀螺产品。例如河南商丘木陀螺发展有限公司主要制作玩具木陀螺及闪光玩具木陀螺等，月生产能力 10 万个；北京的创宏远商贸公司则采用高温高压生产热成型陀螺供全国少数民族体育运动会陀螺比赛使用；云南普洱、景谷地区现在也采用车床生产陀螺，并在陀螺上印花雕刻。各地生产的产品材料不同、工艺不同，陀螺的性能也不同，但产品都能满足不同需要，深受人们喜爱。

陀螺运动的意义远远超过了景谷社会生活中的现代竞技体育项目的内涵。景谷县也同中国其他地区一样，在 2000 年前后由政府出资在村镇中建起了篮球场，然而到了 2004 年这些篮球场基本上都变成了陀螺场，有些还变成了陀螺专用场地。景谷县体育设施中心区的体育馆周围，也将一些篮球场、排球场改建成陀螺场，每逢节假日晚十点前场场爆满，有近百人参与打陀螺，场面十分壮观。陀螺用品的需求量十分可观。离县城较近的土锅寨还把已建好的篮球场地改建成室内陀螺场，陀螺场耗资 2 万余元由承包人（陈五）

图 245：现代陀螺装钉

自筹，建成后用作商业运营，每人每次十元不限时，从2004年开始，至今仍在使用，并准备重新翻盖。政协陀螺场也是一个室内陀螺场，它已经建成了集陀螺、垂钓、餐饮为一体的体育休闲中心的雏形。景谷县有三四家陀螺店，每家每年在陀螺制品的销售和维修上都有近十万元的利润。普洱和北京的两家陀螺生产厂更是将陀螺销往全国各省，经济效益显著。

（五）高脚马传统工艺与现代工艺的比较

当前，高脚马的制作并没有形成现代化的大规模生产，还停留在散落于民间的小规模、手工生产，所以效率较低，但很好地保留了其传统工艺，显示出难能可贵的一面。

唯一能显示出现代化、效率高的工艺是其中棕绳的制作，现在不是用手工搓制，而是用快捷的电动机器。如果还是手工搓制，效率太低，搓出的绳子较粗并且不紧，不能完全满足马镫制作的需要。

这是一个今后在策划和改进过程要注意的很重要的方面，对于为了高脚马运动的发展、为了高脚马文化的传承，究竟是保持原汁味的小规模手工制作好，还是开辟出机器规模生产的路子更好？或者究竟有没有可能实现现代化的规模生产？

考虑到高脚马制作的独特性，其完全形成现代化机器生产的可能性不大，也没有必要。但是，可以实现其中一些材料、配件的机械化生产，比如绳子、手柄已经在朝着这个方向发展。

目前，恩施地区已经成为高脚马的一个货源地，以芭蕉乡初级中学为依托，这个学校已经成为湖北省高脚马训练基地，段师傅长期在此编制高脚马，并且通过学校和恩施市民族宗教事务局接受外地市场和学校的订单，按期完成一定的量。

就整体销售情况而言，多批量定做，有需求才制作，外面特定单位订购，单独购买的并不多。高脚马最终能否进入市场流通，这对高脚马的生存空间和前景是一个巨大的考验。如果能保留其工艺，有足够多的传承人，实现较大规模的生产，并进入市场流通，这将是高脚马实现市场化、实现其经济效益的重要突破。

（六）绣球制作工艺的现代化

自20世纪80年代中期以来，旧州逐渐形成“绣球一条街”。随着民族文化资源的开发，靖西县政府将绣球作为地方文化形象打造，由原来的壮家男女的定情物变为当地民众脱贫致富的一项产业。在这种文化变迁中，政府的积极支持和引导以及绣球工艺精英的作用扮演着至关重要的角色。

绣球文化的发展和变迁顺应了国家政治经济发展的要求，抓住机遇脱颖而出。改革开放以后，随着经济建设成为国家的工作重点，一方面由于大办乡镇企业，另一方面由于允许农民自主生产，旧州绣球产业很快兴盛起来，也正是在这种背景下形成了“绣球一条街”。进入21世纪后，由于国内外都提出保护文化的多样性，特别重视非物质文化遗产，在此背景下，绣球被融入壮锦一同进入国家第一批“非物质文化遗产名录”，并打造成产业化生产的规模，成为弘扬地方文化、展示本土形象的文化资源。由此看来，国家政策对绣球工艺的发展变化是至关重要的。

靖西县政府在绣球文化传承和变迁中起到组织和引导作用。“20世纪70年代靖西县文化馆就在旧州专门开设绘画班，培养了一批基本功扎实的农民画家，为绣球的刺绣工艺打下了基础；80年代，县民委在旧州开办制作绣球培训班，由资深艺人讲授刺绣技艺，设计图案，县民委统一绣球颜色、面料、规格、球瓣数。这在某种意义上可以说是对绣球的一次革命。”[①]20世纪90年代以来，靖西县政府积极打造绣球产业化发展的道路，将绣球进行商品化包装，为促进地方经济发展和提高群众收入做出了贡献。如将绣球选定为各级政府部门对外选送的礼品，为绣球的社会影响、走向市场及打开销路做出了积极贡献；各行业在外参加商贸洽谈会、展览会都以绣球为标志物，兼推销绣球，既扩大了影响，又开拓了市场；政府还给予旧州街发展绣球手工业很多优惠政策，免收其所有税费；近年来，政府还在旧州小学里开设“女童班”，进行刺绣技艺传承；还为“绣球农家学堂”赠送了电视机、电脑、DVD等教学用具，使当地群众掌握绣球的工艺制作，为绣球产业化发展培养了大批人才。这些得力的措施使得绣球的产销形成一条龙的产业链，政府的措施和行为影响着绣球文化发展、传承与变迁。

① 孟萍：《从“中华巧女”到民间文化杰出传承人——记广西靖西旧州绣球民间艺人黄肖琴》，《中国旅游报》，2008年。

第六部分

少数民族体育用品产业化的问题与对策

一、少数民族体育用品发展产业化的问题

虽然少数民族体育在民族地区被保存和传承下来，但少数民族体育用品制作和使用方法的传承及发展，却存在着不少问题，少数民族体育用品的使用率也不高，导致这些情况的因素主要有以下几个方面。

（一）传统工艺退出人们的生活圈

对于少数民族体育用品来说，最大的问题在于现代制作工艺对传统制作工艺的巨大冲击。随着少数民族地区经济的发展，人们的生产生活方式有了很大的改变。少数民族体育用品也不例外，如今随着现代化器材的推广，少数民族体育用品传统制作工艺在逐步退出人们的日常生活。以陀螺和木球来说，现代工艺生产的陀螺具有加工精度高、美观、规范的优点，陀螺选用的材料具有耐击打、养护简单、生产效率高、产品价格低等优势，比传统工艺生产的木陀螺更受群众欢迎。宁夏的木球同样存在这个问题，过去，木球的制作伴随着人们的日常的生活，体现了当地人的生活方式和情趣。如今，木球的传统制作工艺脱离了人们的生产生活，进入到现代化的生产阶段。与传统工艺相比，现代工艺生产的木球加工精度更高，球棍和球体更加光滑、美观，作为比赛用球标准更加统一规范，这些优点使得现代工艺制作出来的木球比传统工艺的木球受到大众的欢迎。

这些现代化的冲击使得少数民族体育用品的传统生产工艺面临着失传的危险。这不仅会影响民众生活方式，也不利于保护少数民族体育用品的传统生产工艺，还会破坏少数民族的体育文化。所以，让民众重新认识少数民族体育用品传统生产工艺的价值及对这种传统工艺的恢复成了目前亟须解决的问题。

（二）传承人老龄化、断层的问题

在调研中我们发现如今熟悉传统制作工艺的工匠已经越来越少，而且，掌握这些传统技艺的多是一些上了年纪的人，随着他们年龄的增长，传统工艺随时有失传的可能。在调研的几个项目中可直观地看出这种问题。

表 4　少数民族体育用品传承人情况表

少数民族体育用品	传承人姓名	性别	年龄（岁）
俄尔多	卓玛吉	女	73
响箭	巴鲁	男	49
	平措次仁	男	55
	阿牛	男	70
高脚马	段岳朋	男	59
	向启发	男	48
弩	岩木元	男	
陀螺	李少春	男	
锡伯族弓箭	锋晖	男	
吹枪	罗洪明	男	44
绣球	黄肖琴	女	60

从上表传承人的年龄就可看出如今少数民族地区制作少数民族体育用品的传承人年龄趋向老龄化发展，这些传统的工艺技术多年来一直依靠父传子、师授徒的方式传承和发展，一旦缺乏后备力量，传承人就面临着高龄化的危险。高尔基曾说“一个民间艺人的逝世，相当于一座小型博物馆的毁灭”，揭示了传承人对该项少数民族体育用品传统手工艺的传承和发展具有极高的决定意义，所以对于民间传承人高龄化的问题应当引起相关部门的重视。

另外，年轻人对于少数民族体育用品传统工艺知之甚少，没有新的接班人愿意去学习这种传统工艺，传承人面临断层的问题。例如在西藏林芝调查响箭的时候，响箭的传承人巴鲁有一个儿子，在外地上大学，毕业打算到墨脱的学校当老师，平时放假回家的时候给父亲打打下手，并没有把父亲的手艺学到手。在调查中这样的例子比比皆是，少数民族体育用品的传统工艺在年轻人中断层的原因有很多，首先，随着生产生活方式的改变，年轻人有了更高更远的追求，无心去继承传统工艺；第二，很多年轻人到外地发展，有了另外的工作和生活，脱离了少数民族体育用品生存的生活环境，根本没有心思和精力去继承传统的技能。这种松散的结构和方式给少数民族体育用品的发展带来了一定的难度。

目前“民间工艺传承人”的保护是一个热点，也是保护传统工艺的重要手段，很多民间传承人并不知晓相关的政策。所以，“民间工艺传承人”的保护政策和后续相关政策是民族宗教局和相关部门工作的下一步目标。

（三）少数民族体育用品生产具有地域性、间歇性、小规模、分散性的特点

少数民族体育用品的传承和发展除了传统工艺的逐步退减和传承人的问题外，其产业化发展还受到少数民族体育用品本身的一些限制，如地域性、间歇性、小规模和分散性等。

地域性表现在大部分的少数民族体育用品只适用于当地的生态和自然环境，一旦脱离相应的地理环境，该体育用品的作用和功效则很难发挥出来，所谓“北人喜马，南人善舟”之说，反映了地理环境对人类生活的影响。如生活在水边的苗族“独木龙舟”，壮族、傣族等的“划龙舟”，东乡族、保安族的“牛皮筏”、“羊皮筏”竞渡，这些传统体育用品都与水域有关。高脚马起源于南方沟河地带，适应当地的多雨季节，主要是方便出行，有较强的群众基础，具有明显的地域特征。又如类似俄尔多这样的“抛石器”，只适宜于广阔的牧区和人迹罕至的山岭使用，与当地民众的生活习惯和生活需求结合在一起，方便牧民放牧、山民打击野兽。离开这个特定的地域，俄尔多这样的“抛石器”也就失去了自身的价值。大部分少数民族体育用品都存在着地域性特点，所以在推广应用上就存在着一些限制。

间歇性表现在少数民族体育用品生产周期的时间间隔，它不是现代工厂化的连续性生产。如苗乡的独木龙舟，因为材料难寻，耗工费时，再加上龙舟经久耐用，所以一个村寨制作一艘独木龙舟往往得间隔几十年甚至上百年的时间。另外，和龙舟配套产生的独木龙舟节同样具有明显的季节性，每年只在农历五月二十四到二十七的时候举行，其余时间则放置在龙舟棚内。湖北的高脚马虽然可以随时制作，但主要的制作时间还是集中在秋季，因秋季的竹子才符合制作高脚马的标准。这种间歇性或多或少地制约了少数民族体育用品产业化发展。

小规模表现在少数民族体育用品的生产单位规模小，一次生产的数量少，往往是单品生产为主要特征，因而使用机器既无必要又无可能。如响箭毕秀箭头的生产，在西藏林芝工布地区仅仅是当地人在农闲之余的一项副业，并没有形成规模化的经营模式，而买家主要是工布地区热爱响箭运动的人；响箭的箭靶（包括靶心和靶围）也以家庭为单位进行制作，销售规模不大，目前市场上并没有专门的箭靶营销。像高脚马、弩就整体销售情况而言以多批量定做为主，有竞赛或体育教学需求才制作。其他例如吹枪等也存在着这方面的问题，传统工艺只被少数的民间艺人所掌握，并没有大规模的生产。独木龙舟则是典型的单品生产，因而没有固定的作坊。

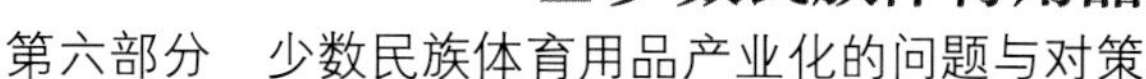

分散性表现在少数民族体育用品生产多为各自为政的自给性家庭生产或小作坊模式，不成体系，也形不成统一的生产标准。比如编制俄尔多的家庭有很多，但主要是自产自用，即使是进入拉萨八角街市场，也是自产自销或被小量收购，并没有形成统一生产规模和体系。类似的情况在响箭中也存在，响箭制作的民间艺人分散在各个村落中，不同的民间艺人所采用的制作方法略有不同，例如一些制作人只制作毕秀箭头，一些只会制作弓和箭，有些只制作箭靶和靶心；即使制作箭头的方法也不同，有是剖开两半制作，有的是掏空制作；制作出来的响箭箭头也是分散在不同的售卖点和旅游景区，没有统一的质量和规格标准。这种分散经营和生产限制了少数民族体育用品产业化发展。

（四）少数民族体育用品的市场半径小、覆盖面窄、市场容量有限，但潜力较大

市场半径小，覆盖面窄。内蒙古的搏克服、藏族的俄尔多与响箭适用范围仅限于当地，大部分为自产自销，并没有辐射到更远的地方。苗乡的独木龙舟也仅流传于贵州的台江地区，在其他地方则很难发展。由于独木龙舟的使用范围小，导致独木龙舟的覆盖率低，作为少数民族体育用品产业也不能大规模发展。

此外，少数民族体育用品还存在着市场容量有限的问题。还是以响箭为例，目前传统响箭制作器材简陋，缺乏统一的生产标准，更无法形成规模产业，所以制作出的传统弓、箭，不论在射程上还是精准度上都比不上现代弓、箭，传统弓、箭的市场需求量自然抗衡不了现代弓、箭。广西的绣球在市场容量上的问题表现主要从价格中体现出来。由于市场需求量少，绣球的销售额和利润都不高。制作绣球的材料费虽然很低，但由于工艺复杂，一个合格绣工制作绣球获得的利润较低，平均每天只有十几元钱。

尽管如此，少数民族体育用品还是有市场潜力的。如今随着人民生活水平的提高，体育运动和人们对健康要求的日益增强，人们对体育用品的需求量也越来越多。特别是北京奥运会、广州亚运会等国际体育盛会的成功举办，极大地推动了我国体育运动的发展，少数民族体育运动也得到了快速发展，每四年一届召开的全国少数民族传统体育运动会带动了各省民族传统体育运动的发展，许多省市不仅建立了民族传统体育训练基地，而且提倡民族传统体育走进学校、走进课堂。随着体育运动的发展和普及，体育用品的市场需求必将快速增长。尽管有上述种种因素限制了少数民族体育用品的使用范围，但有毕竟相当一批少数民族体育运动项目在蓬勃开展，从而使少数民族体育用品具有较强的推广价值。从此次调研的少数民族体育用品中也可以看出这一倾向，以云南的陀螺为例，由于当地群众对陀螺运动的痴迷，制作陀螺成为一条致富门路。不仅如此，陀螺具有向全国和世界推广的广阔前景。目前，仅有的几个陀螺经营户的经济效益很好，每家每年能卖2—3千个陀螺（每个120—150元）。景谷县最大的一家私人陀螺作坊主李少春的作坊有3台机器，既做比赛用的陀螺，也制作用于装饰的陀螺，年产量3000个以上，他的产品销售全国，每年利润在8万元左右。高脚竞速已经成为国内一些大专院校、中小学体育课程教学及竞赛项目，全国各地对高脚马的需求逐渐增加，湖北的高脚马除了在恩施地区外，在湖南吉首还有一个产品货源地，由此可见，高脚马的市场正处于一个发展的阶段，不是完全传统意义上家庭生产，也不是完全现代化的工厂生产，但正在从传统走向现代、从乡村走向大市场。类似的少数民族体育用品还有一些。

（五）少数民族体育用品产业化在原料、技术人员、资金投入和市场营销方面困难较多

首先，原料上，独木龙舟所需的木料必须是百年生成的珍贵杉木，在采集上存在着一定的困难，而舟体腻缝所用的葛麻也得到深山中采集。这些材料获取的艰难性限制了少数民族体育用品的产业化发展。其次，技术人员上，熟悉传统制作工艺的工匠已经越来越少了。目前，熟知传统工艺多是一些上了年纪的人，随着他们年龄的增长，传统工艺随时有失传的可能。无论是响箭、弩还是木球，都存在着传承人老龄化的问题，而现在的年轻人对于传统的工艺也是“无心无力”传承。一方面，随着生产生活方式的改变，年轻人有了更高更远的追求，无心去继承传统工艺；另一方面，年轻人都有自己的工作和生活，没有时间和精力去继承传统的技能，这种松散的结构和方式给少数民族体育用品的发展带来了一定的难度。第三，资金不足。如目前的独木龙舟盛行的施洞地区，因地域特点，农业以水稻种植为主，经济尚欠发达，一些村寨才通公路，苗家人的生活状况有待改善。虽然百姓热爱本民族的传统文化，但制作一条龙舟需花费很大的人力、物力与财力：杉木的价格昂贵；龙舟的整个制作过程需要一个村寨的男性青壮年有所参与，而目前寨中男性多外出务工，留下的劳动力有限，如请外来人支援，则得给予一定的费用；苗族节日众多，苗家人热情好客，方圆百里，皆有亲戚，送礼待客是常事，龙舟节的传统习俗是由村寨的鼓头负责节日中的一切事宜，在接受贺

礼的同时，也要回馈大量财力，往往会面临重大的经济压力，所以已经很少有人愿意承担鼓头的职责。这些资金方面的付出和紧缺，都限制了独木龙舟的发展。最后，市场营销方面困难较多，如今少数民族体育用品的生产管理不规范。如广西的刺绣，因制作者手工刺绣的工艺水平不同，使得绣球质量参差不齐，鱼目混珠的事件屡见不鲜。这势必会对绣球产业带来负面影响，其潜在威胁不言而喻。因此，进行品牌保护，不断提高少数民族体育用品的质量体系，实现少数民族体育用品的品牌经营是势在必行的策略。

二、少数民族体育用品产业发展的保护对策

少数民族体育用品产业化程度低，不仅不利于少数民族体育项目的开展、普及和提高，也不利于保护珍贵的体育用品传统生产工艺和技术。只有扩大市场需求，才能为产业化发展奠定坚实的基础。为此，本项目组对少数民族体育用品产业化发展提出如下建议。

（一）把少数民族体育项目和传承人列入非物质文化遗产保护

近年来非物质文化遗产受到现代生活方式的冲击，一些依靠口传身授予以传承的文化遗产不断消失，许多传统技艺面临人亡艺绝的危险，这其中就包含了少数民族体育用品。所以当务之急是把各项少数民族体育用品项目列入非物质文化遗产保护。据我们实地调查的情况看，这 11 项少数民族体育用品中，响箭、搏克等项目在当地开展得不错，并且在全国民运会上都有所展示，得到了广泛的推广和应用，已深入到民众的生活当中。但贵州苗族的独木龙舟却面临着危机。原有的龙舟因年代较久已有破损的迹象，制作新龙舟又要耗费巨大的人力、财力，加上当地年轻人大量外出打工，独木龙舟逐渐淡出人们的视野，属于濒危的少数民族体育用品，建议列入国家级的非物质文化遗产，实施有效的抢救和保护，让我们的民族文化得以很好地传承下去。其他如新疆的锡伯族弓箭、广西的绣球属于当地特有的少数民族体育用品，有当地文化特色，应该列入省级的非物质文化遗产，对于已经是省级非物质文化遗产的响箭等项目应按情况升级为国家级的非物质文化遗产。

在民间技艺的传承和发扬过程中，手工艺人本身的作用是最大的，必须尊重和保护好他们，发挥他们自身在这个圈里的作用。政府应出资开展培训，培养新的文化精英，使得少数民族体育用品文化产业化发展后继有人。加强少数民族体育用品制作工艺的保护，做好少数民族体育用品的传习工作，将传承人

的传统技艺传承下去并为他们改善工作条件。通过政府政策的途径，经考察和评比，给少数民族体育用品的传承人以“民间工艺传承人”的称号，扩大他们的知名度，提高他们的社会地位。通过认定这一工艺传承人，可以引起更多人的关注，吸纳更多的人学习少数民族体育用品的制作技术。

另外，还可以适度从政府的层面给传承人一定的补贴和奖励，虽然他们可以通过售卖少数民族体育用品挣钱，但收入有很大的不稳定性，通过补贴和奖励可以提高他们的积极性。尤其是传承人年龄一般都比较大，没有固定的生活来源，劳动量也不能太大，所以，这一政策的倾斜显得尤为重要，能鼓舞更多的人投入到传统工艺之中，在有形和无形之中使传统工艺得到延续。但是，保护和传承不仅仅是政府和传承人的事，还迫切需要唤醒民众保护文化的自觉意识，营造尊重传统文化、热爱传统文化的社会氛围，从而让社会大众接受传承。

（二）依托旅游带动产业化发展，扩大市场

民族体育用品产业化是以产业化运作方式来发展，以提高民族传统体育资源配置的效率与效益。因此，在开发民族传统体育用品产业时，应与其他产业一样，遵循产业化发展的一般规律，从各民族的体育用品资源出发，利用当地的旅游业，把丰富的旅游资源和独具地方特色的民族体育用品资源整合在一起，不仅可以促进少数民族体育用品的传承和发展，还能增强该地区旅游业优势，从而促进民族体育用品产业的形成。

在以少数民族体育用品发展旅游业的过程中，政府占据了主导地位，在尊重当地风俗习惯的前提下，形成以政府主导，致力于旅游基础设施和服务设施的建设，利用少数民族体育用品工艺开发旅游产品，制作小型的带有民族风味的装饰性的体育用品。同时政府应以少数民族体育运动为地方品牌的文化产业，加大文化旅游产业的培育，扩大规模，使少数民族体育运动走向全国的桥梁，让外界认识少数民族地区。

（三）着重培育有基础的少数民族体育用品生产企业

对少数民族体育用品的开发要以先进带动后进，再逐渐拓展规模。如今少数民族体育用品产业还没有形成气候，所以树立典型很重要，通过典型企业的模范带头作用，让更多的人看到这个产业的潜力和希望，并参与到这个事业中来，最后形成有规模的生产企业。

首先，典型的生产企业必须在那些已经有一定基础的少数民族体育用品生产企业中挑选。国家民委、财政部以及各民族自治地方选择若干有基础的

厂家和作坊给予扶持，按照 4 年一个时间单元（与全国少数民族传统体育运动会会期一致）进行规划，在市场开发的基础上逐步扩大少数民族体育用品生产规模。此项工作必须和少数民族体育项目的推广程度相一致，既不要超前以免造成企业亏损，也不能无所作为贻误市场先机。加强现代化的管理，加大投入和生产的力度，形成一个统一的制作中心或加工厂，把手工艺人集中起来，尊重和保护好民间的传承艺人，发挥他们的作用。在生产过程中还可以招收学徒，让更多的人加入到学习和传承这门技艺当中来。借助于传承人的技术扩大生产技艺和生产规模，以艺人带动相关产业的发展。

其次，少数民族体育用品如果要推向广阔的市场，实现经济效益的最大化，必须使产业多样化，让不同的企业形成自身独特的品牌。要进一步强化和优化传统体育用品进入市场的准入政策，降低少数民族体育用品进入市场的门槛，对少数民族体育用品进行政策倾斜和保护，不断地扩大市场和影响力，实现经济效益，并逐渐形成一个民族或特定区域的品牌。让品牌效益不断扩大，推向周边市场，逐渐在全国范围内流通。要鼓励品牌竞争，让各生产企业在有序的竞争中不断提高产品的质量。这不仅有利于少数民族体育用品的流通和传播，也有利于其制作技术的改进。

最后，各个体育用品生产企业要联合。“一般来说，企业要发展，首先必须达到一定的规模，只有生产达到了一定的规模，产业才能得以存在。”[①] 少数民族体育用品产业也不例外，必须通过各种方式进行扩张，走规模化道路。以高品位、高质量的民族传统体育用品，满足各民族地区人们和民族体育爱好者的消费愿望，加快民族体育用品产业化发展，使中国少数民族体育用品成为民族地区的一个经济开发点，提高民族地区的经济发展水平。

（四）制定少数民族体育用品产业化发展的配套政策

在少数民族体育用品的企业化和市场化过程中政府的政策措施起到了关键的引导和扶持作用。政府必须制定有利于少数民族体育用品发展的政策措施，培育体育用品的市场，激活体育用品的消费，以推进少数民族体育用品产业健康、有序的发展。在少数民族体育用品产业化方面，要做好产业发展规划，纳入地方总体规划中，主要在财力、物力和人力方面给予切实的支持。

资金上，政府要加大少数民族体育用品事业的投入，为少数民族体育事业和体育产业的发展提供基础条件，并对少数民族体育用品的生产企业给予一定的政策优惠和资金支持。另外，政府要通过制定鼓励政策，积极吸引多种投资主体进入少数民族体育用品产业的开发，为发展少数民族体育用品产

① 国家民委文化宣传司、国家体育总局群众体育司选编：《民族体育论集》，民族出版社，2007 年。

业提供启动资金，建立政府支撑与社会兴办相结合的产业发展模式，逐步形成有利于少数民族体育用品产业发展的社会环境。加快少数民族体育用品的发展，关系到少数民族经济社会的发展，有利于实现各民族共同繁荣。

物力上，政府和媒体结合，在少数民族体育用品传统生产工艺和项目成果上进行宣传报道，并给予项目后续支持，在更大范围保护少数民族体育用品的传统生产工艺和技术。另外，对于条件具备的如独木龙舟、响箭、俄尔多等，要积极申请非物质文化遗产保护项目，同博物馆、展览馆、文化馆建设相结合，大力收藏少数民族体育用品实物、图片、影像资料和图书等。而少数民族体育用品制作工艺的保护，应结合当地情况，进行非遗保护。在尊重当地风俗习惯的前提下，形成政府主导、民间自发保护的运行机制。

人力上，重视培养少数民族体育活动的管理干部和骨干队伍，实践证明，民族民间的师徒传承方式已不适应民族体育向现代化、科学化、社会化发展的客观要求。我国少数民族体育用品的全面发展与繁荣，必须依靠一大批具备体育知识、有业务专长、通晓民族政策与民族习俗的体育管理干部和体育骨干。他们与民族群众有天然的密切关系，深谙本民族、本地区的风俗习惯，有利于我们更准确地执行党的民族政策与体育方针。另外，政府应给民族地区提供专家指导，发挥少数民族体育用品的传统技艺，以少数民族体育运动为地方文化品牌产业，加大文化产业培育。利用少数民族体育用品工艺开发旅游产品，制作小型的带有民族风味的装饰性的体育用品。促进当地经济的发展，使少数民族体育用品真正成为少数民族和民族地区经济的增长点，获得更大的经济效益，并使少数民族体育用品成为体育运动走向全国的桥梁。

总之，少数民族传统体育用品作为少数民族体育运动的组成部分，其独特的价值有必要进一步提升出来并得到充分地肯定。它是中华民族特有的丰富的民族传统体育文化资源的一部分，与传播民族传统文化、开展各民族传统体育活动、增强各族人民的团结进步、促进民族经济发展等有着直接而密不可分的关系。通过少数民族体育用品的开发和再利用，不仅可以向产业化推进，还能使民族传统体育显现出丰富的民族文化内涵，增强民族自信心和自豪感，有利于民族传统体育文化的可持续发展。可以说，少数民族体育用品是我国体育产业发展和民族地区经济发展中的一种内涵丰富、产业开发价值深厚的地域性文化资源。可以弘扬民族体育用品文化，带动地方经济的发展，使民族体育事业也得到较好的发展。

参考文献

[1] 韦晓康等．少数民族传统体育可持续发展研究．北京：中央民族大学出版社，2006.12。

[2] 国家民委民族问题研究中心．中国民族．北京：中央民族大学出版社，2001.3。

[3] 杨圣敏等．中国民族．北京：中央民族大学出版社，2003.6。

[4] 孟连傣族拉祜族佤族自治县志编纂委员会．孟连傣族拉祜族佤族自治县志.1999.6。

[5] 罗承强等．孟连傣族拉祜族佤族自治县概况．北京：民族出版社,2008.4。

[6] 韦晓康等．民族高等院校公共体育教程．北京：北京体育大学出版社，2005.8。

[7] 刘生文．藏族体育．兰州：甘肃民族出版社出版，1994。

[8] 郭泮溪．中国民间游戏与竞技．上海：上海三联书店，1996 年。

[9] 张生会．民族体育运动．呼和浩特：内蒙古人民出版社，2006 年。

[10] 韦晓康、李霞．论壮族绣球运动的文化渊源．体育文化导刊.2003（8）。

[11] 陆华、陆荣现．话说广西绣球．中共南宁市委党校学报.2003（2）。

[12] 何卫东、伍广津．广西壮族投绣球体育文化发展研究．北京体育大学学报.2005（2）。

[13] 韦晓康．壮民族传统体育文化研究．北京：中央民族大学出版社.2005。

[14] 锋晖．中华弓箭文化．乌鲁木齐：新疆人民出版社，2006 年 6 月。

[15] 孟萍．从“中华巧女”到民间文化杰出传承人——记广西靖西旧州绣球民间艺人黄肖琴．中国旅游报.2008 年 2 月 15 日。

[16] 黄约、赵晓香．打造靖西壮族绣球文化品牌的可行性研究．广西财经学院学报.2008 年第 1 期。

[17] 黎鼎华．广西靖西小绣球舞动经济大旗．中国企业报.2007 年 4 月 24 日第 004 版。

[18] 冯玉楼．搏克．呼和浩特：内蒙古人民出版社，2006.7。

[19] 余大钧译注．蒙古秘史．石家庄：河北人民出版社，2001。

[20] 田兵．苗族古歌．贵阳：贵州人民出版社，1979 年。

[21] 马学良、今旦．苗族史诗．北京：中国民间文艺出版社，1983 年。

[22] 李瑞岐、杨培春．中华龙舟文化研究．贵阳：贵州民族出版社，1991 年。
[23] 燕宝．苗族古歌．贵阳：贵州民族出版社，1993 年。
[24] 吴一文、覃东平.苗族古歌与苗族历史文化研究.贵阳：贵州民族出版社，2000 年。
[25] 马红梅．吹枪运动研究．体育文化导刊，2009（5）。
[26] 吴德华．吹枪 .http：//www.3miao.net/batch.search.php。
[27] 伍新福．苗族史研究．北京：中国文史出版社，2005 年。
[28] 石朝江．世界苗族迁徙史．贵阳：贵州人民出版社，2006 年。
[29] 苗族简史编写组编．苗族简史．北京：民族出版社，2008 年。
[30] 张红娜．苗族独木龙舟文化调查．原生态民族文化学刊，2009 年。
[31] 胡小明、杨世如．独木龙舟的文化解析——体育人类学的实证研究（二）.体育学刊，2010 年。
[31] 杨维军.甘南州生态环境现状及建设对策研究.甘肃社会科学.2004年（4）。
[32] 范晔．《后汉书. 西羌传》. 北京：中华书局 .1965 年。
[33] 甘南州州志编纂委员会．甘南藏族自治州州志下．北京：民族出版社，1999。
[34]《甘南藏族自治州概况》编写组．甘南藏族自治州概况．兰州：甘肃民族出版社，1987。
[35] 周伟洲．吐谷浑史．银川：宁夏人民出版社，1985。
[36]《中国百科全书・宗教卷・羌族宗教》，北京：中国大百科全书出版社，1988。
[37] 李振翼．甘南藏区考古集萃．北京：民族出版社，2001。
[38] 旺谦、丹曲．甘肃藏传佛教寺院录．兰州：甘肃民族出版社。
[39] 何效祖．走进甘南：寻梦香巴拉．兰州：甘肃人民出版社，2005。
[40] 姚重军．少数民族传统体育文化研究．北京：民族出版社 2004.3。
[41] 丁玲辉．西藏的传统体育．拉萨：西藏人民出版社，2006。
[42] 国家体育总局群众体育司国家民委文化宣传司．少数民族传统体育项目竞赛和表演规则及裁判法．广州：广东人民出版社，2007.3。
[43] 刘旭东等．十四种竞技—中国少数民族传统体育运动会竞赛项目赏析．银川：宁夏人民出版社，2003.8。
[44] 霍红．西部少数民族传统体育的现状与走向．成都：四川大学出版社，2007.12。

[45] 张涛 . 中国少数民族传统体育概览 . 北京：中央民族大学出版社,2008.5。

[46] 普布多吉 . 雪域高原的璀璨明珠——林芝 . 拉萨：西藏人民出版社，2002。

[47] 西藏政府网：http：//www.xizang.gov.cn/index.do。

[48] 中国广播网：http：//www.cnr.cn。

[49] 宋广民 . 少数民族传统体育教程 . 沈阳：辽宁民族出版社，2007 年 。

[50] 张选蕙 . 民族传统体育概论 . 北京：人民体育出版社，2006 年。

[51] 龙佩林 . 民族传统体育发展的文化选择——以高脚马走进全国民运会为例 . 吉首大学学校（自然科学版）.2002（6）。

[52] 白晋湘 . 从高脚运动的演变历程看传统体育的现代化 . 北京体育大学学报 .2004（6）。

[53] 林晓滔 . 体育游戏对少数民族传统体育高脚竞速普及的价值趋向 . 贵州民族学校学报 .2009（2）。

[54]《蒙古族简史》编写组 . 蒙古族简史 . 呼和浩特市：内蒙古人民出版社，1985.11。

[55] 内蒙古体委 . 搏克 . 北京：人民体育出版社，1993。

[56] 徐竹等 . 吹枪运动研究 . 考试周刊 .2009（16）。

[57] 王岗等 . 民族传统体育发展的文化审视 . 北京：体育大学出版社,2005.1。

[58] 白晋湘等 . 民族传统体育教程 . 长沙：中南工业大学出版社，2000.3。

[59] 赵静冬等 . 少数民族传统托幼运动教学与训练 . 昆明：云南民族出版社，1999.12。

[60] 云南省景谷傣族彝族自治县志编撰委员会编 . 成都：景谷傣族彝族自治县志 . 四川：四川辞书出版社，1993 年。

[61] 普洱市人民政府网：http：/www.puershi.gov.cn。

[62] 国家民委文化宣传司、国家体育总局群众体育司选编:《民族体育论集》，北京：民族出版社，2007.7。

致谢

[1] 云南省民族事务委员会
[2] 普洱市民族宗教局
[3] 普洱市体育局
[4] 普洱市景谷傣族彝族自治县民族宗教局
[5] 普洱市景谷傣族彝族自治县体育局
[6] 景谷傣族彝族自治县益智乡政府
[7] 孟连傣族拉祜族佤族自治县体育局
[8] 云南民族大学体育学院
[9] 文山壮族苗族自治州麻栗坡县体育局
[10] 文山壮族苗族自治州第二中学
[11] 贵州省民族事务委员会
[12] 台江县民族宗教局
[13] 台江县施洞镇龙舟协会
[14] 贵州民族学院体育与健康学院
[15] 百色市委宣传部
[16] 靖西县委宣传部
[17] 靖西县文化体育局
[18] 旧州镇政府
[19] 百色学院体育系
[20] 西藏藏族自治区民族事务委员会
[21] 林芝地区民族宗教事务局
[22] 林芝地区教育体育局
[23] 林芝县民族宗教事务局
[24] 米林县民族宗教事务局
[25] 西藏大学
[26] 西藏民族学院
[27] 西南民族大学
[28] 甘孜藏族自治州体育局
[29] 甘肃省民族事务委员会

[30]甘南藏族自治州民族宗教事务局
[31]甘南藏族自治州体育局
[32]甘南藏族自治州玛曲县民族宗教事务局
[33]甘南藏族自治州夏河县民族宗教事务局
[34]西北民族大学
[35]湖北省民族事务委员会
[36]恩施土家族苗族自治州民族事务委员会
[37]恩施市民族宗教局
[38]湖北民族学院体育学院
[39]恩施市芭蕉侗族乡民族中学
[40]吉首大学体育学院
[41]新疆师范大学
[42]伊犁哈萨克自治州体育局
[43]伊犁哈萨克自治州察布查尔锡伯自治县体育局
[44]伊犁哈萨克自治州烟草总公司
[45]宁夏回族自治区民族事务委员会
[46]吴忠市民族宗教局
[47]吴忠市马莲渠乡政府
[48]吴忠市马莲渠乡回族中学
[49]锡林郭勒盟政协
[50]锡林郭勒盟民族事务局
[51]东乌珠穆沁旗民族事务局
[52]东乌珠穆沁旗文体广电局
[53]锡林浩特市赤牛蒙古跤衣厂
[54]中国少数民族研究中心
[55]中央民族大学藏学研究院
[56]中央民族大学文学与新闻传播学院
[57]中央民族大学现代教育技术部

中国少数民族特需商品传统生产工艺和技术保护工程第四期工程

少数民族体育用品终审专家组评审意见

受国家民委经济司(项目甲方)的委托，本专家组于2011年3月19日至3月20日在北京召开会议，对中央民族大学体育学院(项目乙方)承担的中国少数民族特需商品传统生产工艺和技术保护工程第四期工程——“少数民族体育用品”项目进行认真评议，终审意见如下：

一、该项目自2010年1月启动以来，项目组通过全面收集资料和多次实地调查，形成包括文字、影像、数据库等在内的多种形式综合的最终成果。该成果涉及少数民族体育用品的定义、源流、分类与分布，重点选择分析了陀螺、射弩、吹枪、独木龙舟、绣球、响箭、俄尔多、高脚马、锡伯族传统弓箭、木球、搏克运动服饰等少数民族体育用品制作工艺和技术流程的特点，并探讨了与少数民族生活环境及传统文化内涵的关系，总结了当前我国少数民族传统体育运动的开展情况与民族体育用品制作工艺传承、改良及生产情况，最后，提出少数民族体育用品传承和保护存在的问题及政策建议。

二、专家评审会一致认为：该成果为民族体育用品传统生产工艺和技术保护工程的推进以及产业化开发奠定了良好的基础，对发展民族体育和非物质文化遗产保护有重要的现实意义。项目设计规范，实地调查深入细致，内容充实，材料丰富，表述清楚。该成果填补了少数民族体育用品研究领域的空白，达到了预期目标。

三、后期成果正式发表前，建议按如下意见修订：

1. 结构上将第三部分标题改为“少数民族体育用品制作工艺案例实地调查”，与第二部分顺序对调。最终成果的图片和影像中删除现代工具等图片，着重描述传统工艺流程。

2. 对策建议方面，既要重视少数民族体育用品的产业化开发，也要重视少数民族体育用品传统生产技艺文化的保护和传承。并加强成果的信息化传播。

四、建议相关部门继续支持该成果的后续研究。

2011.3.20.

图书在版编目（CIP）数据

少数民族体育用品 / 中央民族大学体育学院 少数民族体育用品项目课题组编著 北京：中央民族大学出版社，2011.8
ISBN 978-7-5660-0049-1

I. ①少… Ⅱ. ①中… Ⅲ. ①少数民族—民族形式体育—体育用品—中国 Ⅳ. G852.9

中国版本图书馆 CIP 数据核字（2011）第 179529 号

少数民族体育用品

编　　著　中央民族大学体育学院　少数民族体育用品项目课题组
责任编辑　岑　梅
美术编辑　张日河　布拉格
出 版 者　中央民族大学出版社
　　　　　北京市海淀区中关村南大街 27 号　邮编　100081
　　　　　电话　68472815（发行部）传真　68932751（发行部）
　　　　　　　　68932218（总编室）　　　　68932447（办公室）
发 行 者　全国各地新华书店
印 刷 厂　北京宏伟双华印刷有限公司
开　　本　787×1092 毫米　1/16　印张　15.5
字　　数　258 千字
版　　次　2011 年 8 月第 1 版　2011 年 8 月第 1 次印刷
书　　号　ISBN 978-7-5660-0049-1
定　　价　98.00 元（附 DVD）